中国の法と社会と歴史

——遺稿集——

仁井田 陞著

岩波書店

目次

口絵写真　土門拳氏撮影

一　中国の法と社会と歴史

目　次

第一章　序　説

第一節　社会と歴史の見方

社会と歴史の見方　私は「日本はアジアの中の西洋」ということを、今なお、しばしば外国人から聞かされる。日本人のなかにも、それを気にしないで使っているものが少なくない。しかし、その言葉が「日本は植民地にならないで、かえってアジア侵略の仲間入りをした」という意味に通じるならば、それは決して名誉あることではない。もしそれが「アジアのなかで前進の歴史をもったものは日本だけ」という意味とするならば、これまたアジアの歴史に対する誤解である。しかも二十世紀半のアジアの現実に立って考えると、それは種々の意味において、あたりさわりのある言葉である。(1)

ところで、私は、以下にアイスキュロスの悲劇『ペルシア人』と、儒教の経典『書経』という二つの古文献をもち出したいと思う。それは、モンテスキューやヘーゲル等の東洋社会停滞論、ことにウイットフォーゲル教授のいう「東洋的専制」を是認するためではない。(2)日本の学界には、戦前から儒教思想などをよりどころにして、中国古代にデモクラシーの思想があったとする説がある。そのうえ、戦後には、中国古代に都市国家《ポリス》があって、市民の権利自由の思想があったとする類の説まで行なわれている。この種の考え方は、アジアの歴史の見方、ないしは社会の見方として穏当かどうか。この問題のために、私は、前記の二つの文献を、とりあえず引用したいと思うのである。

アイスキュロスは、ペルシア戦争に取材した悲劇『ペルシア人』(472 B. C.)のなかで、サラミスの海戦(480 B. C.)に加わったアテナイ将士のために次のように唱えた。「いざ行け、ヘラスの子どもたちよ、行きて祖国の自由を守れ、わが子、わが妻のために自由を守れ、……いまこそすべてはこの一戦に賭けられた」と。ペルシア戦争と同じ時代に、孔子によって編纂されたと伝えられる儒教の経典には、聖王が暴君を討ったとき、人民に与えた言葉として、誰はばかるところなく何度も次のように書いてある。「おまえたちよ、予一人をたすけて天の罰をかれに加えよ。そうしたら厚く賞を与えよう。信用せよ、うそはいわない。もしいうことをきかなければ、妻子とともに殺して許すことがないであろう」と。この内容は、アイスキュロスの悲劇『ペルシア人』とはまるで逆ではないか。ギリシア人にとって、都市《ポリス》の独立は自由の基本条件であった。ギリシア人は、自らその手その命で都市の自由を支えた。ところが、儒教の経典で戦争の主役となっているのは、君主一人である。「おまえたち」と呼びかけられている人民は、政治の客体となるだけであって、奉仕を強要され、恩賞によってか刑罰によってか狩り出される。恩賞はあてにならないが刑罰は間違いない。人民は首に縄をつけてまで引っぱり出されかねない。君主もその狩り出しを促進するために、恩賞を与えることについて、うそはいわないと念をおしている。わが子わが妻の自由を守るどころか、まかりまちがうと、妻も子も殺されてしまう。一説では、命に従わないものは奴隷にされるだけで、妻子まで殺されるのではないという。しかし、そこには、人民が権力をもち自らその権力を行使する政治原理としてのデモクラシーの思想とか、市民の自由など、夢にも思い浮かばない。

権利自由思想の欠如論とその裏返し　もちろん、私はこのようにいっても、ギリシアの家族が家父長に従属的であったことまで否定するつもりはない。また「東洋的」専制とか、「アジア的」専制とかいって、西洋に専制がなかったような顔をするつもりもない。「東洋的」ということについての飯塚教授の主張は正しい[3]。しかし、日本・中国をふくむアジアに、権利思想や自由思想の欠如を説くモンテスキューや、ヘーゲルや、イェリングや、エスカラなどとはあたかも逆に、儒教思想などをよりどころにして、その存在を単純に主張することは、欠如論そのままの裏返しにすぎない。それらは、欠如論の批評としては無力であろうし、そのような態度では、中国をふくむアジアの歴史を見そこなうことになるであろう。

(1)　中国が農奴制＝封建制を脱却して資本制への発展が困難であったについては、なお国外からの圧力という（欧米諸国および日本）外圧の条件を考えてみなければならない。

(2)　たとえばモンテスキューは『法の精神』のなかで「アジアでは奴隷制の精神が支配し決して消滅したことはない。そしてこの地方のすべての歴史において自由な精神を示すべき唯一の痕跡も見出すことはできぬ。そこにはつねに奴隷制の英雄主義のみが見られるであろう」という。

(3)　飯塚浩二教授『東洋の文化』五九頁、一九五一年七月、福村書店刊。

第二節　法の歴史の社会的基礎

「権利」成長の原動力　それでは中国の社会とその歴史を、そしてとくに、その法の歴史を成り立たせた主動力は何であったか。それは民衆の現実的実力抵抗——ときには無言の抵抗——である。孟子の革命論は、中国における実力抵抗思想の原初的な一撃であり、革命思想の根拠地をきずくのに、大きな意味があった。力の抵抗のないところに、「権利」成長の地盤はない。力の抵抗のないところに、抵抗を通してならおこり得べき法の変動はおこらない。儒教の経典などには、一見、民意尊重に類する思想がしばしばあらわれる。これらも満ち潮のような民衆の無言の抵抗を警戒したものである。これらは、一部の日本の学者のいうようなデモクラシーの思想ではない。

法律もつくらず、場あたりで裁判しようとする擅断主義をしりぞけて、罪と罰とを法に定めようとする一種の法定主義思想は、紀元前数世紀の中国にあらわれ、その後にうけつがれた。これはMagna Charta(1215)をはじめとするヨーロッパの法定主義と必ずしも同一基礎をもったものではなく、しかもそれは、はなはだ不徹底であった。そのうえ、役人は法を軽蔑した。たとえば、十一世紀の詩人であり役人であった蘇軾は「万巻の書を読んでも、法律を読まない」という心情を詩に作った。民衆の間にも遵法の精神は発生しようがなかった。自分をまもるための法でないかぎり、法を軽蔑し、また法から逃避する民衆があらわれたとしても不思議ではなかった。中国の民衆の間における遵法の精神は、法が自己をまもるためのものである場合に生じた。それは、ことに、二十世紀における新しい変革過程のなかで生れたものである。(1) しかし、中国古代以来の法定主義にも、被支配者への考慮が全くなかったとはいえないであろう(第三章第一節参照)。

中国の支配者は、いつも、法としての意味内容もなく、その実現の可能性もない理想の法をつくって、平気でいたのではない。人民管理支配のために、いつも有効と思われる法を次々につくり、またその法をつくりかえていったのである。(2) 法は、窮極においては支配者によって決定せられる。しかし、支配者は法の変更をよぎなくさせられる。つまり、支配の手段をかえてゆかねばならなくなる。法による強圧も、その反対に法の手加減も、みな力の対抗の間から生ずる。力の対抗、矛盾対立が法の歴史をおし進めてきた原動力であった。たとえ、法を決定したものが支配者であったとはいっても、被支配者が自己の支配領域を守り、それを押しひろげようとした現実の力を過少評価してはならない。力の対抗は、社会的な意味での「権利」成長の原動力でもあれば、法の変動、つまり法の歴史の社会的基礎である。法を動かす力関係——社会内面における敵対矛盾の衝撃——は、農奴の法の形成と変質の場面では、とくに、あざやかにあらわれる。農奴法の変革は、中国の新しい革命の歴史につながる問題である。権利の有る無しという点から出発しただけでは、この問題を十分理解することはできない。(もちろん、私も、中国社会のうちに、人と人との協同関係があったことまでを無視はしない。)

現在も未来も歴史の一環　私は中国の法と社会と歴史とを考えるときに、単純に過去だけを問題にしようとはしない。また過去からきりはなした現在だけを問題にしようとはしない。イギリス、フランス、ロシアについては、ともに革命の過程にふみ込まなければ、それぞれの歴史をかくことはできない。中国にあっても、またしかりである。(3)過去と現在と未来とは、ともに歴史の一環である。

附言——なお、今回の講義では、古代の土地制度(たとえば均田制)と中世の土地制度(たとえば二重所有制)のような肝腎の問題が省いてある。しかし、たとえばここで後者について、農奴の歴史に関連して多少書いてみても、それだけでは十分ではない。それで、予定の講義の分量を考えて省くことにした。

(1)　仁井田陞『中国法制史研究』ⅠⅢ。
(2)　日本の一部の学者は中国の法は単に紙に書かれただけで実際的意味がなかったという。しかし必ずしもそうとはいえない。
(3)　現在日本の学界には日本社会のおくれた点をとりだしてそれを日本的という。しかしそんなはずはない。日本にもやはり未来に向っての前進がある。「民族性」ということが何かあるかもしれない。しかしそれらがおくれたことの代名詞につかわれたのではかなわない。

第二章　法と慣習

第一節　伝統的法慣習とその抵抗

「郷に入っては俗に随え」　中国の国家権力をもってしても、その定めた法的規律の指導力は、しばしば浅弱なことがあった。これに反して、村落とか同族とかギルドとか、それぞれの集団内部に見える各様の規範には、むしろ底深くして力強い指導力をもち、優位に立つ現実的効力があった。国家の法的規律に反する行為も道徳や慣習の上では許され、何等の非難や拘束を受けない場合がしばしばあった。そして、国家の法的規律も、道徳とか慣習の線に沿い、それを基礎にもっているときは行なわれ易かった（女性の従属的な道徳律とか、同姓を娶らないという族外婚の習俗とかが、同時に国家の法的規律であった場合のように）。これと反対にそれを基礎にもっていないときには、その実現化はしばしば容易でなかった。国家の法的規律と法慣習とは、ある意味では、必ずしも交渉がないものではなく、二元的に対立したままのものではなかった。

社会生活が不統一であっても、それに矛盾を感じない時代、つまり、統一国内市場が未発達な社会段階では、普遍的統一的確定的な社会生活についての法をつくる要求は起らなかった。中国の法諺に、福建では「郷に入っては俗に随え、港に入っては湾に随え」、また、河北では「五里、風を異にし、十里、俗を改む」というのがある。紀元前一、二世紀の古典では「竟（境）に入っては禁を問い、国に入っては俗を問え」（礼記）とか、「其の国に入るものは其の俗に従え」(淮南子)といっている。これらの言葉に要約されているように、古代中世の村にしても港にしても、中世のギルドにしても、その内部を現実に規律している「生きた法」(lebendes Recht)は、国家的な規範であるよりも、むしろ村や港やギルドなど、それぞれの集団仲間で、また、そこで誰かがきめた規範であった。[1]

中国社会のこのような規範の間には統一性が乏しかった。従って、古典に、また河南その他諸地方の諺に「禁を問え」とか「俗を問え」といっているように、共同体の外のものにとっては、共同体内部の規範をあらかじめ知ることができなかった。知ろうとするならば、内部に入って一つ一つ聞き正してみなければならなかった。社会生活の法の統一性、安定性、公開性は、主として資本主義経済社会の要請なのであって、このような要請を内部にもたない社会は、法の統一、安定、公開がなくても矛盾を感じなかった。もちろん、「駅馬を代えるごとに法をも代える」といわれたヨーロッパ中世にあっても、ゆるいながらも地方色を貫いた共同の色合いをもっていたように、中国社会の法慣習でも、一様性、共通性は否定することはできなかった。

伝統的法慣習の抵抗　清末(二十世紀初)以降、外国法を採用して、法の統一性、安定性、公開性を目標にした新式法典が編纂され公布されてきた。しかし、法的需要のない社会であるかぎり、このような近代市民社会の法も、すぐに根づくとはかぎらなかった。たとえば、中華民国民法では、近代法なみに物権(所有権、その他、物を直接支配する権利)の種類と内容とを、法律で規定するという原則を明らかにした。それは、土地の上の権利の重複、支配関係の分裂を整理して、いわゆる自由な所有権(freies Eigentum)の確立を企図したものである。ところが、その施行法によると、法律の規定外の慣習上の制度をも否認しなかった。かくて揚子江流域以南に広く行なわれた一田両主制(同一の土地の上に併立する二重の所有権関係)をはじめ、社会的に保護されていた地方色ゆたかな物権関係がそのまま残されることになった。これでは民法の規定の意味がない。また、株式会社法が新しくできても、現実の経済制度は手工業段階にある傾向がつよかった。企業者は、いわば中世的血縁地縁の未知の第三者から、資本を広く獲得できかねていたし、その獲得にそれほど強い欲望をもたなかった。それどころか、株式会社の株主の有限責任制度は、旧い型の商人が投機的取引をするのに利用された。こうした例は他にも乏しくない。中華民国民法親属篇相続篇——たとえば婚姻の自由や相続法上の男女平等——の実現も、社会経済条件をもとのままにしておいたのでは、実現への道がない。このように外国法に由来する諸制度が、容易に根づかなかったのについては、外国法に対する固有法の単純な抵抗ではなくて、両者の間に、段階、次元の差があったことによる点が多い。

また、旧来の法典は、諸王朝の法のように公権力的な内容であって、公権力の側から必要とする範囲についてだけ、民衆の社会生活を規律する骨子が定められるに止まった。それは、主として家族的権威を支える支柱となるためのものであり、財産関係法規、取引関係法規が多少つけ加えられていたにすぎなかった。公権力は民衆の社会生活の法に対して、関心が薄かったといえる。民衆がその利益を保全する道は、多くの場合、自分達の手で別につくることとなっていた。商人の間の商業慣習、たとえば、手形制度しかり、手附制度しかり、そして、そもそも国家の裁判所を外にした調停制度、またしかりであった。

国家の法的規律と伝統的法慣習との関係については、革命期の法的規律についても重要問題がある。革命期に入ったからとて、革命の法律もそうやすやすと実現する力を獲得したのではなかった。たとえば、一九三〇年代の延安に行なわれた革命的婚姻法と、それに対する伝統的法慣習の抵抗について、述べておかねばならない。また、一九五〇年五月の新婚姻法が施行された場合における、変革化にとりのこされていた地帯での、法慣習のおくれた役割をみのがすわけにはいかない。しかし、伝統的慣習は、その抵抗にもかかわらず、革新的新国家の立法の前に敗北してゆくのである。それは、伝統的慣習がその存立の歴史的条件を失い、新立法が新しい歴史的条件のうえにうち立てられてくるからである(第十二章第六節参照)。

(1)　日本では「郷に入っては郷に従え」という。それは中国から輸入した言葉とか考え方というには及ばない。西洋でも同じ原則を示した格言がある。たとえばDo at Rome as the Romans do. When in Rome do as Romans do. また、オーストリアでも「狼のなかに入っては狼とともにほえよ」という言葉がある。

第二節　新しい法慣習の生起

李家荘の変遷　本節の問題についての手近な例は、中国革命期を題材とした趙樹理の小説『李家荘の変遷』などに見られる。李家荘では伝統的な力と革新的な力との間にはげしい衝突が行なわれ、革命反革命さらに革命反革命をくり返して、ついに新しい体制、新しい法と慣習が生起する叙述がみられる。しかし、ここでは、今、問題を一足飛びに現在の相克の総決算に目を向けないで、農奴の第一次的解放期(明末清初、十五—十八世紀)に目を移してみよう。

「二度行なえば慣習となる」　当時におけるいちじるしい社会現象は、いうまでもなく農奴の地代闘争であった。そして、その代表的な例は、明の中期十五世紀の半、福建を中心とし、それに隣接する浙江、江西、広東にわたっておこった農民抗争であった。その抗争は、福建省沙県の人、鄧茂七を指導者として行なわれたものである。(1)その当時の農奴は、高率地代を負担させられていたが、これを自ら運んで地主に納めるほか、薪、米、鶏、鴨の類を貢納として納めることを慣習とした。その慣習は国の法的規律ではなかったが、現実に社会的な力としてあらわれていたものであり、農奴はそれに服従せざるを得なかった。このような村の慣習は、ただ何となく永い間の時間的な反復によってできたものではない(プラクネット教授の著書もいう「一度行なえば慣習となる」と)[2]。はなはだしばしば、村のなかで実力あるものが一方的にきめたことであった。農奴はその慣習をはね返す力をもたなかったために、それはこれまで安定した外形を示していたものである。本章にいう「慣習」とは、いずれの側の力の支持によるとを問わず、現実に行なわれている法慣習としての「生きた法」を意味する。

新法慣習の生起　ところで、明朝末期の政府は、福建の治安にそなえるために、農民の自警団を組織し、鄧茂七をその弟とともに最高の統率者に任命した。政府側には鄧らを手なづけ、また利用しようとするふくみがあったものと思う。ところが、鄧らは地主に対する貢納(第六章第二第三両節参照)の全廃を村民の間で先に立って主張し、従来の貢納物に関する慣習をあらため、新しい法慣習をうち立てることに成功した。地主は、この革新的な力の運動に対して手のほどこしようがなかった。鄧らはさらに地代運搬の慣習を拒否した。地主の居宅、または倉の前まで地代を運んでゆくことは――むろん、それは無償労働である――農奴にとってかなりな負担であった。鄧らはどんなに距離が遠くても地主の側で自ら運搬するように主張した。彼はそのような新しい慣習をも、うち立てようとした。これにたまりかねた地主らは、官憲の権力をかりて自分らの伝統的慣習をまもらせようとし、鄧らの抗争を抑圧した。農奴はついに、鄧を首領として立ちあがった。鄧らの闘争は、法慣習の側面からいえば、新しい法慣習定立のためのたたかいであった。鄧らの闘争は農奴の軍十万を擁して全面的な武力抗争に発展した。これにたちむかうために、政府は軍数万を動員せざるを得なかった。その後二年、鄧らはついに敗れはしたが、しかしその抗争は、政府にとっても、地主にとっても大痛手であった。それればかりでなく、伝統的慣習がくずれる一つのきっかけとなった。

地主の農奴からの地代取立慣習として重要なものの一つに、地代取立用の枡の問題がある。中国古代中世の度量衡は、制度的には全国統一の外形を示しながら、現実的には不統一をきわめていた。それらは村ごとにちがい、同一村内でも用途によって異っていた。同じ地主が、地代や貸付穀物の取立用には公定のものよりも大きな枡を使用し、貸付用に小さな枡を使用するのはむしろ常識であった。このような、一見、定量のようであって、しかも実質的には不定量な地代の取立ては、これまた国家の法的規律がみとめているところではなかった。しかし、それは、強制力を伴う社会的な力として現実に行なわれていたことであった。明末、福建における農奴の地代闘争の一つの目標は、このような枡の不統一の統一化にあった。この種の運動は、その後各地に波及し、明朝が亡んでもなおやまず、清代に継続していった。福建や江西の地方官憲は、これによって、ついに枡の一定化を、あらためて承認せざるを得ないまでになった。こうして国家的規律と交渉関係をもつものは、伝統的慣習だけとはかぎらない(新しい法慣習も同様に交渉をもった)。そして枡ばかりでなく、地代運搬や貢納に関する伝統的法慣習を、地主の側から改善しようとするものさえあらわれていた。

もっとも、このように新興勢力の支持を得て、一部地方に新しい法慣習が生起したとはいっても、それが直ちに全社会的規模にひろがっていったとはいえなかった。伝統的な法慣習が完全に全面的にぬぐい去られるについては、二十世紀の中国革命の時点まで待たねばならなかった。とはいえ、私は以上述べてきたように、明末清初を新たな力関係の形成と発展の――新旧法慣習の死滅と生起の――過程を示す一時期として、歴史的に評価(認識)するものである。

(1) 傅衣凌教授『福建佃農経済史叢考』。
宮崎市定教授「中国近世の農民暴動」(東洋史研究一〇巻一号)。

（2） 慣習は永い間の時間的反復によってできたものとする説に対して、それは1つの批評である。“Twice makes a custom.” Theadore F. T. Plucknett, A Concise History of the Common Law, Fourth Edition, London, 1949. p. 291, Note 1.

第三章　刑　法

第一節　罪刑法定主義的制度の発展

罪刑法定主義的制度の成立　中国の刑法は諸民族、諸国の刑法にくらべて発展の程度がいちじるしかった。中国古刑法の特色ある一面としてあげねばならないのは、罪刑法定主義的制度であった。如何なる行為が犯罪であり、その犯罪に対して如何なる刑罰を科するかを法律できめる(罪刑法定主義)か、またそれをきめないで擅断を認めるか、両主義のいずれをとるかは、人民にとっても権力保持者にとっても、また大問題であった。この二主義の抗争は、中国では紀元前五世紀にあって、すでに、後に儒家と法家として特色づけられる二派の間でつづけられた。裁判は法律なくして――悪くいえば場当りで――行なおうとするのが儒家の立場であり、罪と罰とを法律にはっきり定め、それによって裁判を行なうべしとするのが法家の立場であった。したがって、中国古代法典が刑法を主流とし、刑法典の来歴がすこぶる古く紀元前にあったことについては、法家の学説が大きな支柱となっていたことと思われる。法家の主張は、一面、法律を民衆威嚇の武器としようとするものであった。また、それと並んで、他面では、法の安定性、明確性と擅断排除の要請があり、支配の限度を示して擅断を差控え、法の公平な画一的適用をはかろうとしたものと思われる。[1] しかし、中国古代の法定主義は、ヨーロッパでのような個人主義・自由主義の産物ではない。人民の希望にもとづくというよりは、むしろ国家権力の側で人民支配の必要のために作ったものである。たとえば、国家権力に対する制限の場合にも、それは単純な制限ではなくて、国家権力の任意性がかえって支配に不便であることを知り、権力保持者自ら支配の限度を立て、このことによって支配に利しようとする企てであった。したがって、そこでは、人民の力への評価が配慮され、人民の力を無視はできなかったことがわかるが、中国とヨーロッパ両者の法定主義思想の基礎には、歴史的な、また質的な差があったと思える。

上記のような中国の法定主義の主張は、後世、たとえば、晋の法(三世紀後半)や隋唐の法に見るように、「裁判には適用法文を明示すべし」という原則としてあらわれた。そして、この中国法の原則は、それがそのまま日本の法の条文にあらわれ、またベトナム法の規定となった。

法定主義否定の要素　ところで中国では、法家によって「君主といえども法の下に立たねばならない」という主張が行なわれはしたが、歴代の制度としては君主は法の上にあり、後世まで君主の擅断は禁止されていなかった。"The King should not be under the authority of man, but of God and the law, for the law makes the King." という類の法律格言は、中国にはなかった。(2) 中国の君主は天の下《もと》には立ったが、(3) 法の下には立たなかった。罪刑法定主義(的制度)といっても、中国のものは厳格ではなかったし、法の蔑視は役人によってたえず行なわれた。ことに法規にない場合に、隋唐の法には類推解釈を許す規定があった。また唐代法は軽罪として扱われるとはいえ、「まさに為すべきでないのにこれを為すときは、法に規定がなくても処罰する」と規定していた。結局、中国法は擅断主義への門を大きく開いていたとさえいえる。そして、このような法定主義否定の要素も、やはり日本法にもベトナム法にも受けつがれていた。

(1)　法という以上は、その法を誰が使っても、またどこで使ってもまたいつ使っても同一な画一性があるものである。

（2）この意味で、イギリスの法定主義は、下からの力で築かれてきた。「王は神と法の下に立つ。けだし法が王をつくるのだから」。
（3）中国の諺に「天子犯法、与民同罪」というのがあるが、それは、「天は君主をつくり、君主は法をつくる」という意味においてであった。

第二節　犯罪の外部的行為と内部的心意

故意と過失――犯罪の内部的心意の問題　中国古刑法の特徴ある他の一面を例示すれば、中国では、ローマ、ゲルマン系統の古法とは異って、古くから罪を犯す意思のない行為を罰しないのが原則であったことをあげることができる。ローマ法では、古典時代（紀元二世紀前後）にはまだはっきり過失の観念が生まれていなかった。ゲルマンの古諺では「行為が人〔犯人〕を殺す」といわれ、法は結果の惹起のみを問題として、主観的責任を問わなかった。行為者に故意があろうとなかろうと、発生した結果だけを問題にしていた。行為に表現されない意思は法的な意味を有しなかった。したがって、未遂、教唆は罰せられなかった。

中国では七、八世紀の唐律においてはもちろん、もっと古い時代、たとえば漢代（紀元前二世紀―後二世紀）でも、法律上、故意と過失との区分を立てていた。また、古くから、未遂、および着手前の予備、陰謀も、その他、教唆も処罰するものとしていた。晉代法や唐代法などでいう過失には、注意義務違反が中核となっているように思う。しかし、明代の法律の註釈書では、たとえば、失火によって父母が焼死したり、貧乏で父母を養えず、父母が自殺または餓死した場合も、過失の範囲にいれていた。また、刑罰の正常な対象となるべきものは、自ら行為をえらぶ能力があるものでなければならなかった(刑事責任を基礎づける能力あるもの)。従ってたとえば、唐代法でいうと、九十歳以上および七歳以下は、その能力がないものとし、その行為については責任を問わなかった。八十歳以上十歳以下、および七十歳以上十五歳以下は、それぞれその能力が中間的であるとして、刑罰軽減の理由となった。中国古刑法の責任論は、犯罪人の犯罪意思の吟味に向けられ、一種の道義的責任論を核心としたものであった。

犯罪の外部的行為の問題　このように、中国の古刑法は犯罪人の内部的心意を重んじはしたが、犯罪人の外部的行為をも度外視したものではなかった。かくて、犯罪者は、自己のえらんだその行為に対しては、責任を負うべきであった。その責任の問い方は、行為に量的に比例する応報(等量的応報)であった。同じく傷害罪であっても、人を殴って人の歯一枚または指一本を折り、あるいは片目をつぶしたときは徒一年、歯二枚または指二本のときは徒一年半、両眼をつぶしたときは徒二年、髪を一寸以上抜くときは杖八十、髪がたばねられなくなるほど抜くときは徒一年半というようにきめられていた。

中国の古刑法も、もとより権力支配の最尖端であり、君主や父母に対する犯罪には、最高刑を科した。君父を殺さんと謀るだけで、すでに誅せられた。十世紀宋代以後、君主や父母に対する犯罪に科せられた極刑の凌遅処死は、生体のまま肉を切り去り、手足を切断し、腹をたち割ってはらわたを取り出し、終に首を絶って殺す刑であり、埋葬も禁止するものであった。人によってはこの刑法をもって、中国人の国民性のあらわれなどというものもいる。しかし、それは説明になっていない。無限の恩を有する君主や父母に対する反逆には、無限の制裁を科することとなっていたのであり、この場合も、責任は行為に量的に比例する――無限対無限の――科刑であったのである。凌遅処死の図は、『水滸伝』(訳書題名"All men are brothers," "Die Räuber vom Liang-Shan Moor")の古版本、その他、清代の文献などに出ている。そして清代における実際の凌遅処死の状態は、ジョルジュ・デュマの著書の写真に見るように、惨憺たるものであった。しかし、それはヨーロッパの刑罰にくらべて、とくに惨酷であったとはいえないようである。E・アラバスターが、その著(1899)のなかで、次のようにいっているのを、私は参考にしたいと思う。"In short, ... it is not so painful as the half-hanging, disembowelling, and final quatering, practised in England not so very long ago."(1)

東アジア諸国法　このように犯罪の外部的行為に現実の意味をみとめつつ、同時に内部的心意を重んじた中国古刑法の立場は、日本にも朝鮮にもベトナムにもうけつがれていた。つまり、中国古刑法の故意と過失の区分、行為の完成に至らない未遂および着手以前の予備、陰謀に対する処罰法、刑事責任を基礎づける能力に関する規定、責任と行為とを量的に比例させた応報主義は、日本、朝鮮、さらにベトナムの法に基本的にうけつがれていたものである。なお、日本およびベトナムの法でも教唆を罰した。

(1)　なお、火薬陰謀の犯人 Guy Fawkes の像をぼろと麦わらで作って、火薬陰謀の記念日十一月五日に町を引きまわして、夜焼きすてる慣習が、イギリスにある。

第三節　刑罰体系の変遷
――とくに自由刑の発達――

刑罰体系の変遷　中国古刑法の特色としては、刑罰としての自由の剝奪、いわゆる自由刑(労役刑)が刑罰体系のうちに占める地位の大きさ、その発展度をもまたあげなければならない。その古くからの発展程度は世界に比べ得るものがなかった。ヨーロッパで画期的とまでいわれる十六世紀ドイツの刑事法典(カロリナ刑法)でも、車刑(車でひきさく)、串刺、抉目、断手、断耳、断鼻、断舌のような身体を毀傷する刑罰が規定され、死刑執行方法も多種多様であるというように、流血的規定をはなはだ大量にのせていた。中国でも流血の刑罰史の時期をもたなかったわけではなく、いれずみ刑、鼻きり刑、足きり刑および宮刑(つまり男子はその勢を断つ)というような肉刑も行なわれていた。古典では、この四つの肉刑と死刑とを併せて五刑といっている。しかし、そのような時期は紀元前二世紀、つまり漢代にあってすでに過ぎ去りつつあった。そして、それに引きかえ前進をつづけたものは笞と杖のような身体刑と、徒と流のような自由刑とであった。もっとも自由刑とはいっても、中国のそれはほとんど道徳への教育のためのものではなかった。中国の自由刑の発展は、権力保持者側の必要にもとづいたものであった。それは万里の長城の構築をはじめ、軍隊等へ投入する必要労働量の増大を補塡するための、無対価労働の収奪を、一つにはねらっていたのであった。自由刑の発展は秦の始皇帝(紀元前三世紀末)以前からも見られるが、刑罰体系の五刑としての笞杖徒流死——そのうちには、いれずみ刑、足きりの刑のような流血の制度はない——が成立するのは隋や唐以来である。その死(死刑)も従来よりは単純化して、絞と斬との二等級となった。絞は字義の通り首を縄でしぼって殺す。その執行方法は hanging ではない。斬は首と胴とを切断する。このように切断されたものは再生できないと信じられ、従って斬は刑罰としては絞より重いとされた(1)。車裂、つまり車で四つにひきさく刑は、隋代法では廃止されたが、唐代およびその後でも、まれには現実にこの刑が行なわれた。唐の後になるといれずみ刑が復活し、死刑には絞斬とならんで凌遅が加えられるようになった。そのうえ、死刑に次ぐ重刑として大いに用いられてきたのは配隷(いれずみを併せ科するときがある)といわれる自由刑であって、受刑者を移配する場所によって軽重の等級が定められていた。

東アジア諸国法　中国刑法の刑罰体系は東アジア諸国の刑法にいちじるしい影響を与えた。日本の法の五刑の体系は隋唐の法と同じものであった。もっとも後では、そのうち絞は廃絶した。朝鮮、ベトナム法の五刑も中国法の影響下に成った。そして両国は唐後のいれずみの制度をうけつぎ、ベトナム法はさらに凌遅までもうけついだ。

(1) 『阿Q正伝』に、阿Qが死刑の寸前「二十年目に生れかわって男一匹」という。また、『李家荘の変遷』では、小毛が「皆さんが許すことができないなら自殺を許して下さい。私の五体がくっついたまま死なせて下さいますなら、この上の御恩はありません」といっている。

第四節　東アジア諸国の刑法および損害賠償《ブーセ》制度の発展

賠償制と中国法の歴史的地位　刑法および損害賠償制度の歴史的発展は、大体各民族によって同様であって、その起源は復讐のうちにあると説かれている。血の復讐は加害によってはげしくひきおこされたいきどおりをやわらげ、心理的満足のための反動であり、原始的な自衛と自己救済の手段である。しかし、この復讐の場合、第三者が介入して調停を試み、賠償の支払によって和睦がなりたつことがあり、ことに社会に中心勢力として公的権威が確立し、社会統制力が発達してくると、その権威的機関によって解決がはかられる。当初は賠償が取計らわれるが、後には次第に加害者に死刑その他の刑罰を科する段階にまで至る。今、東アジアの文献から一つの民族の例を引用しておこう。烏桓はツングース族といわれ、熱河地方にいた民族であるという。一、二世紀ころ中国と交渉があった。この民族では、復讐の結末がつかないときは、「大人」といわれるその社会での権威にたのんで、調停和解の途をはかった。人命の賠償(Wergeld)としては、馬牛羊の家畜が用いられた。この場合は流血の復讐行為の後に、経済的財貨の授受が行なわれたのであるが、段階が進めば、はじめから財貨をもって血讐に代えるに至るのである。

ところで、このような復讐ないし賠償主義の過程は、東にあってはモンゴリアやタイから、西にあってはローマやゲルマンに至るまで、東西にその例がまれではない。殺人の場合に支払わるべき人命金は、モンゴリアでは人種や身分によって、タイでは老幼男女、年齢と性とによって金額を異にした。しかし、中国では政治的権威の確立が古いためか、このような過程を明らかにする十分な文献が必ずしも残されていない。漢の高祖(紀元前三世紀末)が父老に約した法三章の第一は「人を殺したものは死刑」ということであった。ここには復讐、賠償をこえた段階が見られるだけである。

東アジア諸民族法　東アジア諸民族法でもまた、賠償は、殺人、傷害および姦淫、その他盗犯などの場合に行なわれた。

日本の法律にも固有の賠償主義の伝統、財産刑への深い関心(没収や刑に換えた多額の銅の徴収)があらわれていた。(1) 盗犯から盗んだものの倍額を返させる鎌倉時代(十三世紀)の制度(2)もまた固有法の存続であろう。朝鮮三国時代(七世紀の半まで)について、中国の史書は、殺人は死刑ではなく、奴隷三口をもって罪を贖ったといっている。朝鮮に関する中国の古い伝説的史料ではあるが、傷害には穀物による賠償を認め、盗犯は奴隷とするが、奴隷になりたくなければ賠償を支払うべしとされていたという。盗品の幾倍かを返させる例は東アジア古法にもはなはだ多かった。(3) 朝鮮三国時代の高句麗について、中国側文献の記すところでは、その賠償率が十倍にも十二倍にもおよび、賠償できないときは、子女を奴隷として提供しなければならないとしている。時代が降って、十世紀以後の高麗では、中国法の影響によって、傷害罪には、たとえば人の歯を折ったもの、人の髪を抜いたものに対して徒刑などを科する規定を設けてはいた。しかし十二世紀前半の史料によると、徒刑などと別に、人の歯を折った場合の賠償を認めていた。中国の刑罰制度の波は日本・朝鮮をおおっていても、固有の賠償制を洗い去るわけにはいかなかったのであろう。ベトナムの黎朝の法では、中国法のように死刑等を科するほかに賠償ないし罰金を徴していて、中国法の影響をうけながら、固有法の色彩が強かった。しかし黎朝後の法律では、規定の上だけからいえば、固有法の色彩は多くは消えて一体に中国法化していった。

なお、中国では国家の法律の禁止にもかかわらず、現実の社会では復讐・賠償が行なわれないではなかった。それは古い社会からの遺制であった。ことに、元代以後、国家の法律にもある程度、私刑や賠償主義が加味された。たとえば、モンゴリア法同様に、元代以後の法律は、姦淫の現場でならば夫に姦夫姦婦の殺害を許していた。それについての法諺は、『水滸伝』などのような小説にも見えている(第十章第二節参照)。そしてベトナム黎朝の法も同様に、夫に私刑を許す規定をおいた。

(1)　石尾芳久教授『日本古代法の研究』。
(2)　金沢理康教授「我国中世の損害賠償制度」(早稲田法学二〇巻)。
(3)　中田薫博士「馬端臨の四裔考に見えたる比較法制史料」(法制史論集第一巻、七三二頁)。

第五節　東アジア諸国法の同害刑《タリオ》

西アジア諸国法のタリオ　タリオは、復讐意識を露骨に示しながら、復讐を被害と同じ限度に止めるという意味で、一応公平なそして限界のきまった制裁手段であって、刑法発展の一時期を占めるといわれる。モーゼ法の「生命にて生命を償い、目にて目を償い、歯にて歯を償い……」と同種のタリオは、バビロニアやアッシリア、またローマなど古代の諸国法にあらわれている。

中国法のタリオ　このようなタリオは、中国の古文献にはあまりあらわれていない。タリオが私的復讐から公刑罰制度へ移る経過点を示すとするならば、公刑罰制度が古くから大きく発展するにいたっていた中国法に、それがあまりあらわれないのは、さまで不思議ではない。しかし、タリオ思想が中国に全然なかったわけではない。その一例は次の孟子の文(紀元前三、四世紀)である。「人の父を殺すものは自らもまたその父が殺され、人の兄を殺すものは自らもその兄が殺される。」加害者が直接殺されるのでなくて、加害者は、その加害と同態の害悪を被害者からうけとらなければならない。それはゲルマン時代の復讐の一形式に類している。その他、人の身体をばらばらに切断したものに対する凌遅の刑、人を誣告したものに対する反坐の刑も、タリオの一つの場合といえる。なお、タリオと関連のある反映刑(spiegelnde Strafen)の思想も、中国になかったわけではない。

中国周辺諸民族法のタリオ　十三世紀の中国の文献に、諸民族の法として「傷には傷を、目には目を」のタリオを記述している。これは西アジアのバビロニアやアッシリアの法を指すと限定はできない。マルコ・ポーロの旅行記にも、元代のタタール人の法として同種のタリオを記しているからである。また現実の記録かどうかわからないが、清初(十八世紀)の南海のある国の法として、次のように書かれているものがあるので参考のため記しておく。[1]「人の足を断つものは足を断たれ、人の面を傷つけるものは面を傷つけられる。その傷の大きさや傷の場所も、相手に加えた傷といささかも異らない。女を姦淫したときは、女の父をして加害者の女を姦淫せしめる云々。」それはまさにアッシリアと同等、またはそれより厳格に、罪と罰との均衡さをあらわしたタリオである。

（1）　無門国。仁井田陞『中国法制史』（岩波全書）一九五二年、一〇六頁、『中国法制史研究』（刑法）一九五九年、三七六頁。

第六節　古法諺の「刑は刑なきを期す」から革命以後の「労働改造」へ

「刑は刑なきを期す」　儒教の経典の『周礼』によると、「受刑者に奴隷的な屈辱を与え、自由を拘束して労働に従事させ、同時にこれを教化しようとする」意味の記事がある。また刑罰に関連して「過を改めて自ら新しくする」（改過自新）ということが、紀元前二世紀の文献に見えている。そうすると、中国では、刑罰の目的は、行為者に対する矯正手段であり、刑罰は徳への教育を任務としたかのごとくである。私も中国にそのような思想があったことを否定はしない。しかし、『周礼』自らがそれを裏切るような肉刑（本章第三節参照）をふくむ五刑の制度を置いていたし、儒教の経典全体が受刑者個人の教育よりは一般社会に対する犯罪予防ないし応報を重視しているようである。

儒教の基本的経典の『書経』には法律格言というべき「刑は刑なきを期す」という一句がある。それは刑罰を社会に対する悪の予防手段と考えた法家が、「刑をもって刑を去る」といったのと変りがない。「衆とともに棄てる」という名の下に刑の執行を公開し、屍を市にさらす（棄市）威嚇主義の容認も、また儒教思想の伝統であった。

ところで、中国で「犯人を改造して新しい人間とする」という刑法理論をうち立て、それを実行してきたのは、儒教思想によるのではなくて、革命過程での思想の発展によるところであった。そして、それは、労働改造条例（1954）として結実している。ここまで問題が進展すれば、刑罰と徳への教育の結びつきを理解することができる。もっとも労働改造（労働規律のなかでの自己改造）が、刑法の目的の中核として認識されるに至ったのは前記の条例がはじめてではない。『私は中国の地主だった』（1954）の著者、福地いま氏は、すでに一九五一年の事件の記事のなかに「労働改造」を書いている。そしてこの考え方は、革命初期の段階の報告(1934)や、中国解放区の現地報告にもあらわれている。

なお、日本では「刑は刑なきを期す」という古諺の真の意味を理解しないで、これを直ちに「徳への教育」と解するものが少なくない。しかしそれは誤である。たとえ教育と関連があるとしても、近代社会での問題と意味が異るし、まして革命期中国での問題との間には、さらに地盤や条件の上で大きなへだたりがある。

第四章　外　国　人

——属人法主義と属地法主義——

外国人の地位　中国では古文献の範囲内では、外国人と敵国人とを同視したこともなく、また同じ言葉でこれらをあらわしていたこともないようである。ただし、古くから外国人を蕃夷などといって文化の上で低いものと見、中国人とは不対等のものとしていた。

しかし唐代法によると、外国人は中国政府と通商し、一般中国人と私交易を行ない、互に取引契約を結び、また公許をうけた場合には中国人と通婚することができた。もっとも、外国人がその娶った中国の婦人を伴って帰国することは禁止していた。十二、三世紀の宋代法でもそれは同様であった。

属人法主義と属地法主義　ユーラシア大陸では四、五世紀のころ、西にあっても東にあっても民族の大移動が展開した。中国では北方民族のたえまない南遷の後に、南北両朝の対立期に入るが、当時、北方民族の侵入した中国の北半ではとくに法の属人的対立は避けられなかったであろう。しかし、今日、属人法主義および属地法主義の規定がもっともはっきりするのは、唐代以後のことである。中国に集る外国人、異民族、あるいはこれらと中国人の間には、法律的交渉が生じた。その渉外的法律関係処理のための原則が、属人法主義であり、属地法主義である。人がどこにいようと、その人に追随して適用する法律を属人法といい、渉外的な諸種の法律関係にたいして属人法を適用するプリンシプルを属人法主義という。これに対して、きまった地域内にあるどんな人にも適用する法が属地法であり、渉外的な諸種の法律関係にたいしてこの属地法を適用するプリンシプルが属地法主義である。

唐代、広州に来ていたアラビア商人スレイマン(Soleyman)がいうところによると、広州のイスラム教徒の間の訴訟は、教徒を裁判官とする特別裁判所で教徒の本国法で裁判されていた。唐律では「外国人に適用すべき法律としては、同類の外国人(たとえばアラビア人)相互の間の犯罪については、属人法主義によってその本国法を適用し、異類の外国人の間の場合には属地法主義、つまり『郷に入っては郷に随え』によって、中国法を適用する」ことにしていた。オルデンブルグ敦煌発見の唐律断簡は、ちょうどこの部分をふくんでいる。この原則は唐から後の中国諸王朝ないし周辺の諸国、遼、宋、金、高麗、ベトナム黎朝、日本の法にも採用されていた。日本やベトナムの律は、唐律の条文そのままでさえあった。

なお、中国では、外国人ではないが中国内の少数民族の場合についても、民族が同類か否かによって、右と同種の原則に従った解決が行なわれてきた。

第五章　奴　隷

第一節　主人と奴隷

身分と階級とは一つの楯の両面　奴隷および農奴のような身分的階層は、その主人(とくに地主)から労働の成果の収奪をうけた階級であった。ここにいう階級は、社会的生産組織のなかでの立場、たとえば生産手段の所有者と非所有者、搾取者と被搾取者のことであって、身分とは範疇を異にするものである。しかし、身分と階級とは、また、一つの楯のそれぞれの一面でもあった。ヨーロッパでも産業革命まではそのようであった(第六章第二節「主僕の分」参照)。

奴隷と社会経済関係　日本の学界には、中国古代の終末を唐代(七―九世紀)におく説がある。(1) 唐より前、土地分配制度を最初に実行した北魏(2)(五世紀)では、奴隷の所有者に対してその所有数に制限をつけないで土地を分つことにしていた。北魏は後で東西に分れる。敦煌からは西魏(六世紀半)の時期のものと思える古文書がスタイン探検隊によって発見されている。その古文書の紙の各つぎ目には、五つの官印(朱印)が押してある。官印ある中国古文書の実物として最古のものの一つであろう。その古文書の内容は、戸口と、その戸口が国家へ支払う負担と国家からうける分配地とを登録したものである。そして、それには奴隷単位に自由人と同額の土地を分配したことが記されている。北魏の次の北斉期(六世紀後半)では、奴隷所有者の身分に応じて、奴隷単位の分配に制限をつけた。その場合、親王はその有する奴隷の三百人まで、一般人民でもその奴隷八十人までには土地を分配することにしていた。当時の格言に

「耕はまさに奴に問うべし」といわれたように、奴隷は農業生産の担当者であった。(3) しかし、担当者はもちろん奴隷だけではなかった。生産は自作農、小作人(一説を参考すると、それは奴隷化の未熟なもの)、および奴隷の複合関係の上に達成されていた。唐代はその前の時代にくらべては、生産担当者としての奴隷の数も少なくなり、時代の上で一つの転換期に入っていたようである。

主人と奴隷　唐代法を中心にしていうと、奴隷身分には㈠官有奴隷と㈡私有奴隷との区分があった。㈡のうちの上級身分のものを部曲といい、下級身分のものを奴婢といった。奴隷の主人であり持主であるものは、家父長一人ではなかった。家父長の妻も息子も娘もみな主人であり持主であった(第十章第三節参照)。奴婢は主人の戸籍につけられていた。そのような戸籍は敦煌からいくつか発見されているが、部曲をのせた戸籍としては、今日までのところ吐魯番から大谷探検隊が発見した唐代の一点が知られているだけである。唐より前の制度によると、男女の一方が奴隷のときは、その子は奴隷となった。そのような場合、ローマ法では「子は母に従う」、またゲルマン法では「子は両親のうち、身分の低い方に従う」のが原則であった。従って前記の中国の原則はゲルマン法に一致する。唐代法では明らかに「子は母に従う」(母賤しきときは子もまた賤し)という原則をも立てていた。女奴隷の子は女奴隷の主人の奴隷となった。しかし唐代以後の法律では一概にそのようにばかりはいえなかった。

奴隷解放には一定の解放手つづきが必要であった。部曲は解放された場合、自由人となる。奴隷の解放には、一挙に自由人となるときと、部曲にとどまるときとの二段階があった。今日、スタイン探検隊によって、敦煌から幾通かの奴隷解放文書が発見されている。おそらく唐代末期から宋代初期にあたる九、十世紀頃のものであろう。日本の正倉院文書には、それに当る解放文書はないようである。

奴隷は主人に対して一般に無制限、不特定、無定量、無対価の労役に服した。農奴のように自己のための労働の時間をもち、自己の労働の成果の一部を自己の手に収めることは、原則としてできなかった。もっとも、奴隷はすべて生産担当者ばかりではなかった。奴隷は主人によってその居住が決定せられ、居住移転の自由をもたなかった。晉代(三、四世紀)の法律では、逃亡奴隷にはその顔に入墨することにしていたし、唐代法ではこれに杖刑を科した。古記録上では、主人の奴隷に対する生殺の権を制限し、主人の権力を絶対のものとはしていなかった。有罪の奴隷を主人が殺す場合にも公許を必要とした。しかし、このような制度がどの程度守られたかは問題である(主人権についてはなお次節参照)。

(1)　前田直典氏「東アジアに於ける古代の終末」(歴史第一巻四号、昭和二三年四月)。
(2)　南北朝の北朝であった。北朝のうちでは北魏にはじまる。
(3)　加藤繁博士「唐の荘園の性質及び其の由来に就きて」、同博士「唐宋時代の荘園の組織並にその聚落としての発達に就きて」(ともに『支那経済史考証』上)。

第二節　奴隷の法状態と東アジア諸国法
——「半人半物」——

ローマの奴隷法との対比　東西の法の歴史の上にあっては、ローマ法の奴隷のように、法関係の主体的地位が完全に零といって、まずよい場合があった。それはもはや「人」ではなくて「人」の支配に服し取引の目的物となる「物」であった。

いわゆる「半人半物」　これに対して、主体的地位がある程度存在した奴隷もあった。日本、中国、朝鮮およびベトナムの法律上の奴隷がその類であった。日本古法の奴婢、つまり奴隷については「半人半物」といわれている。(1)そういえるなら、中国、朝鮮、ベトナム諸国法の奴隷も「半人半物」であった。唐代法では、奴婢つまり奴隷は財産と同じに見られていて、売買、贈与の目的物となり、家産分割のときには分割の客体となった。しかし、他面、唐代法は、奴隷に財産所有能力のあることを前提としていた(元代の奴隷は自己の奴隷までもっていた)。ローマ法の奴隷の contubernium は、単に「食卓を共にする」という事実関係にすぎなかった。これに対して、唐の奴隷は、同一身分者間では法律上の婚姻ができた。ただし、その婚姻関係は、主人に対してだけは保護されず、奴隷の妻に対する主人の姦淫は、罪とはならなかった。唐代法の奴隷は、また刑法上の人であって、自らが刑事責任の主体であった。たとえば奴隷が強盗したときの刑罰は軽くても徒、窃盗のときは軽くても笞、自由人を殺したときは斬であった。そして奴隷の行為の結果に対しては、主人は責任を負うものではなかった。従って、奴隷が刑に換えて贖金を納める必要があるときにも、主人は贖金を負担する必要はなかった。奴隷は犯罪事実の申告をする能力をもち、自ら訴えを提起して自己の自由の確認を請求することもできた。

東アジア諸国法　日本の法律上、奴隷は家畜と同視され、売買相続の客体であった。しかし、同時に同身分者間では法律上の婚姻ができ、財産の取得、所有ができ、また独立して刑事責任の主体となっていた。朝鮮やベトナム法の奴隷も売買の客体であった。しかし、やはり、他面、自ら財産を所有し、また刑法上の主体であった。東アジア諸国の奴隷法は相類似し同質のものであった。これら諸国の奴隷には、もともと人と物との両側面があったものであろうし、これらの奴隷法が必ずしもすべて中国法の継受であったというには及ばないであろう。

(1)　中田薫博士は東京大学の法制史講義において、このように述べられた。

第六章　農　奴

第一節　いわゆる「封建」とフューダリズム

フューダリズムの基軸　中世＝封建社会つまり農奴制社会は、奴隷制社会をこえて発展する一つの発展段階的な社会構成、つまり歴史的範疇である。中国の歴史にこのような封建社会を設定することは、一つには、中国社会が停滞的であるとの理論への批判である。二つには、東西をつらねて全世界史的構成を可能にする。それればかりでなく、三つには、反封建闘争としての近代中国革命の前提に科学的な理解を与えることになる。ところで、中国中世(十世紀以後)を考える場合にも、そこにあらわれる家父長制的支配の根強さを考慮の外におくことはできない。しかし、かかる支配自体は中国中世社会におけるフューダルな土台——農奴制——の欠如までも直ちに意味するものではない。

私が中国社会にあって、フューダルなものの存在の見極めをしようとする場合には、農奴制という土台があるか否かを試金石にかける。紀元前数世紀の中国社会のいわゆる「封建」を、古代＝奴隷制の上の上層建築として、これをフューダルなものとしないのも、中国中世における家父長制の根強さを肯定し、多くの留保をつけつつ、しかもそれなりに一つのフューダルなものを想定するのも、終極的にはこのような農奴制という土台があるか否かに問題を懸けているのである。

フューダリズムと「封建」　「封建」という語は、もともと、中国の古典が、周代(紀元前三、四世紀より前)の政治制度についていったことである。従って、ヨーロッパ中世のフューダリズムに対し、この「封建」の語をあてて封建制度といったことは、「封建」本来の用語内容を変化させた。その変化には、日本の幕末の歴史家が、日本の幕藩体制(十七世紀以後)を「封建」といったことが仲介役となっている。(1) しかし、「封建」とフューダリズムの両者は、成立地盤や人間関係において、およその範疇を異にしている。そのフューダリズムは、人間関係の成り立ちが契約的、法律的、人為的であり、独立対等の主体者間を互に条件づけ制約する御恩と奉公の忠誠契約関係である。これに対して、中国の「封建」の人間関係はこのようなものではなくて、権力を媒介とする家父長制的命令服従関係である。つまり、天子に対しては天命、臣下に対しては君命、子に対しては父命というように、命令関係の原理が上下の秩序を貫く。そこには契約的、法律的、人為的どころか、自然的、血縁的関係さえみられる。周代のいわゆる「封建」でも、身分階層的構成とそれに対応した采邑関係があり、臣下は君主の命を奉じ、君主は臣下に采邑を与え、その采邑の世襲を許していたと学者は見ている。もしそうであるとすると、その政治制度の外形はヨーロッパ中世のフューダリズムに類しているといえる。しかし、それは、それだけのことであって、両者が同質であるという根拠とはならない。そして、周代の「封建」制度は本来の「郡県」制度と対立した意味の制度であった。ところがそれをヨーロッパのフューダリズムと同質と見るものがあり、あるいはそのフューダリズムは、紀元前三、四世紀周代をもって終ったとする説があるに至って、問題は紛糾するに至るのである。もし、周代より後の社会がフューダリズムを越えていたとしたら、苦悩にみちた中国近代の革命の内容は余程変っていたであろう。

(1) 上原専禄博士『独逸中世史研究』(昭和一七年六月、一〇四頁以下)。

第二節　地主と農奴

中国史の一大分水嶺　唐末、宋初、つまり九世紀、十世紀あたりは、中国の歴史の一大分水嶺であった。このころをもって、古代(奴隷制社会)と中世(農奴制社会)との分界点とする説に異存のあるものでも、それを時代の分水嶺とすることまで否認はしないであろう。本節は第十章第二節の「家父長権威と家族」とともに、中国革命の主要な前提をえがこうとするものである。

奴隷解放と農奴解放　私が農奴というのは、十世紀、宋代以後の佃戸のことである。一説によると、七—九世紀、唐代の部曲が農奴ということであって、これが解放されて近世が成立してくるという。しかし、この部曲は農奴ではない。奴隷範疇でとらえるべきものと思われる。

ところで、奴隷、つまり部曲でも奴婢でも、その解放のためには、法律上の解放手続を必要とした。これに対して、ここで述べる農奴＝佃戸にはそのような解放手つづきは必要としなかった。それで、佃戸がもし農奴というような身分のものならば、解放手続があってしかるべきではないかといって、私の説を批評する見解がある。(1) なるほど、中国(唐代)の奴隷は法律上の解放手続を経なければ解放されなかった。それで解放されないうちに「主」と呼ばれる主人が死んでしまった場合には、主のない奴隷があり得ることになる。これに対して中国の農奴については、原則として主のいない農奴はいなかった。つまり、農奴の場合は解放手続は必要でなく、主を離れれば原則として農奴ではなくなった。

しかし、ここに注意を要するのは、十七、八世紀を頂点とする中国の農奴の第一次解放期の法律についてみても、また、二十世紀の革命期における土地改革法についてみても、それぞれ法律制度のうちに実質的な解放規定がふくまれていることである。奴隷解放規定に見合う佃戸解放規定がないから、佃戸が農奴でないというのは如何であろうか。

国家権力と農奴制　十世紀以後の中国の国家について農奴制を中心にして考えると、国家の権力は、経済外的強制と緊密なつながりがあった。地主の支配は、個々の地主の力だけでは貫徹もできず、持続もできなかった。そのために十世紀以後の国家の法的規律は、地主の権力的優位の保障をしだいに築きあげていった。

農奴の法状態の下降　これに反して十世紀以降、農奴の法状態は下降するばかりであった。ただし、はじめは農奴に対して専ら適用する法律はまだできていなかった。従って、農奴については「人」の法、つまり一般人の法までを類推解釈の上、これを適用するという状態にあった。また、十一、二世紀になると、地主――主といわれる――が農奴を殺害しても死刑にならなくなった。その逆に農奴が主に対する犯罪は、一般人に対するよりも重く罰せられるようになった。少なくとも十三世紀南宋以後の法律によると、農奴が主を姦淫したときには一般人の姦淫よりも重く罰した。主というのは家長だけをいうのではない。家長の妻や娘も共に農奴からみて主である。この地主農奴関係の法の傾向は、十三、四世紀元代にもひきつがれ、地主の法上の優位、従って農奴の法上の劣位は、南宋から元代にかけてその絶頂に達する。

土地への緊縛　また国家と村落は分つことのできない一貫した権力支配機構であって、地主の暴力をふくむところの、社会強制力に担保された地代搾取形態、いわゆる経済外的強制が行なわれていた。地主農奴間の関係は、隷属関係を前提にしている以上、両者間に合理的な等価交換関係が成立しなかったのはいうをまたない。宋代の農奴のうちには「随田佃客」といって、[2] 土地へ緊縛されて(Schollenbindung)土地の一部として売り渡されたものがあった。

それどころか、より後進地帯ではその農奴が土地から切り離されてまで売り渡されていた。(3) 従ってこのようなものよりも、随田佃客の方がその地位段階が上であったとさえいえる。しかも土地に縛りつけられている農奴が逃亡したときには、地主の手により、それどころか国家権力の手をかりてまで、地主の手もとに引きもどされた。それは中世の国家権力が、地主の収奪機構であったことを明瞭に示したものである。ただし、労働人口が過剰なところでは、地主は農奴を土地に縛りつけておく必要を感じなかった。このようなところにあっても、地主と農奴との関係をみると、労働人口が過剰であっただけ農奴側の条件がわるく、ほとんど地主の一方的意思によって関係が決定せられていた。ここでも地主の恣意的な身分的ならびに階級的支配に、農奴が服属している状態がみられた。

経済外的強制　一説によると、十世紀宋代以後の社会は、ヨーロッパの近世に対応するものであるとされている。そして、そこでは「資本主義の著しい傾向が見られる」とされている。しかも「地主と佃戸との間には、単なる経済的契約が行なわれており、地主と佃戸はそういう単なる経済的の当事者に過ぎない」と主張されている。そして「佃戸の弱身につけこんで、地主が彼等を酷使するのは、法制的な権利ではなくて、資本主義的威力である」ということが説かれ、それが「近世的な特徴である」と主張されている。(4) しかし、ここに説かれているところは、農奴の窮乏、無力に乗じた中世地主の暴利暴力であって、「法制的な権利でなくして、威力」といわれるごとき経済外的強制そのものであったといわねばならない。そこには「資本主義」や「単なる経済的契約」の存在を主張する余地はない。

ところで、それでは、契約とは何かという問題がおこる。私の考えによると、もし単なる経済的契約というならば、地主と佃戸の双方の間の合意によるのはもちろんのこと、権利、義務が、一定の限界において、双方において守られなければならない。その契約の履行が、法律的にか、少なくとも社会的な力によって守られ、保障されていなければならない。しかし、地主に対しては、そのような履行をあてにするわけにはいかなかった。地主にとっては、契約は、もしあったとしても守らなくてよいという意識しかなかった。等価交換の、社会的、経済的な諸条件が、未成熟の状態にあった中国農奴制の社会に、等価交換の法則などは通用すべくもなかった。地主と佃戸とは対等者であったとは、到底考えようがない。かりにある種の契約が両者の関係をつないでいたとしたところで、それは単なる経済的契約とは、とうていいえたものではなかった。そのいわゆる契約は、地主の所有権に従属していて、地主の恣意によって動かされ、ふみにじられる可能性をもっていた。農奴に対しては強制があり、強制による収奪は、いわゆる契約の限界をこえた。地主が農奴に穀物を貸すときには小さな枡を使用し、とりたてのときには大きな枡を使った。もっとも、それは決して中国だけの現象ではない。中国では、また、ヨーロッパでいうAbgabeに当るような貢納制が行なわれた。地主は重陽の節句には「鶏の卵を出せ」年末には「餅をもってこい」というように、貢物を農奴に強制した。地主は直接強制しないまでも、農奴に対する強制の雰囲気が社会にあった。地主の婚礼の場合には地主は無償の労役を申しわたした。また農奴が収穫で繁忙なときでも、地主は容赦なく農奴を使用した。地主は窮乏の下にあった農奴の家族までも、身分的な支配に服属せしめていた。地主は奴隷所有権に似た支配権さえ農奴一家の上にもっていた。農奴の婚姻の自由はもちろんのこと、農奴の家族の婚姻の自由までも奪っている状態が見られた。それは、土地への緊縛とともに、人格的不自由制度にほかならなかった。

ところで、さきに述べた一説にいわゆる「資本主義」とは何かという問題がある。資本主義という以上は、産業資本を基軸にして組立てられた生産様式をもっているはずである。ところが、一説にいわれるところの資本主義には、そのようなものが見あたらない。せいぜい商業資本か高利貸資本でしかない。もし、こういうものが資本主義の徴標とされうるならば、中国には西暦紀元前何百年も前から資本主義があったことになってしまう。

この中国中世の国家は、さきに一言したように、地主の収奪保障の機構であって、逃亡農奴を国家権力で地主の手に引きもどした。それればかりでなく、役人は、地主へ納むべき地代を納めないでいる農奴を強制して追及し、地代を拒否するものを刑罰に処した。また、明の時代になると、国家は軍事力を用いてまで農奴を制圧した。鄧茂七の反乱(十五世紀半)を抑圧した場合などは、その最も特筆すべき例である(第二章第二節参照)。

「主僕の分」(身分と階級)　ところで、権力の側では、権力行使の極限状態ともいうべき軍事力、あるいは警察力を必ずしも使用することを好まなかった。なるべく力の支配を隠蔽し、事の解決にはできるだけ物理的な力を使用したくなかった。(5) かくて支配の正当性を、宇宙的自然法的原理の上に、もっともらしくきずきあげようとした御用学説＝朱子学までがあらわれた。南宋の文献には、地主と農奴の関係を「主僕の分」(主僕之分)としてあらわしたものが少なくない。(6) その「分」は身分の「分」である。「分」意識は決して宋代にはじまるものではなかった。しかし、私見によれば、君臣の分、父子の分などとともに、地主、農奴についても分関係を主張し、しかもこれを「天理」のうえにうち立てたのは、朱子学のごとき宋代の儒学にはじまる。この自然的道徳律は同時に国家の法的規律であり、その実行は国家の法的制裁によって保障されていた。もとよりそこには、法と道徳との間の分界がなかった。また、地主の側には慈愛、つまり恩の気分のうちに対立を隠蔽してしまおうとした。(7) 小作関係のような場合でも階級関係を身分関係(第五章第一節参照)のうちにつつみ、恩情と嘆願の非合理性のなかで取引を処理しようとする傾向が強くあらわれていた。この種の身分的な恩関係も決して地主農奴間だけのものではなく、君臣・父子の間にもすでにみられたところである。

地主農奴間の抗争　しかし、対立抗争をできるだけ回避しようとする支配者側の意図も次第に達成が望みうすくなってくる。南宋つまり十三世紀あたりから、とくに起ってくる農奴の実力的地代闘争、いわゆる「頑田抗租」の前には、支配者の側の希望の達成は望みが少なくなってくる。ことに首都臨安府は、米の巨大な消費地であり、江南米作地帯では米商人の活動が盛んであった。[8] それだけに米取引による貨幣獲得の衝動も大きく、自己の労働の成果を奪う地主に対して農奴の抵抗は強かったはずである。もっとも、この問題は地域差によって一様には考えられないが、農奴はその抵抗の強さに応じて、自らの経済的地盤を有利に形成するようになってくる。そして、国家＝地主支配も単に圧力だけでは支配を貫くことができず、支配の手をゆるめざるを得なくなる。明末清初(十七世紀ころ)、河南をはじめ揚子江下流地帯にひろく行なわれた「奴変」も、単なる奴隷反乱ではなくて利害を共同にする奴隷と農奴と雇農との連合した反乱であったことを忘れてはならない。

(1) 宮崎市定教授の朝日ジャーナル四巻四七号誌上における仁井田『中国法制史研究』書評。
(2) 周藤吉之教授「宋代の佃戸制」(歴史学研究一四三号、昭和二五年一〇月)。
(3) 柳田節子氏「宋代の土地所有制に見られる二つの型——先進と辺境——」(東洋文化研究所紀要第二九冊、昭和三八年一月)。
(4) 宮崎市定教授「宋代以後の土地所有形体」(東洋史研究一二巻二号、昭和二七年一二月)。
(5) 公議 *Acta Asiatica*.
(6) 周藤吉之教授『中国土地制度史研究』(昭和二九年九月)。
(7) 同前。
(8) 加藤繁博士「唐宋時代の市」(『支那経済史考証』上巻、昭和二七年)。
J. Gernet, Daily Life in China on the Eve of the Mongol Invasion, 1250–1276, 1962. pp. 46, 86–87, 136.

第三節　農奴解放

「主僕の分」の否定　明末清初、十六、七世紀前後の段階になると、農奴をふくむところの直接生産者にかぎり、地主と農奴などの間の身分的な関係を規律した「主僕の分」は、国家の法的規律の上から消滅してゆく。国家の新しい法的規律の上では、農奴は「主僕の分」を建前とする法に服することが否定されてくる。農奴には農奴の法ではなくて「人」の法が適用される。かくて地主の妻を姦淫した農奴は主人に対する姦淫ではなくて、一般人に対する姦淫を犯したことになる。主人が農奴を殺せば一般の殺人罪として処罰せられる。このような国家の法の変動は、社会的にも「主僕の分」のような上下の関係の否定——横の同輩的な長幼の関係の成立——となってあらわれていた。地殻の変動は地心の変動に相応するものである。国家の法的規律の変革は社会経済的な秩序の変革と相応じたものであった。なお、この時点でも身分関係が消滅してしまったのではない。少なくとも長幼という身分関係は存続した。

農奴の第一次的解放と経済的基礎　この時点では農奴の経営地盤が従来にくらべて確立するようになってきている。つまり、明末清初以来、一田両主制や永佃制が広汎に広がってゆく。生産力の高い先進地帯＝揚子江の下流域を中心にした広汎な領域において、一田両主制はとくに広がってゆく。一田両主というのは、一つの土地を二分して田面(上地《うわち》)と田底(底地《そこち》)とが異る所有者によって所有される関係を示したものである。その場合、一般には上地は農奴がもっており、底地は地主がもっている。農奴の地位はともかくも土地の所有者にまで向上してきているわけである(第十一章第二節参照)。農奴はしかし、底地の所有者に対して特定の負担、租を収めねばならないという関係は残っている。一田両主は、ヨーロッパ中世でいう geteiltes Eigentum, dom divise などと同じではないが、それと対応するような制度である。このような所有関係をもたないまでも、農奴はまた永佃制といって、比較的安定した小作関係をもつまでにその地位を前進させているのである。永佃制は一種の小作制ではあるが、期間の永続制が小作証書にも書かれ、地主が替った場合でも、小作地がとりあげられるという不安定さがなくなってきている。「地主は替っても小作は替らない(東換不換佃)」という法諺さえ生れるようになった。

明末清初、ときはまさに中国の第一次農奴解放期である。そこでの上記のような法的経済的現象を私は第一次的農奴解放と考える。この時点では、農奴は契約意識の面でも実際的経済地盤の開拓の面でも、成長の度合がいちじるしい。今堀誠二教授の言葉でいえば、それは「隷農制の成立期」である。もっともこの前進には限度があった。そしてすべての農奴がこのような前進を示したわけではなかった。明末清初の国家権力、従って地主権力は、農奴の力の対抗をふくむ実力の前には、その立場を次々に譲らなければならなくなってきたことは上述の通りである。それで地主と農奴との「契約」ということをいうとするならば、おくれた条件を克服して進む農奴の経済的な地盤確立の、ないしは、農奴の独立意思のたゆまぬ発展との関連において、説きあかすことが必要である。そのことなくして、いきなり資本主義社会に見るような、対等者間の単なる経済契約などということを、十世紀以後の中国社会、ことに宋代にもち込むわけにはいかないと思う。

農奴解放の最終的決定的段階　中国ではその後、二十世紀の半において、はじめて、最終的決定的な農奴解放の段階(土地改革)に達する(第十一章参照)。

中国の二十世紀の革命の歴史について考える場合、アヘン戦争以来、中国の滅亡を拒否しつづけてきた百年の歴史をかえりみることは、もちろん必要である。さりとて、革命の歴史は単に百年の長さだけで測りきれるものではない。

中国の農奴制の歴史＝農奴解放過程は、アジア諸国における変革の問題に非常に大きくつながってくる。われわれは、現在的視点に立って、中国のみならず、アジアの歴史を見ることが必要である。このような、中国の発展の歴史からいうと、奴隷制が東洋では永久的であるとするような、モンテスキュー以来の東洋社会停滞論は問題と思う。

また、日本だけをアジアの中から分離して「日本はアジアの中の西洋」というような認識は成り立たないと考える（第一章参照）。

第七章　ギルド

第一節　ギルドの特質

――中国のギルドとヨーロッパのギルド――

ギルドの発展　中国の中世にも、ヨーロッパ中世の同業組合としてのギルドに類する地域的な同業の仲間結合が、商人もしくは手工業者の間に行なわれた。そして、それはその時期の社会を特色づけた。

中国ギルドの歴史的起点をいつに求むべきかは問題である。しかし、宋代、十一、二世紀はギルド発展の時期であったと思う。当時の生産力の発展は、宋代都市の繁栄をもたらし、その都市を舞台とする商工業者の活動はめざましかった。宋代の首都の開封や杭州については、多くのギルドの記録が残されており、マルコ・ポーロの旅行記にも、宋末元初、すなわち十三世紀末における杭州手工業ギルドの記事がある。しかし、ギルドの組織と職能とが、史料の上でもっとも明らかとなるのは、清代以後のことである。(1)

中国社会のギルドは、行とか幇とかいわれ、大都市のギルド総数については、二百四十行、一百二十行、七十二行(十二の倍数)に及ぶといわれた。ギルドは仲間的互助を職能とするもろもろの社会的集団の一種であり、幇ということそれ自身すでに「互助」をも意味した。つまりギルドは仲間的利己主義の達成にその目標があったものである。この互助組合には地縁的(同郷的)関係との重なりあいによって、ギルド結合がとくに強化されている場合さえ少なくなかった。清代の為替業が山西人であり、銀細工業や俳優が安徽人であり、北京の鋳物師仲間が山西（潞安）人であり、上海の金融業が浙江（寧波）人であったというように。清の康熙・乾隆（十七、八世紀）あたりから後、都市にはとくに会館・公所といって、商工業者仲間のギルド・ホールの建設が次第に盛んとなってきたが、それにも同郷的商工業者仲間によるものが多かった。

中国のギルドとヨーロッパのギルド　中国のギルドも、同業仲間としての共通の利害をもち、共同の運命を感じ、同じ道義に生き、同じ守護神をもって一つの信仰につながり、同類の意識をもった仲間の集団であった。そのうえ、往々都市行政に関係をもっていて、その点もヨーロッパのギルドに類していた。

ギルド・マーチャント　つまり中国都市には往々ギルド・マーチャント、ないしは個別化した同業ギルドの連合体の成立を見た。そこでは都市の道路橋梁を建築修理し、貧民救済事業を行ない、消防隊や警察隊をもち、都市防衛のためにみずから軍隊を組織し、そのうえ度量衡や貨幣を統一し、取引規則を定め、商人の紛争を調停するなど、大幅に都市行政に干与し、経済政策を推し進めていた。それは非合理的な役人がなげやりにしておく都市行政の空白をうずめる役割を果した。官憲側はギルド・マーチャントを利用したつもりでいたにちがいないが、ギルド・マーチャント側は官憲側の都市行政に期待してはいなかった。都市行政の実質的主体という点から見ると、中国の都市に「役人不在」ということができても「市民不在」とは一概にいえなかった。しかし中国のギルドはヨーロッパのそれにくらべて、はなはだ同郷性が強かったこと、ヨーロッパのそれのように、原則として王や領主の特許によって成立したものでなく、またそれによってその基礎を固めたものでもなかったこと、ヨーロッパ大陸で行なわれたようなツンフト戦争の未発生などが、その差異として挙げられる。

（1）加藤繁博士「唐宋時代の商人組合『行』を論じて清代の会館に及ぶ」（史学一四巻一号、昭和一〇年）。同「清代に於ける北京の商人会館に就いて」（史学雑誌五三編二号、昭和一七年）。根岸佶博士『支那ギルドの研究』（昭和七年）。同『上海のギルド』（昭和二六年）。

第二節　ギルドの組織と職能

ギルドの組織と職能　中国におけるギルドの成立および活動の地区は、おおむね一つの都市であるが、ときには一都市内に区域を分ち、ときには都市の近接地域をもふくむことがあった。ギルドはその地区内では排他的独占的利益を貫くために、同一地区内には、原則として、複数の仲間集団の成立を認めなかった。しかしその例外もあった。ときには異教徒による二つのギルドの対立もあった。中国在来の守護神をもつ玉器業仲間と、イスラム教徒の玉器業仲間との対立がその一例である。しかし、イスラム教徒でも、異教徒と一つの仲間を形成して利益を分ちあうこともあった。いわば宗教は宗教、商売は商売であって、戒律に反しないかぎり異教徒との結合も気にかけなかった。ギルドの成員の地位は一般に平等のように見えるが、しばしば不平等であり、成員のうちの特定のものだけが役員にえらばれた。役員は数名以上おかれるのが例であった。ギルド集会はギルド・ホールで、それがないときは守護神をまつった廟で、例年ギルド祭典の日などに開かれ、ギルド事務の報告、重要事項の審議が行なわれた。また、そこで宴会が催され、神前に演劇がささげられ、ときには、ギルド裁判も開かれた。ギルドではギルド規約が設けられていた。中国のギルドは強制権を政府などから付与されていなかったのが通常であったが、ギルドの実力ですべての同業を強制的にギルドに加入させ、あるいは極力加入の勧誘をはかった。また加入しなければ、同業としての利益を分たず

(たとえば染物業が、共同で購入した染物の原料を加入者外には分たなかった類)、かくて一面、加入強制の態度を示しながら、しかも同時に加入金を高くして現実に加入を拒み、既存の同業だけの利益をまもったこともあった。ギルド加入者は加入金を納めた。しかしヨーロッパのギルドに見ると同様、ギルド員の後継者である子または近親が入会するとき、加入金を免除し減額するギルドもあった。

中国手工業の仕事場の所有者は親方とはかぎらず、技術を身につけることのない店舗の主人であるのが少なくなかった。そして、経営の規模が不揃いであるのが通例であった。しかし、ときにはヨーロッパのギルドのように、同業がそれぞれ雇い得る職人や徒弟数を制限した場合があった。また、賃金についてはしばしば統制され(清代北京の大工左官業は、守護神＝魯班の神殿の前に、賃金改訂ごとに、改訂を内容とする碑を立てていた)、徒弟の期間も特定され、職人の引きぬきは禁止された。労働時間についての制限の例はあまりなかった。しかし、中国のギルドのこれらの制限や統制や禁止は、商品価格を定め、製品の品質を統制し、店舗や仕事場を新設する場所を制限し、顧客の争奪を禁じ、度量衡を定め、仲間の自由行動を押えたことがあったと同様に、顧客のためよりは、同業の仲間的利益(仲間的利己主義)のためであった。

ギルド規約は、単に仲間の道徳的心情に訴えるためだけのものではなく、違反者には仲間的制裁を科した。制裁の重いものとしては除名、北京盲人ギルドの例では笞刑までも執行した(1)。また、仲間の紛争の解決は、原則として仲間的な調停によった。これを「排難解紛」といった。ギルドでは仲間の互助共存のために、たとえば、子弟教育の学校をひらき、あるいは貧困な仲間に棺を給し、ギルドの専用の墓地(義地)を提供した。また、外敵から仲間の危難を救助し、ときには官憲の過当な干渉や収奪などに対して抗争も辞さなかった。一九四三年、私は北京で猪業(生きた豚の取引業、屠殺業、豚肉販売業など）のすべてをあげてのストライキの時期に出合った。それは官憲の取引機構改革に反対するものであり、はげしい抗争は数ヵ月つづいた。

（1） S. D. Gamble, Peking : A Social Survey, 1921.

第三節　職人ギルド

職人ギルド　職人や徒弟は、主人や親方の家父長制的支配のもとにあった。しかし中国にあっても、職人は、主人・親方に対してもかならずしも無気力であったのではなかった。北京に現存する資料によっても、アヘン戦争以前、すでに職人ギルドの成立を見た。たとえば、靴工仲間では、清の咸豊（1851–61）年間すでに合美会という名の職人ギルドをつくって、雇主側につねに賃金の値上げを要求し、しばしばストライキを行なった。これに対して、雇主側は官憲の力をかりてこれを抑圧した（北京靴業の会館には、そのことを記した碑が健在である）。内蒙古地帯の職人ギルドについては、近来、今堀誠二教授の詳しい調査ができている。同教授によると、職人ギルドの成立したのは、明代（十四—十七世紀）以来のことであり、清初（十七世紀）に再登場したものである。帰綏の鋳物職人ギルド（一七三三、雍正一一年）、製粉職人ギルド（一七七一、乾隆三六年）など、十八世紀初以来の記録をのこしている職人ギルドは少なくない。ときはまさに農奴解放の第一次段階に対応していた。

第四節　ギルドの終末

ギルドの終末　新たな生産組織が勢力を得、大規模な企業がおこり市場が拡大され、あるいは外国貿易が発展するようになれば、ギルドのもつ仲間的利益追求機構の解体はさけられない。中国は近代列国資本主義・帝国主義の侵攻をうけ、その意味からも中国ギルドはとくに動揺をまぬかれず、列国帝国主義およびこれと堅く結びついた軍閥買弁と抗争しつつも、その衰運は一面蔽うべくもなかった。しかし帝国主義および軍閥買弁は、他面、中国をおくれたままの経済状態に置き、産業革命への道をはばむことによって、かえってギルドを温存した。ギルドは、そのせまい仲間的利己主義を可能にする経済条件の産物である以上、戦後、中国の国家建設にとっては妨害物であり、結局、その存在は許されないものとなっていった。

第八章　村　落

第一節　伝統的ないわゆる「共同体」とその成員
——とくに十世紀以後——

基本問題　村落共同体は、農民に再生産の地盤を与え、その地盤の基礎を培う体制であり、しかもその地盤を奪っては支配権力自体が成り立たなくなる相互関係をもった機構である。十世紀以後、つまり宋代以後の社会についていうと、公的権威が十分に人民の利益(農民の生命の生産再生産の基礎をまもり培うことをふくむ)をまもることのなかったのに対応して、私的保障がそれだけ必要となっていた。宋代以降の同族のいわゆる共同体は、一つにはこのような役目をもって登場した私的保障機構である。また二つの集団の間に合理的な調停役がなく、利害をめぐって対立する場合、力の対抗は避けられなかった。かくて同族「共同体」は、他族には抑圧機構となり、自己には防衛機構となった。十世紀以後の同族共同体は、歴史的、具体的にはこのように自己の利益の私的保障のための、つまり利己的動機をもった共同組織として登場したのである。しかし、一般村落にあっては、場合によっては同族村落にあっても、排他性、閉鎖性を十全的にもっていたかどうかには問題がある。

共同体の成員　宋代以後のいわゆる共同体には、平等の原則が必ずしも貫かれてはいなかった。共同体の共同体たるいわれが、もし成員の平等性にありとすれば——仲間主義——その意味で共同体とか仲間とかいうことは、旧中国社会では問題である。そのいわゆる共同体の担い手とは、一体どの階層を指すのか吟味を必要とする。そして、場合によってはそれを支配層にしぼり、場合によっては被支配層までひろげ、または被支配層だけの関係を考えなければならないであろう。村には規約があったが、「規約は公議できめられたのであって、きまった以上は村中を拘束する」とした。公議といいながら小作人には相談にあずからせもしなかった。たとえあずからせたところで、協力させるのに都合がよいからそうしただけであった。

第二節　村落共同体の再編成とその役割

再編成前の問題　中国では紀元前三、四世紀の戦国時代にあって、すでに土地の広汎な個別的所有の段階に入っていた。これに対して、山川藪沢は古典によると一般に開放的で、共同体による山沢の利用が行なわれたのは明らかである。しかし、山沢の地盤そのものの所有独占までが行なわれていたかは、吟味を要する。後世でも、山川藪沢の利用は、原則として天下万人に無償で開放されていた。しかし、開放されていた土地は、その管理状態がはなはだわるく、利用の無統制のものがしばしばあった。戦国時代の斉の都の近くの牛山、南北朝(紀元五、六世紀)の肥水のあたり八公山などがその例であり、その他、後世まで同様の実例が多かった。このような山では、樹は伐られ、家畜は放し飼いにされ、木の根は掘りおこされ、泥土も削り去られていた。山林の荒廃の後にはしばしば土砂くずれと洪水が見舞った。他方、開放的な地盤に向っては、実力者による私的占取が露骨に進められた。農民の生命の生産再生産の地盤はおびやかされていた。農民は灌漑用水の利用や、水辺の蘆葦や、水中の雑草の採取等を妨げられながら、それを阻むことができなかった。農民が再生産の基礎をまもるについての不確定不安定さは、十世紀あたりを境とし古代から中世にひきつがれた。しかし、中世に入ってからは、少なくとも、同族すなわち父系血族集団の再編成にともなって、いささか問題が変ってきたようである。

再編成以後の役割　十世紀、十一世紀に入ると、中国社会の内部には、その身をまもり、あるいはその利益を発展させる機構として、さまざまな集団が成立し、あるいは発展して中世を特色づけてくる。ギルドはその一つである。再編成された同族集団もまたその一つである。結集力を見せなくなっていた古代の血縁主義をきりかえて、同族集団はあらためて歴史の舞台に広汎に登場してくる。それはあるいはいうごとき氏族共同体の遺制ではない。それは農村における共同関係の稀薄さのただ中に成立してくるものである。

当時の同族集団の活動状況のうちで、もっとも目につくことは、義荘(十一世紀以来)および祭田(十二世紀以来)のような同族共有地の制度である(第九章第一節参照)。これは同族共有地の収益をもって祖先をまつり、あるいは同族を扶養するなど、同族互助のための組織であった。しかし、それは結局、その当時の大地主体制の支柱であった。ことに後世の記録によると、同族集団内の支配層は、広大な同族共有地をふまえつつ、一般の大地主と変ることのない性格をもつようになっていた。集団の経済的基礎が拡大すればするほど、支配層はその支配のために集団と離れることができなかった。被支配層はまた生活の根本手段、たとえば小作関係などのために、同族集団とは離れられぬ関係におかれていた。

同族共有地は、また、同族集団の生産活動の一環であった。農民の生産活動を十分ならしめるには耕地の利用だけでは足りなかった。農民には肥料や燃料や水の給源を確保することが先決問題であった。ところが農民個々ではあまりに力が弱かった。そこに同族集団が私的保障の役割をになって登場する歴史的意味があった。同族集団が排他独占の地盤を自ら所有するに至るならば、そのかぎりにおいて農民再生産の基礎を培うことができる。もっとも、集団ごとに集団の利益を守ろうとすれば、集団間の利害の対立がはげしくおこる。同族集団は一面で他の同族集団に対する抑圧手段であり、また防禦機構としての協同組織とならざるを得なかった。かくて同族結集の必要は、その利己的動機からいよいよ加重せられた。また、かくなることによって集団の成員は、自己の集団からますます離れて生きることができなくなった。

義荘・祭田は別とし、私の持っている同族共同地の史料の多くは、十七、十八世紀以後のものであるが、それによっても、同族共同地を知る上に参考となるところが少なくない。同族共同地については、同族団体の成員のみが排他独占的に、燃料や肥料などの給源として、あるいは墓地として、その利用の資格をもった。水利についても同様であった。明代の史料でも、一族が一つの池塘を共有して土地を灌漑していた例証がある。そして、草刈場や水利や墓地やその他の利害について、同族集団との間に対立がおこるときは、清代の場合、械闘もさけられなかった。集団の成員は自己の集団のために武器をとり、血を流し、命をかけて戦った。この種の械闘は揚子江に沿い、海に面した六省、わけても福建・広東地方が激甚であった。もっとも、水利は小規模なときには族的共有が成り立ち、一族内だけでの管理と利用に委ねられはしたが、大規模のものの場合には一つの同族集団をこえる問題となっていた。それは一つの同族集団だけでは到底解決できるものではなかった。その場合、一つの族と他の族との間で、用水量や用水日を定め水の使用の調整をはかった。血縁主義というと、古代的なおくれた阻止的な意味にしか理解されない傾向があるが、中国の中世の血縁主義は、かえって中世的な歴史的条件に適応した積極的役割をもっていた。中世の同族結合は、前記の意味において、中国の歴史を劃した基本的現象であった。

第三節　村落共同体の規制

規制の状態　次には、なお、清代(十七―十九世紀)以降における村落的規制関係の具体例を附記しておく。牧場、井戸、採土場、墓地(義塚)の村落内共同利用関係は、地帯の南北に通じて、非血縁村落にもその例が見られる。灤平県地方(もとの熱河省、今日の河北省)では、甲乙両村の間だけで、互にその持山を利用することを許していた。広東省の翁源県のある農村での同族集団の例をいえば、草刈山を同族が共有していて、その草刈には日時と採集分量がきめられ、きまった日の前の晩から刈に入ったり、分量をこえて刈りとることは禁止されていた。

湖南省の安化県では、冬至以前ならば何人でも他人の土地の筍を掘取ることができる。しかし冬至以後は土地の所有者も掘取ることはできないとした。江西省の萍郷県では、油の原料につかう茶や椿の実のできる山には、霜降節(陽暦の十月末)の後十日たたなければ、誰にも入らせなかった。

河北省の昌黎、良郷、順義などの諸県には開葉子の慣習[(1)]があって、高粱の葉――それは家畜の飼料にも貴重なものである――をとるについては、一定の期間がきめられていた。その期間前には所有者もその葉をとることができないとされた。ところで、華北の諸村落では高粱の葉ばかりでなく、落穂も柴草も天下万人に対して開放的であり、開放しないで排他的な村落――その場合は高粱の葉も落穂もともに開放しない――は、その数は少ないということである。要するに、一つには人間関係の乾燥性、社会結合紐帯の弱さによって、一つにはその濃さ(同族集団の場合をふくむ)によって、各地帯別の特徴があらわれている。

裁判と制裁　共同体の成員は共同体の規制に服さなければならなかった。共同体外部のものも共同体内に入った場合には、やはりその規制に服さなければならなかった。そこには「郷に入っては郷に従え」の属地法主義の原則（第二章第一節および第四章参照）が行なわれた。宋代や明代の郷約の類では、最後は絶交をもってする制裁を科していた。

明代の同族または村落共同体では、各種の禁約を設け、共同体内外からの作物（蔬菜、筍もふくむ）の窃盗、家畜家禽の窃盗を防ぎ、牛馬羊豚鵝鴨の放し飼いを禁止して、作物を被害から守り、違反者には共同体内で裁判して制裁を科し、抵抗するものには実害の十倍にあたる罰（贖）を科した。それは清代にも引きつがれていった。そして盗竊に至っては、共同体内で裁判のうえ、生き埋めや同族からの追放という制裁さえ科する規定があった。しかし村落共同体が死刑のような重刑を任意に執行することは、国家の法の上では許されていなかった。広東省の翁源県の村落では、作物荒しについては族賊（族内の賊）と外賊（族外からの賊）とがあることを前提としている。そして族賊を捕えたときの賞金は外賊を捕えたときのそれより多くしていた。同族集団内の秩序の現実は、案外、集団内の実力者支配に必ずしも都合よくはなっていなかったように思う。

（1）　旗田巍教授「華北農村に於ける『開葉子』の慣行――村落共同体的関係の再検討」（史学雑誌五八編四号、昭和二四年）。

第四節　村落共同体の終末

伝統的な共同体の終末　伝統的ないわゆる「共同体」の諸関係が清算されていったのは、新しい革命の場においてであった。土地改革によって、同族共同地――義荘・祭田、その他の共同地――がとりあげられ、同族共同体は致命的な打撃をうけた。もっとも、そうなる前に、同族集団とその所有機構が大きな矛盾をはらんできていたことは認めねばならない。

マックス・ウェーバーによれば「プロテスタントの成就した巨大な客観的効果は、氏族的紐帯の破壊であり、倫理的生活共同体の血縁共同体に対する遙かな優越的地位の形成であった」ということである。しかし、こうした血縁主義を破るものは、プロテスタントにかぎったことではない。まして資本主義の精神(のみ)がこの種の役割をもつものとは思われない。中国革命期の農民は、これまで血縁や地縁のような古い「共同体」体制にたより、またそれに隷属することによって保護されてきた自分が、もはや、そのようなことでは生きられなくなっているのを発見した。そうした血縁や地縁は、もはやたよりにならぬどころか、無意味とさえなっている。これは中国社会の史的過程における一大発見であった。湖南・江西をはじめ長江流域以南の地帯では、同族の利害にかかわることとなると、道理があろうがなかろうが、自分がその村に生れたという偶然によって、自己の部落のために闘うのが道徳であった。武器(械)をとって闘うこと(械闘)さえ、あえて辞するものではなかった。このような血縁的閉鎖主義や地縁的分裂主義をあためさせようと、外から説き聞かせたくらいでは、容易に改めさせることができなかった。しかし、人民が、権力に対する共同闘争のなかで、共通、否、共同の利害を身にしみて感じるようになって、はじめて閉鎖主義、分裂主義を破っていったのである。そして、そこで新しい平等主義の自覚をもつようになっていった。農民再生産の地盤を閉鎖的排他的な「共同体」の力によってまもる必要はなくなっていった。その同族集団内の支配機構も、同族的利己主義も、もはや過去のものとなっていった。そこに伝統的な法と慣習とが否定されて、新しい法と慣習がうち立てられていった。

終末と歴史的条件　共同体(仲間的利益の保障機構としての同族集団)における結合勢力の最後にして最大の拠点を、地域的聚居制にもとめる説がある。それによると、聚居制がなくならないかぎり、共同体的結合勢力は中国から消え失せてしまうことはないであろうという。しかし、そうした利己的動機をもった結合勢力がその意味をもちつづけ得るか、もちつづけ得ないで終末に至るかは、歴史的条件の如何にかかっている。その条件がなくなれば、単に集っているからといって、上記のような結合勢力だとする理由はなくなるはずであろう。なお、私は、人民公社をことさら共同体ということは問題と思うが、もしそういうにしても、伝統的な共同体との間には断絶があるはずと思う。

第九章　同族と親族

第一節　同族結合

父系血族集団　中国の家族は、経済を共同に営み、夫婦親子およびそれをめぐる近い血縁を中心とした集団であるのが普通であった。ところで、中国では革命前夜に至るまで、これら個々の家族をふくんだ一層範囲の広い父系血族、つまり同族の集団があって、社会構成の主要な単位をなしていた。同族は血統の表示として共同の姓を有するばかりでなく、共同の始祖と祭祀とを有し、成員のうちから族長をえらび、集団の内部に一つの族的統制が保たれていた。同族は patriarchal な集団であった。

中国の同族ははなはだひろいひろがりをもち、百代経っても「同一世代の族人は兄弟」であった。そして同じ世代の男子には、その名として、同一または同一種の字を使用することがしばしば行なわれた。(1) それは、その名が自然に同一世代——諸兄弟——をあらわすばかりでなく、族内の尊卑がそれによって自ら明らかになる仕組みとなっていた。出嫁した女は夫の同族に加えられた。しかし、かつては父族から完全に脱けきらぬ傾向があった。三世紀のころまでは、族刑の場合、出嫁した女は夫族ばかりでなく父族にも縁坐することになっていた。また、女系親は同族のうちには加えられなかった。同族はこの点で親族と区別すべき一つの特色をもっている。中国の古典にも「民、その母を知ってその父を知らず」といわれている。学者のうちには、これを母系家族の時期が中国にあった一証とするものがある。

同族だけで構成された村落は、文献上は、漢、三国(紀元前二世紀ないし後三世紀)の昔から、とくに多くあらわれてきていた。その一村落の家数は千家、数千家にも及んだ。六朝(四、五世紀)以来の名族として知られるものも、スタイン、ペリオ敦煌発見の唐の氏族志に載せられている。

同姓村落(同族村落)、ないし同姓(同族)の比重の大きい村落は、明清以後の状態からいえば、華中華南、ことに華南の農村に多いとされていた。カルプが調査した広東省潮州地方の鳳凰村も、ほとんど同姓だけの村落であった。

祠堂と族田と族譜　従来、華中華南でのように、同族の結集度合が強かったところでは、同族がその共同祖先を祭る祠堂の数と規模も大きい傾向が見えている。このようなところでは、義荘・祭田というような同族の共有地(土地の管理処分権は団体に属し、団体員各自は利用権をもつ。総有 Gesamteigentum)の面積や規模もまた増大している。その祭田は、その収穫をもって、祠堂の祭りの経費とするために設けられたものである。義荘は収穫を同族の互助や祖先祭祀の費用に供する目的で設けられたものである。義荘の代表的なものは、十一世紀宋代蘇州に創建された范氏義荘である。(2) 同族の結集度合の強いところでは、また、族譜(家譜)も大きい傾向をもっていた。族譜は一族に関する全系譜であり、また全記録であって、何年目かに改修せられた。

しかし、華北では、祠堂や族譜や義荘・祭田をもっている同族は少なく、あってもその規模は小さかった。かくて、同じく近来の土地改革を迎えた中国農村にあっても、同族の共有地の没収によって受ける影響の度合は、華北では小さかったのに反し、華中華南ではいちじるしく大きかった。

同族の共有地をもった大がかりな同族結集は、一面、官僚的地主ののび上る足場であった。それは、他面、宋代以後の大地主制のもつ自己矛盾の一つの解決手段であった。宋代の族譜の起源は、門閥が重んぜられ従ってその家系が尊重された魏晉南北朝、つまり六朝(三―六世紀)にさかのぼる。当時にあっては、政治的に勢力あるものは大族であり、主要な官吏はその大族が独占し、官品の上下は門地の上下によって決定されていた。その上、支配の領域を揚子江以南に移した南朝(五、六世紀)では士庶の分を明らかにして士庶不婚という身分的内婚制さえ成立せしめていた。このような状態であったから、家系を記した族譜が重んぜられ、その編纂もまた盛んであった。(同族集団の機能と歴史的役割については、第八章を参照せられたい。)

(1) 輩字。
(2) 田中萃一郎教授「義荘の研究」(『田中萃一郎史学論文集』昭和七年八月)。
D. C. Twitchett, Financial Administration under the T'ang Dynasty, Cambridge, 1963.

第二節　族長権威と族人

族長の地位　族長(宗長)は同族の指揮統率者であって、同族内で世代の最も高く、同一世代の内では最年長の男子であるのが普通であった。もっとも、十六世紀以後の諸例によると、最高世代の最年長者とは必ずしもかぎられていなかった。また、その地位が終身的であって、さしさわりがなければ、生前その地位の交替が行なわれないのが一般例であった。しかし、族長が同族集団に対する忠実な義務の履行を欠くときは、同族によって罷免された。このような族長罷免制度を具体的に規約に規定した同族はまれではなかった。族長の地位は特定の家系にだけ伝えられるものではなかった。それは、本家分家的な序列を認めるのとは原則的に異っていた。もっとも一族の祭祀は、嫡長長子がうけつぐことになっていて、これを宗子と呼んだ。かくて族長と宗子とは同一族内にならび立ったが、両者はその職分を異にした。

族長権威　族長は族内長老の首座(primus inter pares)であった。族内の争は族長ないし族長を含む族内の長老を中心に解決の道がつけられ、他族との争については族長が折衝にあたった。族長の指揮統率に従わず、族約をみだす者は制裁を加えられても已むを得ないとされていた。安徽のある同族の例でいうと、毎年二回祖先の祠堂(宗祠)の前で祭典を行ない、同族の重要問題はそこで決議した。また、水利などについての族内紛争は、族中の有力者の手で裁決した。不法な行為があって一族の面子を傷つけたものがあるときは、同族会議を召集し、これを宗祠で処分した。その制裁には金銭を支払わせ、あるいは酒席を設けさせ、あるいは杖刑を科し、重いときには絞刑さえも科した。(1)十世紀前後の会稽のある同族は、竹製の笞杖を代々伝えていたが、それは族長権威のシンボルであった。革命前夜の農村でも、結合意識が比較的強い同族の間では、族内規律の上で族長は大きな役割を認められていた。同族結合が緊密でないといわれる華北でも、結合が比較的強い村の場合では、養子縁組も、婚姻も、家産分割も、族長の許可なしに行なうことができなかったし、家長の選任にも更迭にさえも族長は干与したし、族長が族人間の争の調停仲裁者となることは常例であった。このように見てくると、家内における権力は家長一人の独占ではなかったことになる。

(1)　生き埋めまで実行した。もっとも国家は死刑のような重刑を、同族が任意に用いることを認めてはいなかった。

第三節　親等制度

――中国と朝鮮の親等計算法――

ゲルマン法とローマ法　東西の法の歴史のなかで、親族の間のへだたりの遠近を計る親等計算法には、いくつかの型があった。東アジアで代表的なのは中国と朝鮮の法である。それはあたかもゲルマンとローマの法の対比に類していた。ゲルマン法で傍系親の間の遠近を計算する基礎としてのフェッテルシャフトの制度は、共同祖先に対して自己と同一世数にある傍系親(この場合、兄弟姉妹を除く)の分類法である。その分類によれば、第一類は従兄弟、第二類は再従兄弟、第三類は三従兄弟、第四類は四従兄弟となってゆく。それは自己と同一世代の横の線上の配列である。ところで、共同祖先に対して自己と同一世数にない傍系親、たとえば自己と叔父との間の親等は、両人から共同祖先に至るまでの世数の長い方に従って計算するものであった。その結果、叔父とも従兄弟とも、自己は同等親となる。再従兄弟、その父、およびその祖父の三者とも、自己は同等親となる。右のような計算法の結果、同等親に加えられたものはすべて復讐または人命金分配などの場合に、同一の順位と権利をもつものであった。このゲルマン法における同種の親族分類法は、中国の親族関係の諸制度、ことに五等の喪服制度＝「五服制度」にいちじるしくあらわれていた。[1]

中国法　この五服制度については、父の喪服三年を第一にあげなければならないが、このうち傍系親だけについていうと、(1)兄弟(期親といわれて喪服期間は一年)、(2)従兄弟(大功親といわれ期間は九ヵ月)、(3)再従兄弟(小功親といわれ期間は五ヵ月)、(4)三従兄弟(緦麻親といわれ期間は三ヵ月)というように、自己と同一世代の横列上に親族

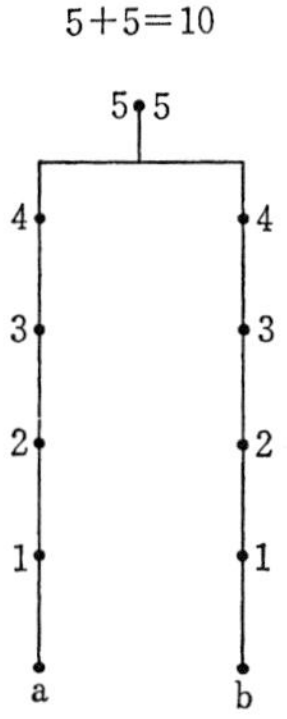

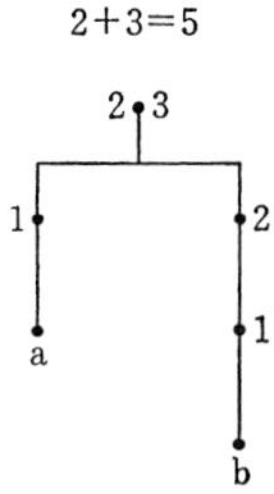

B　朝　　鮮

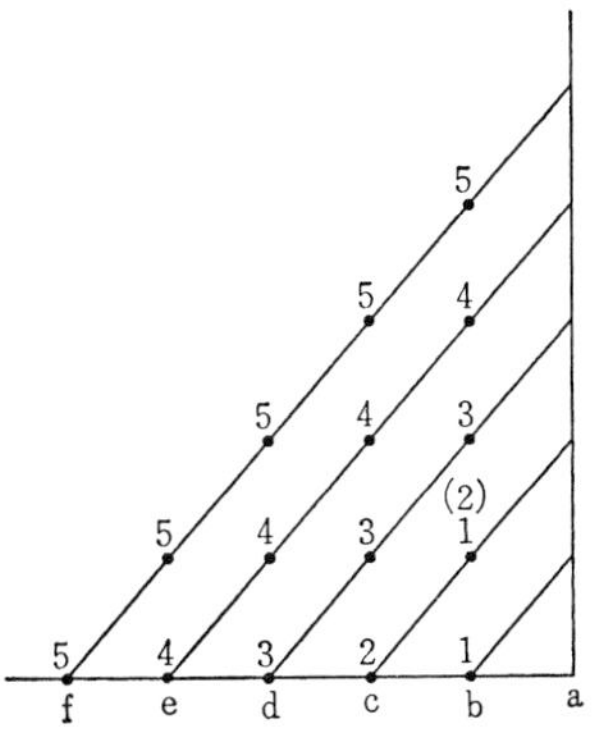

A　中　　国

が分類され、またその親疎に従って喪服期間がきめられた。傍系親のうちでも自己と共同祖先に対して異った世数にあるものは、世数の遠近や自然的血縁の親疎にかかわらず、共同祖先に至るまでの世数の長い方に従って分類された。ただし、伯父は父になぞらえ、姪(おい)は子になぞらえ、ともに格上げされて期親となる。中国の親等計算法は、ゲルマンのそれと原則を同じくし、自己(a)と同一世代にある傍系親(bcdefの類)とのへだたりを基準として数えるものであった(A図参照)。

朝鮮法　中国のようないわばゲルマン法式の親等計算法に対して、東アジアで古くからいわばローマ法式の計算法をもっていたのは朝鮮であった。朝鮮では傍系親のうちで兄弟姉妹をそれぞれ固有の親族名で呼ぶのを除き、それ以外は親等を示すのに「寸」という語をもってした。その傍系親間の親等計算法はローマ法と全く同じく、傍系親の双方から共同祖先までの世数の和をもってした。伯父と自己との間のようにその和が三なら三寸、その和が五なら五寸、その和が十なら十寸であった(B図参照)。このことは、これまで李朝(十四世紀末以降)について研究されていたが、その来歴はそれよりも古い。少なくとも十世紀以後の高麗でもすでに規定のなかに明示されていた。ところで、中国固有の親等計算法は他の法律制度とともに朝鮮に波及していった。朝鮮では、自己の固有のものをもちながら中国の制度を拒もうとはしなかった。といって自己の固有法をなげすててもしまわなかった。中国の五服制度は高麗の礼制のうちに受容され、その他、諸規定のうちにとり入れられていた。ベトナム黎朝の律では、少なくとも規定面では中国の五服制度の類をうけついでいたようであり、喪服の名称も引きついでいた。日本令の五等親属の分類は、中国の五等親制を参考にしたものであった。

（1） 中田薫博士「古法制三題考」（『法制史論集』第一巻、大正一五年三月）。

第十章　家族と婚姻

第一節　家族構成と家族分裂

家族形態と構成　二十世紀前半期における中国農村家族の成員数の調査によると、調査家族総数の内、一家十人以上のいわば大型家族は一割未満である。これに対して、十人未満のいわば小型家族は圧倒的に多く九割余を占め、とくに三人四人五人程度のものが多い。しかし、このような現象は、後世にわかに生じたのではない。中国では紀元前三、四世紀頃の記録でも、すでに一家十人以上の家族と並んで、十人未満の家族が成立しているのがわかる。かりに前者を大型家族と呼び、後者を小型家族と呼ぶ。小型家族といっても小家族と同じ意味ではない。もちろん、紀元前の古文献にも、少なくとも家口数約二十を前提としている記事があり、一家五子二十五孫を越える家族構成を示した例がある。紀元後でも、七世同居、あるいは九世同居、また、十三世同居、家口七百におよぶ諸記録がある。

しかし、このように小型、大型の家族とはいっても、その間に質的区分をたてがたい。たとえ小型であっても、家族構成は往々にして大型と同様の大家族である場合が多かった。それは、いわゆる小家族のように夫婦とか夫婦とその未成年の子女——婚姻群——だけにかぎってはいなかった。

家族分裂の条件　中国農村の、また農民の経済生活上の封鎖性孤立性は古くから破られていて、そこでは必需品の自給に要する人員を、一家内にそれほど揃えておく必要がなくなっていた。また、開墾その他、家族労働力をとりわけ結集させる必要がないところでは、それだけ多くの家族口数をかかえて共同生活をする必要はなくなっていた。小型家族を成り立たしめる条件を、中国社会は古くからもっていたのである。

このように大型家族を一方にもちつつも、小型家族を支配的につくり出していったことは、家族分裂の頻度を自ら示すものである。もちろん、家族型がある程度の大きさであることは、家族員の協働による労働の上からは経済的であり、収益は多く、農業経営の利点が生まれ、消費も節減できる意味では利点が重なる。家族共産はある場合貧困を救う一つの途であった。それは単に「名教」の上だけの問題ではなかった。これに対して家族の細分は同時に家産の細分となり、家族労働力の分散や耕作面積の零細化の上から見て、農家経営の困難を来たすおそれがあった。しかし、このようなことを承知していても、共同生活をつづける方が勘定に合わないとなると、しばしば分裂への道をえらぶ。分裂は、兄弟の妻の不和、姑と嫁との不和というような内部的原因ばかりでなく、公課の負担をまぬかれ、あるいは盗賊の損害からのがれる手段としてえらばれたこともあった。

農家経営の合理化と家族労働力　中国の家産分割は、原則として均分的な意味での細胞分裂であり、その果てしない分裂は、農民を窮乏におい込む一要因となっていた。均分主義は、生存条件の均等的保障として一応自然と思う。しかし、生産力の低さを含む農民蓄積の困難さは、農家経営の限界を割ってまで均分主義を徹底化した。そして、農民をいよいよ貧困に追い込んでいった。しかも、遠慮のない収奪が行なわれ、生産を増したらそれだけ多く奪われるのでは、容易なことで蓄積できるわけがなかった。窮乏状態におかれた農民は、その経済をきりぬけるためにあらゆる手段をつくす。そして経営の合理化のためには家族労働力に目をつけてくる。経済がそれほどどん底でない農民の場合でも、経営の合理化のためには、やはり家族労働力を度外視するわけにはいかなかった。

第二節　家父長権威と家族
——「父は子の天」「夫は妻の天」——

家父長権威と家族労働力の構成　中国の農民は全人口の九割以上を占め、生産の上でも大きな比重をもってきた。その農業生産は、旧来、人間の直接的な肉体労働、つまり手の労働に依存することが圧倒的に多かった。人間の労働力は、家畜の労働力とは比較にならぬほど大きな役割をもっていた。家畜を飼えぬものが奴隷をもっているわけもなく、雇傭労働に常にたよることはできなかった。これに対して、自分が農家経営の第一線を退いた後までも、第一線に立って経営を引きついでゆくものは、家族、ことに男子であった。紀元前何世紀も前に韓非子がいったということであるが、「子を養うのは、親の老後のため」であった。それは、中国の諺にいう「養児防備老」というのと同じことであり、子を養うのは、つまりは養老保険ということであった。家長と家族、父と子、娘、養子、壻、嫁、ないしは夫と妻などの諸関係は、このような労働力の継続的把握、または継続的な支配をねらって規律だてられたことが多かった。もっとも窮乏した農民の間では、子を養うあてのない場合に、あるいは家産均分による農家経営の零細化をおそれる場合には、間引くことが行なわれた。その場合、労働力の評価が低い女子が、もっともその災難に出会った。子は、生まれたからといって、当然生きる権利が社会的にみとめられていたわけではなかった。

嫁　父ないし家長は、労働力を獲得し、それを維持する必要から、家族の婚姻についても強い発言権をもち、最後的決定権が認められていた。嫁は家族の労働力であった。また、将来の労働力、つまり、子供を生む道具でもあった。息子は、父ないし家長の決定するところに従って妻をめとらねばならなかった。息子にとって、その妻となる相手の女は、「はげや馬鹿でなければ十分」（アーサー・スミス）と思わなければならなかった。「自由結婚は無用だ。そんなことをすると、村のものからなぐられる」といったのは、革命前夜の農民であった。そのころの農民は、結婚の儀式――天地拝――のとき、男は中折帽をかぶっているのに、女は頭から顔までふろしきをかぶせられて礼拝の場にのぞんだ。男女は、儀式のある段階までいかなければ、互にその顔も知らなかった。たとえ一九三一年に施行された中華民国の民法に、結婚は、男女双方の自由自発の上に築かれるという意味のことを規定していたところで、その実現の道はほとんどなかった。女性は、また、婚姻の何たるかを知らぬほど幼い男の妻として買いとられた。農村では「十八になる嫁さんが、自分より十幾つも年下の夫のおしめをとりかえる」というような歌までつくられていた。幼い夫が年をとった妻をもたされる状態では、どんなに中華民国民法が「結婚は、男は満十八歳以上、女は満十六歳以上であることを要する」ときめていたとて、その実現はおぼつかなかった。

童養媳　労働力確保の手段の、一層、露骨なのは、童養媳《とんやんしい》といわれる一種の女奴隷である。それは、将来、自分の家の男の子の妻とする為に買いとられる幼女である。一人前の女となっては値段が高いので、幼くて値段が安いうちに買いとられ、そして幼いうちから家族労働に酷使された。それは、多くの悲劇を生み出すもとになった。

養子　しかし、生産手段的であり、奴隷的なものは、単にこれらの女性だけではなかった。養子も入壻も、自らが労働力であるばかりでなく、嫁と同様将来の労働力を生み出す手段でもあった。養子は、祖先祭祀の相続のためであるとだけ思うのは、あまりに単純である。江西省のある地方でのように、養子は、養家に入りながら、実家との関係もたちきらず、実家は、将来生まれた子の半分をとる権利をもつ。つまり、子を山分けする慣習のところもあった。

労役婚　また、娘が嫁にゆくことなく、かえって女の家に男を迎えて夫とする婚姻を中国では古くから招壻といい、その壻を贅壻ともいっていた。そして、これも労働力をねらって行なわれることが多かった。贅には「質」という意味もあった。つまり、贅壻は質壻《しちむこ》であり、そのうちには貧乏で妻を買うために支払う対価の工面ができない男が、妻の家での自己の労働で、妻の対価の支払いをする労役婚(marriage by service)の形態のものがしばしばあった。それは、いわゆるヤコブの婚姻であった。旧約聖書によると、ヤコブはラバンの妹娘と一しょになろうと思って、支払うべき対価、つまり聘財の代りに、ラバンの家で七年間働いたが、姉娘をおしつけられ「この地方の風習として姉より先に妹をとつがせることはない、妹がほしければ、なお七年働け」とラバンからいわれて、ヤコブは合計十四年働かされたという。それは労働消却債奴制(abdienende Schuldknechtshaft)の一つの場合である。中国では、この労役婚の労働の期間は、三年や五年の場合もあったが、永いのは十年、さらに二十何年の例もあり、そして、一生妻の家に入りっきりになる場合があった。

寡婦の再婚　寡婦の再婚を否認することは、十一世紀あたり以後の儒教思想のなかにあらわれるが、農民の間では、生きるための寡婦の再婚を非難することは、まず、なかったように思う。もっとも、寡婦に再婚を強要し、その身代金をかせごうとするものもあった。そして、このような強制による再婚寡婦さえも、士大夫的な意識のものからは「風紀をみだした奴」と思われていた(魯迅の小説『祝福』)。寡婦の再婚には夫を招く場合があり、これは、亡夫の家に男手が不足しているときである。寡婦が嫁にゆく場合には、亡夫の葬式の費用をもらい、葬式をすませたら、その場から直ちに再婚のために新しい夫のもとにゆくのである。そうでもしなかったら寡婦は生きてはいかれなかった。

妻の質入れと賃貸し　食べるに困ったものが妻や子を売ったことは、古くは紀元前にもさかのぼる。それは秦や漢の時代の古文献にも見え、その後、歴代の記録にひんぱんにあらわれる。革命の前夜に至っても妻の質入れ(典妻)

や妻の賃貸借（租妻）が往々行なわれてきた。質入れや賃貸借の期間は長くて十年、短くて五年、三年程度であった。質入主は、質取主に借金の利息を支払う必要はない。借金を返すときも元金だけを返せばよい。質に取った妻の労働や、それに生ませた子と、利息とが引き合うようになっていた。ときには妻の労働とその子とで元利をなしくずすことになっていたこともある。しかし、元金を返さないかぎり、永久に請戻のできない永久質の慣習も行なわれた。要するに、人妻の質取主や人妻の賃借主の側にあっても、生活に余裕があるとはかぎらない。一夫一妻のその一妻さえ、尋常の手段では、年老いるまで娶ることのできない絶望的貧困者が少なくなかった。彼等は質妻や借り妻によって、直接労働力を補充するばかりでなく、生ませた子によって自己の家の種（たね）の永続をはからなければならなかった。中国の儒教的な考え方では、子、つまり男子は、祖先の祭祀のためにもうける必要があるというが、農民は、それよりもまず、自身が食ってゆくために子を得ようとしたのである。

fructus naturalis としての子の地位　このようにして、子は生まれながらにして、否、生まれる前から手段視されていた。そのかぎりにおいて、その人間性は否定的であった。質妻が質の期間中に生んだ子は、たとえ質に取る前からすでに懐胎していた場合でも、質取主の子になる。その代り、質の期間が経過して質入主の手に人妻を返した後で生まれた子は、たとえ質にとっている期間内に懐胎したものであっても、質入主の子となり、質取主は、これを自分の子とするわけにはいかなかった。つまり、子が母胎から離れたそのときに子を取得する権利を有するものがこれを取得する。子は、まさに、いわゆる天然果実（fructus naturalis）であった。その法律は、家畜や奴隷の法に相当する。参考のためにいうと、インド古代のマヌ法典（紀元前後二世紀）では「子は、夫に属する。……ある者は、夫のことを田畑の所有者と呼ぶ」「家畜が子を生んでも、それを生ませたものが子の所有者ではない（家畜の所有者が所有者である)。ちょうどそのように、他人の妻にあっても、また然りである。」「他人の牝牛によし百匹の子を生ませたとて、生ませた牡牛は、ただその精力を空費しただけである。」アルタシャストラ Arthaśāstra(二、三世紀)にいう「他人の所有物(つまり女)に蒔かれた種は、田畑の所有者のものである」と。こうしたことは、古代社会ならば、どこにも見出せようが、貧困化した中国の社会では、それが清算されることなく、革命の前夜にまでも持ち越されたのである。

「父は子の天」「夫は妻の天」　子は父に、妻は夫に対してともに隷属的で、古典の上でも「父は子の天」「夫は妻の天」といわれた[1]。食べるに困った場合、農民は妻子を売り、質に入れ、賃貸した。農村のなかでは、男女の人口の比率からいえば男が多くて女が少なかった。「女は、養うだけ損をする」(賠銭貨《ぺいちえんほ》)といって、生まれたその場で殺される率が多かった。せっかく大きくなっても、売られてしまう[2]。また、地主に取りあげられる。中国の古い社会には「門当戸対《めんたんふうとえ》」といって、地主は地主、小作人は小作人同志の間で婚姻を通ずるというように、「婚姻の同格」(Ebenbürtigkeit)が守られる関係から、地主は、小作人の娘をその妻にすることは少なかったと思うが、多くは召使いにされたり妾にされた。農村のなかでは、女の数は男に比べて少なくなっていて、妻を買うには、それだけたくさんの金がかかる。農村社会の環境、破産した経済状態のなかでは、女性にとっても男性にとっても、婚姻の自由はあり得なかった。

中国の伝統的制度ないし思想として、夫婦は「同体」とか「一体」とか「二体一心」などといわれる。しかしそれは夫婦の対等を示したのではない。一方が一方への完全従属を示したものである。それは、近代の夫婦別体主義 separate existence scheme でなくして、イギリス法史などでいう同体主義 coverture scheme に外ならない[3]。中国ではまた「子がない」とか「手くせがわるい」とか「おしゃべり」とか、七つの原因(七出)がなければ、妻を離婚できないとした。協議上の離婚ということもあったが、多くは夫の一方的意志による離婚であって、七つの離婚原因がなくても、しばしば妻の逐出離婚が現実に行なわれた。『水滸伝』などに見るように、夫だけが一方的に妻に対する私的制裁権をもっていて、姦通の現場でなら、夫は姦夫姦婦をともに殺害しても、罪とはならなかった。ただし、どちらか一方だけを殺したに止まるときは、処罰された場合があった。「養漢要雙」とは、以上のような意味の法律格言であった。[4] しかし、このように、夫の側に妻の逐出しが許され、妻に対する私の刑罰が許されてはいても、それを実行して経済的に苦痛を感じないのは、妾をもてるようなもの、つまり経済に余裕のあるものだけであった。妾どころか一人の妻さえも容易に娶ることができず、兄貴が能力を失って弟にやっと妻帯させるとか、伯父が能力を失ってしまった後に、やっと、甥に妻を娶らせるとかしているような経済的失調破綻の状態では、そうやすやすと妻を逐出せるわけがなかった。そこには婚姻の自由も離婚の自由も存在しない。逐出したら、その場から、めしもつくってくれるものがいなくなるし、子供も生んでもらえなくなる。絶望的貧困の農民にとって、離婚ぐらいひきあわぬものはなかった。離婚して損をするのは、夫の側である。そのような状態であったから、夫は、妻の姦通さえ見のがさざるを得なかった。これは、河北山東の農村調査にあらわれているだけでなく、湖南の農民に関する毛沢東の報告にも、すでにそれと関連的なことが書いてある。かくて、中国農村経済の破産は、かえって女性の地位を守る結果ともなっていた。もちろん、このような事態は、ただちに女性の地位の本質的改善に役立っていたのではなかった。

土地改革問題とのつながり　以上に述べたことは、あまりに農民の貧困の極限状態についてえがきすぎたかも知れない。中国の農民の歴史は、このような極限的な見方だけではじゅうぶんにとらえられないであろう。しかし、このような農民をふくめて、農民を救う道は、土地改革であった。「働く農民に土地を」という孫文の三民主義の発展のなかに、問題の解決方法があった。

(1) 儀礼喪服伝「父者子之天」「夫者妻之天」

(2) 二十になったら買戻す約束で子供のとき売られ、二度売られるものもあった。

(3) ゲルダート『イギリス法原理』(末延三次訳)に「夫婦は一体である」。フィーフット『イギリス法――その背景――』(伊藤正巳訳)に「夫婦は一個の人である」。コーク卿云う、「その一個の人とは夫にほかならない」。婚姻の際、彼女の財産の支配権は、事実上当然に夫に移り、債務に充当すべき財産もないから、契約関係に入れなかった。

(4) 水滸伝「捉姦見雙。捉賊見贓。傷人見傷」、法諺「捉姦捉雙　捉賊捉贓」。

第三節　中国の家族共産制と東アジア諸国法

火と食と居の共同　中国の家族共産生活は、火(かまど、ないし煙)と食と居とを共にすることである。それは儒教の経典の時代において、すでに「かまどを同じくする」という言葉であらわされていた。これに対して家族共同生活の分裂は、かまどを異にし、煙を分つことであった。以上のことはゲルマンやスラヴやインドの場合と同様であった。このような中国の家族共産生活の内にあっても、私財、すなわち特有財産が必ずしも許されていないわけではなかった。

共産者の範囲　中国の家族共産は、兄弟のような傍系親間ではもとより、父子祖孫のような直系親の間の共産についても成り立っていた。妻や女子も、共産者の範囲から除外されなかった。ただ妾についてだけは、唐代法でも宋代法でも明らかにこれを共産親の範囲から除外していた。唐代法の官撰の註釈書によると、奴隷から見て「主」つまり主人または持主というのは、家産に持分のあるものである。家長の妻も娘も家産の共有者であり、奴隷の主人であった。奴隷がそれらを姦淫することは、主人に対する姦淫であった。妾は家産の共有者ではなく、奴隷の主人ではなかった。妾に対する姦淫は主人に対する姦淫ではなく、主人の妾に対する姦淫であった。

共産の管理処分　家族の共産たる家産の管理権をもっているものは家長であって、子孫弟姪のような家族にとって、家産は一様に「己の有」といわれながら、それを任意に消費処分し、家産の負担となるべき契約を家長の同意を得ないで他人と締結することはできなかった。もっとも、家長も、彼が傍系親の場合は、家産の任意処分権までもっていなかった。彼はその処分については、家族との合意が必要であった。ただ、家長が家族共同の父祖である場合については、一概にいえなかった。少なくとも旧王朝の法律の建前だけからいうと、家長たる父祖がほしいままに共産を処分することがあっても、子孫はこれに異議をとなえ得なかった。子孫はこれを法廷に訴えることは許されていなかった。

しかし、法慣習についていえば、家長たる父に家産の管理権は認めても自由処分権を認めなかったことが往々あり、父に自由な処分権を認めた場合にも、それがために父子共有意識がすべて失われていたとはかぎらなかった。家長は父親であっても、家産を家族の同意なしに勝手に処分する権能を有しないとし、その任意処分を、農民は「盗買盗売」つまり任意処分の権能のないものの任意処分であり、違法行為であり、「どろぼう」であるとまでいうことがあった。ここで述べた子の主張を、単に儒教的な孝道を根拠として、無視してはならない。このような無視は「生きた法」(lebendes Recht)をとらえようとする私の立場からは是認できない。

家長は、家族団体の代表者となるのであるから、売買契約書に家長のほかに家族の名をあらわすとはかぎらなかった。しかし、父子の名が連ねてあったとしても、父子共産を前提としている以上、別に不思議はなかった。たとえば、古くは紀元二世紀ころのものと思われる土地売買証書、また、スタイン、ペリオ敦煌発見にかかる土地、奴隷および家畜の売買証書には、父子が売主、または買主としてその名を出している。(1) 清代の土地売買証書でも、湖北、湖南、江西、安徽、広東その他諸地方の場合のように、父子が共に買主または売主であり、(2) 父子が売主として連署し、父子が代金の共同の受領者となっている例は少なくない。もちろん、法慣習では、家産共有の上に家父長権威の強い投影がある場合もあったし、家父長の家産専有意識があらわれている場合のあったことも否定すべきではない。このように家族共産と家父長専有を両極として規範意識がニュアンスを示しつつ段階的にあらわれている場合に、私はいずれか一極だけをとって一刀両断に問題を片づけるような無理をしたくはない。

均分主義　家産分割は制定法上も慣習上も男子の間にあっては原則として一子の優位を排し、均分主義がとられてきた。もっとも、ときに長子または長孫に多少多くの分け前を認める嫡庶異分主義の慣習が地方によってなかったわけではない。明代では祖先祭祀をうけもつ家にだけは祭費の割増を認めた。しかし、このような割増を行なわない場合は、家産の均分をうけた兄弟で祭費を均等に負担した。家産均分主義の場合は、同じ世代のもの、たとえば兄弟の世代の間にあっては、年齢や嫡庶の如何を問わず、均分が例であった。* もちろん子は亡父に代位し、子のない寡婦は亡夫に代位して家産の分割にあずかり、父または夫の受くべき分を受けた。

家産分割の主な目標は、生存条件の均等、経済生活の対等的保障である。従って、私は長子以外に家産の分け前がなく、その犠牲において、一子だけに家産の独占を認めた法や慣習のあることを知らない。W・ワグナーは、家産は分割するというよりは、むしろ単独相続(Anerbenrecht)に帰し、子弟は結婚もできず、総領(Haupterbe)のもとで

＊

A図

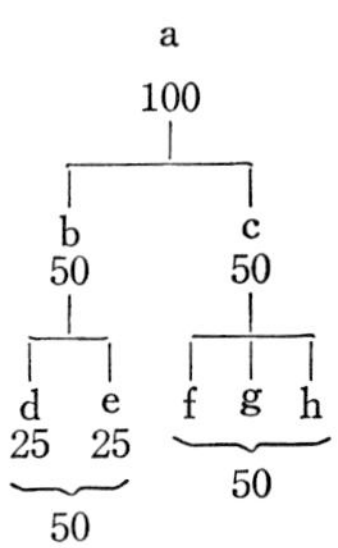

B図

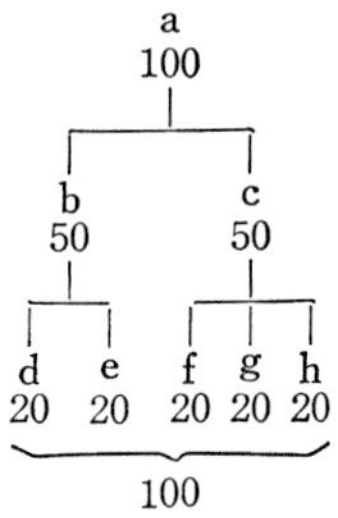

B図によるとbcの子はその父の世代で分割したときと、分割割合が異ってきている。

その僕婢となって依存的な生活を継続するという支配従属関係を説いている。これはワグナーの誤解と思う。J・エスカラも同種の誤った見解を発表している(3)。

女子分　革命前夜の農村の法諺では「男は家産を承け、女は衣箱を承く」といわれた。唐代法について見ても共産者として兄弟など男子がある場合には、女子は家産分割のとき男子の受ける聘財の二分の一だけを持参財産として分与されるに止まった。しかし、このようにまで低い女子の地位は、歴史上固定的であったのではない。十二、三世紀南宋の法と、淮河以南揚子江流域をふくむ地方慣習では、女子が家産を受けとる割合は男子の半分であった(4)。いわば男は雙手で女は片手で家産を受けた。それは女子の分け前としては比較的大幅であった。家産の分割にあずかることと祭祀相続とは、全然無関係とはいわないが、必ずしも関係あるものではなかった。女子が祭祀の相続者でないからとて、共産者から除外されていたわけではなかった。この種の女子分の慣習は、おそらく女子の生産に対する寄与が評価されていたためであったろう。そして、この慣習は、少なくとも、前記地帯では、唐宋をこえて、さらに古い時代からの継続であったであろう。

立論の出発点に「宗教的理念」をおいて、「家産は祖先祭祀の裏づけとして父から男子に引きつがれる。祭祀をう

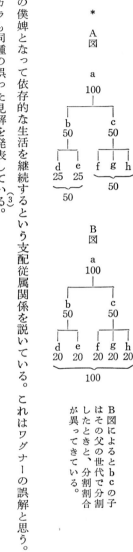

けつぐことのない女子は、男子のない場合、有機体としての生命を失った家産の残骸の受取人にしかすぎない。南宋期の女子分法のごときは慣習から遊離したかなり恣意的な国家の法律であった」という説がある。しかし、この説自体はもちろんのこと、このようにいわねばならなくなる立論の出発点に問題があると思う。

朝鮮・ベトナム・日本の相続制　十五世紀朝鮮の法では、家産分割の場合、祖先の祭祀をつぐ一人の男子には他の子にくらべて五分の一の割増があるが、その割増を除いた家産は、男女を問わず、すべて平等に分配せられた。十五世紀ベトナム法でも、同様に、長子に祖先祭祀の費用として家産の二十分の一の割増を与えるほか、他は兄弟姉妹間に均分せられた。これらの法は、ローマ法のように男女均分とまではいかないまでも、それに近接していたといえる。日本の相続法でも、養老令では祭祀をうけつぐ一人の男子の相続分は二分、他の一般の男子は一分、女子分は一般男子の半額としていた。このように見てくると、南宋時代の場合も単に例外扱いはできない。

ところで、中国法に比べてみると、朝鮮では高麗時代、土地の分け前は男子に占められてはいたが、奴隷その他父母の財産は男女の間に均分とし、高麗末期では土地もそのようであった(5)。李朝初期の財産相続法でも、女子は男子と共同に奴隷や土地を相続することになっている。その相続割合は祭祀相続人には五分の一の割増を認めはするが、その割増を除いて嫡出の子は男女を問わず平等とする。また妾の子女には相続上はなはだ劣った地位しか与えていないが、その場合でも妾の子としては男子女子ともに相続分は平等となっている(6)。相続法上の男子優先の原則と並んで、ローマの相続法上の原則に類する男女平等、またはそれに近接した原則は、東アジアでも古くは各地で行なわれていたものである。

隋唐およびその前後の中国の法律が、東アジア諸国に及ぼした影響力が大きかったことは疑いない。しかし、中国の法律の前に東アジア諸国は自己の固有法をなげすててまで屈服してしまったわけではない。それは親等や婚姻の制度など親族法の部分においていちじるしかった。中国の家族共産制と東アジア諸国の財産相続制、ことにその遺言制度との対立もいちじるしいものの一つであった。女子分法についてみても朝鮮およびベトナム法における女子の分け前は大幅なものであった。それは中国の法律の継受ではない。

老人分——養老田　家産均分、つまり分割主義の原則は、老人分にも深い関係をもっていた。家産分割後、父母は順番に子孫の家を食べて廻るか(紀元前一、二世紀の伝記にこれに類する記事がある)、子孫から仕送りをうけるかしない場合には、あらかじめ、家産のうちから、土地、すなわち養老田を留保した。それは、あたかも、ドイツ法史上の Altenteil に似ていた。

遺産相続　朝鮮では高麗時代にも「父母の財」といわれるような法慣習が現実社会を規律していたのではなかったかと思われる。李朝時代には明代法の影響下にあったにもかかわらず、明代法とは異って父母の奴隷または父の奴隷の相続法を定めていた。そこには父子共産制を前提とするところがなかった。ローマにおける相続制は遺言相続を前提とした。つまり家父長が相続人を確定するについては被相続人たる家父長の自由意思によるものであって、家父長の生前処分や遺言のない場合にはじめて法定相続が補充的に行なわれた。そのことは中国の制度とは原則がまるでちがっていた。中国でも遺言制度はないことはなかったが、遺言内容は一般に共産分割であって、個人財産ではないかぎり相続が行なわるべくもなかった。分割の法律上の割合は、男子については均分であって、遺言によっても任意に変えられないのを原則とした。

もちろん、中国でも、個人の単独財産については遺産相続が行なわれ、遺言があればそれに従うことになっていた。

そして、その相続の割合は、家産分割の原則と同様であった。家産が父祖の遺産と見られた場合にも、その相続についてはこれまた同様の原則に従った。

（1）　スタイン文書一九四六〈奴隷売買文書〉（買主は夫婦・父子）。同文書四三七四〈奴隷解放文書〉（父子連署）。ペリオ文書三三九四〈大中年壬申土地交換文書〉（父子共に当事者）。仁井田『唐宋法律文書の研究』一〇九頁所収〈太平興国九年（九八四）十一月売墓田文書〉。ペリオ文書三八六〇〈丙午年〉（父子共に借主）。ペリオ文書四〇八三〈丁己年〉（父子共に家畜の買主）。
（2）　「父子合口商議」。
（3）　仁井田『中国の農村家族』一五三頁以下。
（4）　後村先生文集（十二、三世紀）「在法、父母已亡、児女分産、女合得男之半」。
（5）　旗田巍氏「高麗時代における土地の嫡長子相続と奴婢の子女均分相続」（東洋文化二二号、昭和三二年一月）。
（6）　喜頭兵一氏『李朝の相続財産法』（昭和一一年三月）。

第四節　主婦権（鍵の権）

――中国の鍵と日本のへら――

鍵をもっている人　家長が「当家」といわれたと同時に、主婦もまた当家といわれた。当家とは、日常の家事たると否とを問わず、およそ家事の担当者を指していうことである。ところで、古来、中国の主婦の務の主なものは三つあるとせられてきた。その一つは食事を掌ること、つまり、いわゆる「中饋」と、その二つは機を織ること、つまり、いわゆる「女工」「婦工」と、その三つは賓客をもてなすことであった。そして食事を掌ることが主要任務であった関係から、「中饋」といえば古来「主婦の務」であると同時に、主婦の異称となっていた。それは日本のある地方の農業家族において、主婦の地位が杓子で象徴された点に相通ずるものである。しかし、ドイツ法史の上では、主婦の地位を象徴するに鍵をもってした――そして、日常家事執行のために、彼女に認められた独立の処分権を学者はSchlüsselgewalt と称した――。ゲルマン人の間では古くから妻は主婦として家事に必要な行為を主宰していたに相違なく、鍵は主婦の地位の象徴であった。そしてゲルマン人の間のみならず、既にローマ人の間にあっても、新婦は鍵を与えられ、離婚された女は鍵の返還を要求されるのであった。イプセン「人形の家」のノラも鍵を置いて夫の家を去った。チェーホフの「桜の園」でも女地主の養女ワーリャは主婦の代理をつとめていて、いつも腰に鍵束を下げていた。しかし、桜の園が売られたと聞いたとたん、腰から鍵をとりはずし客間の床に投げて去った。中国の諸地方におしなべてこのような慣習があるとはいえないが、鍵(鑰匙)をもって主婦の地位を象徴する慣習は、革命前夜までの中国には、そこここに見出された。中国では鍵を渡すことは家務を渡すことであり、帯鑰匙的《たいやおしいだ》(鍵をもっている人)とは主婦の別名である。すでに、唐代(八世紀前後)の文献にも、嫁ができてそれに鍵を渡すまで、家母は主婦として自ら鍵をもっていたことが書いてある。戯曲小説のなかにもそのような資料は少なくない。元代の戯曲では鍵は主婦がもち、主婦代理ができるとそれに鍵を渡した。『金瓶梅』でも主婦は鍵をあずかり、平素寝台のふとんの下などにいれていたし、『紅楼夢』でも鍵(鍵束)をあずかるものは主婦(またはその代理)であった。

鍵の受け渡し　しかし、中国では妻たるものは、同時に主婦の地位を得るとはかぎらなかった。夫の家に主婦のない場合は、新婦は主婦となり自ら鍵をあずかることにもなったが、大型な家族団体の場合には、たとえば姑(ときには嫂)が主婦であった。それは「嫁入りが主婦となる条件を離れ」ていた日本の例と同様なものであった。姑が嫁に鍵を渡す時期は、一般に予め確定的でなかった。姑は、いつ嫁に鍵を渡してもよいし、いつまでも渡さなくても社会的に非難されなかった。しかし、一旦、鍵を新主婦に渡した旧主婦は、金箱ももちろん渡し、食事の指図もしなくなった。

日常の家事　さて、儒教の経典に「めんどりがときをつげる」(牝雞之晨)という婦戒がある。それは、婦人は夫が担当する一般の家政に口を入れることを封じたいましめであった。それは、結局、婦人を取引関係から遠ざける意味にもなっていた。また、中国にもインドなどと同様、婦人は一生何人かの後見の下に置かれるものという、古典的な永久後見の思想があった。そのうえ、家の外との取引は家長の手を通すべきを原則とした。とはいえ、少なくとも、主婦の日常家事の執行に関するかぎり、問題は自ら別となっていた。そして彼女の日常家事担当は、家のために彼女が「当家」として行なうべき倫理的使命であり、職分であった。

第五節　婦女後見制

──「女は人に従うものである」──

中国・インドの永久後見制　子の直接の護育者は親であり、妻の直接の保護者は夫であった。インドのマヌの法典などにいう「女子は幼にしては父に従い、長じては夫に従い、夫死しては子に従う。およそ女子は人に従うものである」と。インドばかりでなく、ギリシアやローマ、又はゲルマンなどの古法には、父を失った未成年の男子、未婚の女子、および夫を失った婦女のために後見人を附し、被後見人の養育や財産管理を行なうことになっていた。そして男子は成年期に達したときに後見を脱するに反し、女子には依然存続するものとされた(永久後見)。さて、前記のマヌの法典の内容が、あたかも中国の儒教の経典などに見える三従と同工異曲のものであることは、何人も認めるであろう。中国の三従とインドのそれと発生的に何れが古いかは明瞭でない。しかし、ヒマラヤを互に背にして二つの民族が古くから同種の社会条件下に、同種の婦女後見制をもっていたものといえる。

寡婦の後見　三従のうち、もっとも問題となるのは寡婦の後見制であろう。「夫死しては子に従う(従うとはその教令に従うをいう)」については、中国の古典の一つがいっている、「老いては子の言の如くす」の意味を、併せて含味することを要しよう。すなわち、その「子」とは成年に達した男子のことといえる。法律経済および社会生活の上では、男子が支柱となっていったから、寡婦は夫の死後はすでに成年となっている子の意見を尊重し、同時に子もまた独断専行せずして母の意見を徴するという、二つの倫理的側面を、この三従の規範はもっていたものと思える。

第六節　婚　姻

――「同姓不婚」と東アジア諸国法――

旧社会婚姻法の特質　中国旧社会に行なわれてきた婚姻法を、新しい形式の婚姻法に対比するとき、三つのいちじるしい特質をあげることができる。第一は中国旧社会の婚姻法の婚姻は、男女当人のためではなく、家のためとか祖先のためとかいうような、超個人的性質を有し、家と家との結合であったことである。祖先祭祀は男系男子によって行なわれるものであったし、農業家族にあっては働き手を加えるゆえんであった。第二は、婚姻はまた親のためであり、親こそ婚姻締結の当事者であった。男女は婚姻締結の客体とはいえても、当事者とはいえなかった。第三は、婚姻は男(夫)を中心として考えられていた。婚姻関係の形式としては一夫多妻制であったし、婚姻生活もまた同様に男家で営まれるのが通例であった。離婚権も夫のみがもっていた。

婚姻関係の形式　旧来中国に行なわれてきた婚姻関係の形式は、一夫多妻制であった。しかし、一夫多妻といっても、一夫一妻という単婚制を基本形式としていた。妾は妻よりその地位が低く、妾と夫との夫婦関係は一般に副次的形式とされた。しかしこの副次的形式といえども合法的形式であった。従って妻のほかに妾(また次妻など)が何人あっても重婚の禁にはふれなかった。重婚というのは妻あってさらに妻を娶る場合であった。ところが、中国では古くからこのような一人の妻のほかにさらに妻を娶ることがしばしば行なわれた。古くは紀元前の文献などにそのことが見え、北魏(四世紀)以降唐宋金元の各時代にわたっては、それについての資料が案外多く残されている。ことに晋代(四世紀)ではそれが戸籍にも載せられ、ペリオ敦煌発見の唐の天宝年間(八世紀)の戸籍にも、妾とは別に二妻や三妻のある例が少なくない。(1)

婚姻の形態　中国で、旧来、支配的に行なわれてきた婚姻形態は、婚姻締結の方式からいえば、妻となすべき女子の対価をその親に支払う婚姻形態のもの、すなわちいわゆる売買婚か、対価とまではいえなくても、対価の変形ともあるいは考えられる物質を聘財として交付する形態のものかであった。そして、とくに妾を娶る場合には、礼法ともに人身売買を肯定していた。売買婚の一態には労役婚がある(本章第二節)。

婚姻はまたその通婚範囲、すなわち配偶者選択圏の制限によって、内婚制と外婚制とに分たれる。ローマやゲルマンやインドの古法に見るような異身分者(社会的集団を異にするもの)の間の婚姻禁止、すなわち身分的内婚制は中国にも行なわれた。たとえば良賤不婚制(第五章第二節参照)や六朝ないし唐初(五―七世紀)行なわれた士庶不婚制は、そのいちじるしい一例である。そしてこれとならんで中国では同姓不婚という外婚制が古今の鉄則であった。同姓(父系)を回避する理由として、中国の古文献のいうところでは、同姓(父系)間の婚姻は婦人の不妊を来たすと解され、それを避けるためとされた。(2)

同姓不婚と東アジア諸国法　東アジア諸国法は隋唐法の大きな影響下にありながら、同姓不婚制を必ずしもうけいれなかった。朝鮮の三国時代の新羅や十世紀以後の高麗には同姓間の婚姻つまり内婚制の習俗があった。高麗の王室や貴族の間で同姓の間の婚姻が行なわれたことは、宋代や高麗の歴史に記されている。(3) 高麗では近親間の通婚を禁止したと同時に、ある場合には同姓不婚制も定めた。李朝でも同姓不婚制を定めた例がある。日本には同姓不婚の習俗はなかったと思う。日本律が完全に伝わっていないので唐律の同姓不婚制をうけいれていたかどうか不明であるが、日本律には同姓不婚の規定は存在しなかったものと見られている。ベトナム黎朝の前記の法律のなかには、中国法と同様、同姓不婚の規定があったが、後期(十五世紀)に属する黎律ではその規定が省かれている。また、ベトナムその後の王朝の法典では同姓不婚の条文はありながら、その註ではとくに同姓でももと派系を同じくしなければ婚姻を禁じないとしていたのであって、(4) 中国法の影響をうけることの多大であったこのベトナム法さえ、結局、同姓不婚にはなじまず、刑法典の註のかぎりでの抵抗を示していた。なお、中国周辺の民族の法でもモンゴリアや女真のように、同じ父系親間の婚姻を避ける習俗をもつものもないではなかった。

(1)　天宝戸籍。
(2)　戴炎輝教授『唐律通論』。
(3)　花村美樹教授「高麗律」(『朝鮮社会法制史研究』昭和一二年五月)。
(4)　山本達郎教授「安南黎朝の婚姻法」(東方学報〈東京〉第八冊、昭和一三年一月)。

第七節　離　婚

——「夫婦は天の合せたもの」——

夫の専権的離婚　キリスト教前のヨーロッパ社会でも、男女両性の結合は、男性側での所有権の取得のような意味内容をもっていたのであり、両性の分離もまた男性側での所有権の放棄のような意味内容をもった解除であった。たとえば、キリスト教流布前のフランク時代では、合意離婚(夫婦双方の協議による)のほかに単位離婚(一方的意思による)も行なわれていて、夫は妻の姦通や不妊を理由に妻を離婚できた。しかし、妻にはかかる離婚権はなかった。婚姻は女のみを拘束した。中世キリスト教の婚姻非解消主義は、かかる男性側の一方的自由を制約する作用をもっていた。いわゆる「神の合せ給いし者は人これを離すべからず」(マタイ伝)の原則は、たとえ教会の力をもってしてさえ、その実質的貫徹は容易でなかったとはいえ、男性側の専権的離婚に対して大きな制約を与えた。中国でも古くから夫婦は「天合」つまり「天の合わせたもの」(詩経)といわれてきた。ところが、その天合は、キリスト教の神合の原則と異って、男性の専権的離婚を制約したものではなかった。古代の思想家は、両性を天地に比定し、夫は天であり、妻は地であるとする。そして、天たる夫は、一方的意思をもって妻を放棄し(棄妻または放妻という)、逐出しができても、地たる妻は天たる夫に悪徳があろうとも、これを棄てるべきではないとしていた。天合といっても、それは結局、夫を拘束せず妻だけを制約した。(1)

離婚原因　離婚するには、古典でも唐代法でも、その後の法制でも、七出(七去)といって、正当と思われる具体的な七つの離婚の原因のあることを要した。七つとは、無子(男子がないこと、女は子の数に入らない)、姦淫、不孝、饒舌、盗竊、嫉妬、悪疾であった。そして七出の場合でも、三不去といって、夫の父母の喪を守った妻、糟糠の妻、帰ってゆく家(父母などの)がなくなっている妻は、義絶(2)の事由があって法律が離婚を強制している場合、および姦淫、悪疾の場合を除いて、離婚が許されなかった。しかし、離婚するについては、七出の事由それぞれの程度限界の認定が問題となるのであり、夫側において不問に付するかぎりは問題化されない。これに反し、夫側で問題にしようとすれば、常に認定次第で問題になった。

合意離婚　このように離婚権は、旧来、夫の側にのみ認められていた。漢代(紀元前二世紀)のいわゆる「棄夫」の故事も、(3)結局、夫を棄てるといいながら、夫に棄ててもらうか、夫婦の合意を要件とする合意離婚(協議上の離婚)を行なうかしたのであろう。また、合意離婚の形式をとるときでさえもが、放妻などと呼ばれ、逐出的であることは少なくなかった。

農村での離婚　ところで、農民の間では伝統的七出が行なわれないというよりも、離婚そのものをはばむ大きな原因があった。それは経済的な制約であった。離婚したらその場から家事に困り、金がなくて再娶の目当てがつかず、逐出し方次第では賠償を支払う必要もあるのでは、農民経済、ことにその零細な農民経済では、それをなかなかまかないきれるものではない。農民にとっては、妻の姦通などによって被った痛手よりも、逐出した後の犠牲の方がより大きな痛手であった(本章第二節参照)。

離婚状　離婚に際しては離婚状が作成された。離婚状は少なくとも離婚の立証手段の一つであり、証拠文書であることには間違いない。離婚状には、離婚文言と同時に再婚許可文言のあらわれることが多く、離婚状は再婚許可状であったといえる。『水滸伝』によると、林冲は妻に再婚の自由を与える内容の離婚状を代筆人に書かせ、これに自ら花押を書き、そのうえ、自ら手形(手模)を押して岳父に手交したことになっている。これは、合意離婚の場合のものという説がある。しかし、林冲の一方的意思による離婚であることは、原文に、むしろ強くあらわされている。今日知られるかぎりで最も古い離婚状は、スタインおよびペリオ敦煌発見にかかるものである。今、ペリオ文書のなかから宋の開宝一〇年(977)の一例をあげてみると、『水滸伝』の場合と異って、合意離婚の態を見せながら、しかも逐出的なものであり、「放妻」と書かれている。妻家に渡す離婚状には、元代や明代の戯曲小説、たとえば『元曲選』や『水滸伝』などに見るように、夫の署名とは別に夫の手形(手模、ときには五指)を押すことがあった。二十世紀の前半期になってからの実例によっても、手形のほかに、さらに足形(足模)までも押す場合があったのがわかる。

（1）白虎通。
（2）夫の祖父母父母を殴り、罵るの類。
（3）朱買臣。

第十一章　土地改革法の成立と発展

第一節　土地改革法の成立発展過程
——「耕すものへ土地を」——

革命の前夜　われわれが生きている世紀のうちで、しかも比較的僅かの時間に、土地法の変革化が行なわれつつ、空前の歴史がつくられてゆくということは、中国の法と社会の歴史をみる上からは、はなはだ関心を呼ぶ問題である。中国では、十七世紀前後において、農奴解放の第一段階に達したとはいえ、また十九世紀半において一大農民戦争を通じて短い期間ながら農民による国家建設の時期を迎えたとはいえ(「太平天国」はその国号)、解放の最終的決定的段階までには距離があった。孫文が三民主義のなかでとなえた「耕すものがその土地をもつ」(耕者有其田)ということは、農民の切実な願いであっても、その実現には達しなかった。『私は中国の地主だった』(1954)の著者がいうように、地主は「自分たちの方が搾取していながら『お前は誰のめしを食っている?』などとやらかすのは、ありふれたことであった」。革命の前夜にあっても、地主は農民から季節的な貢物(雞やハムなど)を取り立てていたし、大地主は農繁期であろうとなかろうと、自分の乗っている駕籠を農民にかつがせ、その代償を支払うことも考えてみなかった(第六章第二節参照)。

改革の進展　しかし孫文の主張は、中国革命の基本原則として、その後にうけつがれた。一九二七年、中国共産党第五回全国大会の農業綱領で、地主所有の小作地没収をかかげ、また一九二八年第六回全国大会で、地主の土地没収を内容とする土地改革遂行を決定して以来、一九二七年には広東その他のソヴェト地区で、また一九二八年には江西、湖南両省にまたがる革命根拠地の井崗山で、革命勢力は一時的なりとも、土地改革を実施するだけの力のたかまりを見せた。一九三一年の中華ソヴェト共和国土地法でも、地主の土地の没収を決定した。また同時に、富農の土地もその兼営する商工業も没収し(富農が自ら耕す場合にだけ劣等地を分配し)、農民への一律分配を決定した。同法では、分配地の私的所有を認め、売買も賃貸も自由とした。しかし、土地の投機的取引は許さなかった。この立場は、その後の土地改革法にもうけつがれてゆく。延安地方をめざす中国共産党のいわゆる「長征」は、一九三四年十月に開始され、一九三五年十月に達成された。その二ヵ月後の十二月には、西北ソヴェト政府の土地法が公布され、地主や富農から没収した土地は農民に分配した。在地の地主富豪のなかには没収されないものもあったが、不在地主の土地は全部取り上げられた(1)。

一九三七年、第二次国共合作以後、つまり日本との交戦期に入ってからは、当初、土地改革を行なったところもあるが、一般にはこれを実行せず、地代と利息の引き下げを行なって、民主的改革の強化につとめ、また富農経営方式を奨励した。戦後、一九四六年になってからは、中国共産党の五月四日の指示を土地改革の一般方針とし、これに従って地方地方の条件を考えて、有償または無償の改革を行なった。たとえば、同じく山東省でもある地方では地主の土地を無償で没収し、またある地方ではこれを有償で収用した。このような情勢のなかで丁玲の『太陽は桑乾河を照らす』(太陽照在桑乾河上)や、周立波の『暴風驟雨』のような土地改革運動をえがいた文学作品があらわれた。山西省南部の村の解放を主題とした趙樹理の『李家荘の変遷』も、結局は、土地改革につながる内容となっている。土地改革は政府の担当事業ではなく、農民自らの団結の力によって行なうべき革命運動であった。これらの文学作品はともに農民の革命遂行過程の生きた記録である。

中国土地法大綱　一九四七年十月に至って、中国共産党による土地改革の基本原則として、この大綱が公布された。これによって土地改革の全国的体制がととのった。同法は、あらゆる地主的土地所有の廃止をめざし、富農の家屋家畜などの余剰分を没収し、揚子江流域以南に多く見られた同族共有地としての族田(義荘・祭田の類)も廃止し、そして土地は村の人口に比例して男女老幼にかかわりなく平等に分配することを目標とした。

一九五〇年土地改革法　同法は、新婚姻法より一ヵ月おくれて一九五〇年六月公布施行された。それは中華人民共和国の成った翌年であった。同法は土地法大綱と差はあるが、基本的には土地法大綱の内容をうけついだものであった。まず、封建的搾取の廃止、農民的土地所有の実現、そして生産発展工業化の目標が明示されている。この一九五〇年法では、地主の土地、耕作用家畜、農具も没収する。同族の共同所有地も徴収する。ただし、イスラム寺院が所有する土地は、その地方のイスラム教徒の同意を得たときは保留できる。工商業を保護し、たとえ地主であっても、その兼営する工商業のための不動産所有及び経営権を認めてこれについてまでは没収しない。富農については、土地法大綱と異って、富農の中立化の状況にかんがみ、保護政策がとられた。富農は地主的収奪が主要な収入部分を占めない限り、雇農によって耕作している土地はもとより、富農が小作に出しているわずかな土地についても取りあげないことにした。また、現在の耕作農民が、田面権、つまり上地《うわぢ》と底地《そこぢ》の二重所有における上地の所有権をもっているときは、その上地は実質的に保護をうけた。この種の二重所有は、江蘇、江西、安徽、福建その他にひろく行なわれたものである(第六章第三節参照)。

以上のようにして、土地の分配は均等が原則ではあったが、種々の条件を考慮して機械的に均等とはしなかった。

新解放区における改革実施の時期的区分　政府は新解放区における土地改革を一挙に実行しようとしたのではなかった。一九五〇年二月、政府は改革実施について次のような時期的区分を指示した。

「㈠改革の準備工作と人民大衆の決意がまだ十分な程度に達していない新解放区では、一九五〇年の秋の収穫以前には、土地改革を実施してはならない。一九五〇年の秋の収穫以後、江蘇、浙江、安徽、福建、江西、湖北、湖南、広東、陝西の九省および甘粛、寧夏、青海三省の漢人地区で、準備工作ができ、大衆の決意が水準に達しているときは、土地改革の実行開始ができる。㈡広西、雲南、貴州、四川、西康、綏遠の六省では、一九五一年の秋の収穫後に改革を実行する。㈢新疆省および全国の少数民族の居住地区と、少数民族と漢人との雑居地区では、一九五一年の収穫以後、土地改革を実行するか否か、別に決定を行なう。」

少数民族地区の土地改革　かくて、土地改革は、モンゴリア族、ウィーグル族、回族、苗族、瑤族、彝族、僮族および青海省のチベット族などの居住地区をふくめ、少数民族地区に及んだ。改革の最後に残ったのがチベット地区であった。[1] ここでも一九五九年三月十日のチベット事件をきっかけとして、土地改革(農奴解放)が実現するに至った。チベット事件の起因については、国際連合の総会の決議をはじめとして、中国中央政府がチベット民衆の基本的人権とその特殊な文化的宗教的生活を無視したことにあるとする説がある。しかし同事件については、チベット社会がその構造に多年にわたる農奴制をもっていた点、および中国内の五十余に及ぶ少数民族の社会的変革が、漢族のそれと関連をもちつつ、すでに実現していた点に視点をおいて考えることが必要である。[2]

(1)　チベット人の居住地区がすべて残ったわけではない。青海四川では実現。

(2) チベット叛乱に加った農奴主の財産は没収、参加しなかった支配層の農地については買戻政策が行なわれた。

第二節　土地改革後の土地法

憲法における土地所有制　一九五四年九月公布の中華人民共和国憲法では、社会主義的社会建設の目標を明らかにしている。同法では、生産手段の所有制について各種のものを規定した。㈠国家的所有制(全人民的所有制)、㈡協同組合的所有制(勤労大衆による集団的所有制)、㈢単独経営の勤労者による所有制、㈣資本家的所有制これである。同法では鉱物資源、水、法律によって定める森林、未墾地などは、ともに全人民的所有とする。また、富農経済は一歩一歩絶滅政策をとるべきものとする。

合作社とその土地所有　土地改革の結果、憲法にもあるような農民的単独所有制が成立した。かくて地主的支配の廃絶とともに、家父長的支配の廃絶を一まずもたらした。しかし農家経営が家族単位であることは、従来と変りがなかった。そして、このままでは労働力も、生産手段としての農具や役畜(農耕用の家畜)も、必ずしも十分ではなく、生産をより高めるについては支障があった。かくて農家相互に労働力を提供しあい、農具などを交換しあう原初的な、また小型な協同組織として、互助組の方式がとられた。しかし、この互助組でも、家族の個別経営が地盤であって、経営の分散、非計画性はまだまぬかれなかった。この非合理性を克服するために、互助組の体制から、さらに農業生産協同組合、つまりいわゆる生産合作社の制度が進展してゆく。ここでの経営は集団性をもち、労働も社会化されて家父長支配の根拠も決定的に失なわれることになった。しかし、初級合作社の段階でも、まだ私有制の上に立って収益の分配が行なわれていた。つまり、分配は合作社における自己出資の土地の面積と、労働日数に応じて行なわれるものであった。しかも、社員が退社するときは、退社社員はその出資地をとりもどすことができた。従ってその集団性は、私有制によって大きな制約をうけていた。私有制による利害関係は、また灌漑施設や農場施設等の実行のさまたげとなっていた。初級合作社については、このような点で生産発展の限界が自覚され、一九五五年から翌年にかけて、社会主義建設運動のたかまりのうちに、高級合作社が達成せられた。高級合作社では孤立的閉鎖的な私有意識をふみこえて、土地をはじめ一切の生産手段の徹底的な社会化(共同化)を実現するに至った。それは私有地の単なる出資ではなくて、私有地を合作社の集団的所有に移したものであった。収益の分配も、自己が移した土地の面積の如何にかかわらず、労働日数に応じ、つまり自己の労働力を基準として行なわれることになった。かくて土地分配の不均等と、土地所有の不均衡とが克服せられた。しかも農業上の計画的施設が私有制にさまたげられないで遂行されるに至った。ところが、このような発展過程のなかで、さらに高次の集団化と、集団的所有制実現への要求が起った。かくて出現したのが、人民公社としてのその所有制である。

人民公社とその三級所有制　人民公社は一九五八年以後、広汎にそして急速に発展する過程をたどった。それは「政社合一」つまり政治組織と経済組織との結合体であり、社会主義権力の基礎単位を成すものである。中国では土地改革が完了した結果、地主は消滅し、反革命分子はおおむね鎮圧され、農村内部での制圧機関は縮小しても差支えなくなった。それに代って、農村内での生産指導の任務や経済活動の分量が増大することになり、生産機能を重視しなければならなくなった。政権の職務権限は、生産組織に向って移ってゆき、「政社合一」を実現した。人民公社の政治経済的機関は公社の成員からえらばれた社員代表大会であって、それに管理委員会が直属する。生産計画や分配案や基本建設など、重大事項を決定するのは代表大会であり、管理委員会がこれを決定することはできない。(1)

しかし人民公社は、単に農業生産の再組織をねらったものではなく、工業と農業との同時発展をねらい、また中央工業と地方工業との同時発展をねらった組織である。[2] それは農村の潜在的な労働力を引き出して、生産力に転化するためのものであり、農村の労働人口を工業へ分配することが配慮されていた。それによって、たとえば、巨大な水利建設を次々に行ない、洪水の脅威から中国の農業を解放した。かくて「水を治めるものは天下を治める」という古い諺を、中国史上はじめて実現化した。また労働人口の分配によって、農業と工業との総合生産体制を実現し、大空の星のように、工業を全国土に分布させた。かくて物資の生産を高めたばかりでなく、その地方輸送の手数をもはぶくことになった。

人民公社は設立のはじめ、総数二万六千五百、その規模は高級合作社の約三十倍であった。そのなかには一つの県の大きさに匹敵するものもあった。その後、これも適正規模に縮小化され、一九六三年夏には公社総数は七万四千になった。また公社は、当初、農業の労働人口の一部をもって、工業労働にふりむけたが、今日では、労働人口をある程度もとに返している。人民公社の所有制についてみても、当初考えられたものが、そのまま、今日に維持されているわけではない。

一九五九年当時、公社の所有制としては次のような三級所有制が説かれていた。㈠は人民公社の所有であって、広い森林、牧場、ダムなどがこれにふくまれた。㈡は生産大隊の所有であって、土地、耕作用家畜、農具などの生産手段がこれに属した。生産大隊はかつての合作社であり、その所有は人民公社内の所有のもっとも基本的なものであった。そのことは、生産大隊が公社のうちでの基本的な生産単位であったことを示している。㈢は生産小隊＝生産隊の所有であって、増産奨励金、副業生産によって挙げた収入がこれにふくまれた。なお、人民公社では、搾取をともなわない家庭副業のためや、自給蔬菜の生産、あるいは家畜家禽の飼料をつくるために、多少の土地の保有が許されていた。自留地といわれるものがこれである。しかし、これは個人の所有ではない。

当初、以上のようにして出発した公社の所有制は、今日、次のようにある程度変っている。つまり、基本的な所有単位、従って基本的な生産単位は、多くの場合、生産大隊から生産隊に移っている。ただし、生産力の高い進んだ公社では、生産大隊が依然基本単位となっている。公社の生産段階が進めば、所有および生産の基本単位は、生産隊から生産大隊へ、さらに人民公社へとうつり進むであろう。そして公社の集団的所有制も、やがて全人民的所有制へと進展してゆくことであろう。

（1）「人民公社特集号」東洋文化二七号（一九五九年三月）。
福島正夫『人民公社の研究』（一九六〇年一一月）。
福島裕「人民公社の形成過程」ＡＡ地域総合研究連絡季報一三号（一九六五年三月）。
中国研究所編『新中国年鑑』（一九六五年四月）。

（2）合作社は一般に農業生産だけをやっていたのに対し、公社は工業、商業経営を行なう。また生産（経済）だけでなく同時に行政組織としての機能をもち、国家組織の末端である。

第十二章　新婚姻法の成立と発展

第一節　新婚姻法の発展段階

基本目標　中国の革命政府は、その出発の最初の日から、その後まで、婦人および子の解放を革命の基本目標としてうち立てていた。戦後、中華人民共和国で刑事法よりも、また他の民事法よりもさきがけて、一九五〇年五月一日公布、即日施行されたのは、新婚姻法であった。それればかりでなく、革命政府が、江西省に根拠地をうち立てた革命の原初的な時期の一九三一年に、他の諸法とともに早くも制定公布(十二月施行)した法律は、やはり婚姻法であった。

フランス革命の場合でも、ロシア革命の場合でも、いかなる法律よりもさきがけて制定公布されたものは、婚姻法であった。そしてそれは、中国革命の場合でも同様であった。三者その軌を一にしたのは、偶然ではなくてことの必然であった。

発展の三段階　中国革命期の婚姻法の発展については、三つの時期に分けて考えられる。第一期は、中華ソヴェト共和国婚姻条例が施行された一九三一年あたりから、一九三七年中国共産党と国民党とが連合して日本と戦う抗日統一戦線の成ったころまでである。第二期は、その後、共産党と国民党が分裂するまでの時期で、この間に中国革命の根拠地(辺区)では、それぞれ婚姻法が制定されていた模様である。第三期は、その後、人民民主主義政権が権力をにぎり、社会主義的社会建設にふみ込んでいった時期である。この第三期には、一九四九年に中華人民共和国が成立し、翌一九五〇年五月には新婚姻法、つづいて同年六月土地改革法が制定公布、一九五四年九月には憲法も制定公布された。

この第一期から第三期を通じて、その婚姻法では、婦人子どもの保護に手あついものがあり、ことに第一期の場合は、婦人等の経済がなお完全に独立していないので、離婚問題については、婦人の保護をとくに厚くし、女子も男子とともに、その一方的意思をもってする離婚が可能であった。そればかりでなく、離婚の場合、夫婦が同居中に負った共同の債務返済の義務も、全部男だけに負わせていた。また、一九五〇年の婚姻法では、経済建設を指向する段階に入ったものとしての特徴があらわれている。

第二節　新婚姻法の基本原則

基本原則の確立　中国の土地改革法の発展は、丁度、婚姻法の発展と対応している。主体的条件の変化は、客体的条件の変化なしには達成できない。婚姻法の変革も土地改革もそのどちらかが不成功に終れば、他方も不成功に終り、結局、中国の革命は、到底達成できないことになる。

中国では、二十世紀の革命の場合、封建的地主権力からの解放とならんで、家父長権力からの解放、夫の権力からの解放、および神の権力からの解放ということがいわれた。しかし、ヨーロッパでキリスト教が婚姻を支配し、離婚の自由を制約したような意味では、中国の宗教は、婚姻を支配し離婚の自由を制約することは比較的少なく、従って、離婚の新婚姻法については、ヨーロッパでいうような、宗教からの還俗という問題は、あまり大きくなかった模様である。

中国新婚姻法を貫く原則は、婚姻および離婚の自由、一夫一婦制、法律の前の男女平等の確立である。従って、重婚も、妾をめとることも、童養媳(第十章第二節参照)も、売買婚も、その他寡婦に対する再婚強制をもふくめて、当人の意思によらぬ一切の結婚強制の禁止、これである。中国社会の変革過程のなかで、女性も男性とともに新たな経済的地位をきずきながら、婚姻の自由、男女平等のような婚姻の基本原則を確立させていった。

革命期の婚姻法では、夫婦たる当人の婚姻意思を重視するとともに、生理的な意味での早婚禁止の必要から、婚姻適齢を男は二十歳、女は十八歳にひき上げていた。中華民国民法のように、父母の同意を必要とする未成年者の婚姻規定は、革命期の婚姻法には、いつの場合もおいてはいなかった。中華民国民法では、また「妻が夫の直系尊属に対して虐待し、または逆に虐待をうけて、共同生活にたえない」ことを離婚原因とした。革命期の婚姻法には、そのような規定はどこにもない。ことに尊属とか卑属ということばは、どの法律にも見出されない。中華民国民法では、夫は、住居の決定権をもっている。妻は夫のえらんだ住居を住居としなければならない。革命期の婚姻法には、いずれも、このような法律は存在しない。一九五〇年の新婚姻法では、とくに「夫婦は、共同生活の伴侶であり、家庭内の地位は、平等である」というように、夫婦を平等の地位において規定する。また「夫婦は、愛しあい、尊敬しあい、たすけあい、扶養しあい、なかよく団結し、生産にはげみ、子女を養育し、家庭の幸福と新社会建設のために共同して努力する義務がある」と規定する。そこには法と道徳との新たな結合が見られる。しかし、ややもすれば、いわれがちな「夫は、妻を愛し、妻は、夫を敬愛する」というような夫婦の道徳の分裂は見られない。また、その結合は、いわゆる服従の道徳を法が強制するという意味での伝統的な道徳と法との一致ではない。法はさらに「夫婦双方はいずれも職業を選択し、仕事に参加し、社会活動に参加する自由がある」と規定する。このように、夫婦は、平等の原則の上に立ち、それぞれ協力義務をもち、職業選択および社会活動の自由をもつものである。その上、この新婚姻法は、つねに「夫婦は」ということばにはじまり、夫と妻とについて、別々の条文をつくってはいない。「夫婦双方は、家庭財産に対して平等の所有権をもつ」「夫婦はそれぞれ自分の姓名を称する権利をもつ」「夫婦はたがいに遺産相続の権利をもつ」という工合である。夫婦は、それぞれ固有の別姓を称しても、ともに同姓を称しても、互いにその姓を冠せあっても差支えない。妻だけがただ自己本来の姓の上に夫の姓を重ねるというように、伝統的従属的な制度は、とってはいない。夫婦別姓といっても、変革前のように、夫婦の不対等関係を示しているものではなく、それよりも段階の高い対等関係をあらわしているのである。また、女性が男性とともに、自己の姓のみならず、自己の名を使用する権利を規定したことは、これまた隔世の感がある。旧来の同族の系譜(家譜・族譜)を見ても、女子についてだけは、その名を記さないのが一般例であった。

第三節　結　婚　登　記

結婚登記　革命当初の婚姻法にも、一九五〇年のそれにも、結婚登記制度があって、結婚する当人の居住地の人民政府に当人たち二人で自ら出向いて登記しなければならない。それには、代理人の出頭を許さない。(1) そして、規定にかなった結婚に対しては、登記機関は結婚証を交付する。登記機関では、本人の自発的意思によるかどうか、年齢、その他の婚姻要件について実質的に審査をする。この審査によって、当人の自覚意思によらない親などの結婚強制、売買婚、童養媳、重婚、近親婚、性病その他不健康なものの婚姻は、拒否し関門を通さない。直系親とはもちろん、傍系親でも兄弟姉妹などとの婚姻は許されない。五代(八親等)内の傍系親間の婚姻禁止も、その慣習のあるところでは、それに従う。このように登記は、とくに封建主義排除の一大関門をなす。新しい時代をになう子供を養育するための健康な家庭をつくる上から見ても、登記制度の役割は大きい。政府は民衆に婚姻法の精神を教え込みつつ、登記を怠るものに対して、積極的に登記の実施をすすめる。しかし、今日のところ登記を婚姻成立の要件としてはいない。要件とした場合には、変革についていけないものを、置き去りにしてしまうおそれがあり、その点を考慮したのであろう。登記しないで、実質的婚姻関係に入ることは、違法ではあるが、婚姻の要件を具備してさえいれば、この関係も婚姻として法律上無効ではなく、法の保護をうける。

登記をめぐるいくつかの問題　私は結婚登記を封建主義をはばむ一大関門といったが、以下、そのことに関連し、いくつかの問題を立てて述べておこう。

(1)かつて、親によって強制された結婚は、新婚姻法後、当然解消となるか——というと、当然そういうことにはならない。むろん、別れたいなら別れても差支えはない。しかし、かつて親が強制的に結婚させたからとて、現在、当人たちが満足しているものを、国が世話をやいて、とくに引き離す必要はない。いうまでもなく、新婚姻法後は、当人たちの意思によらない結婚は、すべて無効である。

(2)妾はどうなったか——従前の妾関係の継続を希望しないなら、その関係は、解消して差支えない。しかし、それを解消するかしないかは、当人にまかせられている。婚姻法後は、そのような関係を新たにつくることは、もちろん許されない。

(3)婚姻法にいう「重婚」とは何か——客観的に婚姻と見られるような複数の婚姻は、登記のあるなしにかかわらず、重婚となる。このような重婚——一夫多妻——は許されない。そして、たとえ後の結婚を登記しても、後の婚姻であるかぎり、それは無効になる。登記しないで実質的婚姻関係に入ることは違法であるが、婚姻の要件を具備してさえいれば、この関係も、婚姻として法律上無効ではなく、はじめの婚姻であるかぎり、法の保護をうける。日本では、婚姻の届出が重複して受付けられると、法律上、重婚となる。しかし、届出のない実質的重婚——一夫多妻——は、日本の社会ではいささか大っぴらにまかり通っているようである。そして、事実上の婚姻関係に入ったときの前後に関係なく、さきに届出のあった方が、法律上の婚姻となる。この点中国の新しい制度とは大いに異る。

(4)結婚の儀式は要件か——中華民国民法では、婚姻の成立として、公開の儀式と二人以上の証人とを必要としている。一九五〇年の新婚姻法にはこのような儀式婚の規定はない。儀式を挙げても挙げなくても、成立には関係ない。たとえ、伝統的な婚礼には社会の批判が行なわれても、新しい形式の儀式に対しては別段問題がない。

（1）　パール・バックの『大地』に出てくるような代理結婚のごときは、もちろん許されない。息子が如何に親のえらんだ相手との結合を拒否しても、息子の身替りの男をえらんで結婚式をあげるような息子の意思に反した結合が成り立つというようなことはない。

第四節　新離婚法

「離婚法は革命のバロメーター」　中国革命期の離婚法は、宗教からの還俗という意味を伴わなかったが、やはり革命のバロメーターであり、人間解放を計る尺度である点に、フランスやロシア革命の場合と類似している。中国革命期の婚姻法にあっては、男女当人同志の合意だけで離婚ができる。しかし、家父長その他、だれの強制によっても、別れさせることはできない。しかも革命期のはじめのころ、つまり一九三一年の中華ソヴェト共和国婚姻条例では、男女どちらかの一方的意思だけによっても離婚ができた。それは東西の離婚史上、数少ない立法例の一つであった。そして離婚件数のうち圧倒的多数を占めたのが、女性の一方的意思による離婚であった。かくて、伝統的な婚姻制度は、崩壊的打撃をうけた。女性の経済的地位の上昇ないし確立――土地改革――は、男性への依存を無用にした。一九三六年延安を訪れたE・スノーも、当人たちの一方的意思による離婚を報告している。一九五〇年の新婚姻法(離婚法)では、男女双方の合意によるか、裁判をまたなければ離婚はできない。合意離婚の場合は、区人民政府は、男女双方の意思をたしかめる等の実質審査を行なった上で登録し、かつ離婚証を交付する。一九五〇年代から幾年かの間は離婚請求の訴えの件数が多く、そのうちでは女性からの離婚請求によるものが、まだ圧倒的に多かった。近来は離婚の件数は減少してきている。

離婚の調停と裁判　ところで、裁判所は、離婚の申立てが行なわれても、一挙に判決を下す段階には至らないで、極力調停に力をつくす。その調停は、魯迅の小説『離婚』に出てくるような、また趙樹理の『李家荘の変遷』の開巻第一に出てくるような権威主義的調停とは、全く類を異にする。裁判所は、一方では離婚に対する自由主義的な軽はずみを警戒しつつ、他方では夫や家長たちによる逐出離婚を阻止しようとする。一九五〇年の新婚姻法では、しかし「もし調停も効果のないときには、ただちに判決を行なわなければならない」としている。この新しい法律では、離婚原因(たとえば重婚、姦通、遺棄)については一切規定していない。離婚申立てが理屈にかなっているかいないかの認定は、一切、裁判所の判断にまかせられる。夫婦の一方からの離婚の強い要望があり、裁判所の調停も不成功に終った以上は、「裁判所はただちに判決を行なわなければならない」。しかし、裁判所は、いつも離婚を認めるとはかぎらない。裁判所は、婚姻の継続が穏当と思うときは、離婚の請求を棄却することができる。一九五九年八月、私たちは、北京の裁判所（北京市中級人民法院）で、女性の審判員（裁判官とはいわない）一人と男性の陪席二人による離婚の調停および裁判の実情を見学したことがある。審判員の熱心な調停にもかかわらず、男性の側は離婚の希望を、女性の側は離婚に反対する希望をひるがえさなかった。審判員はこの二人に別席で最終的な相談をさせた上で、さらにその意見を問うた。二人は、その主張を互いに変えなかった。審判員はその場で間髪をいれず、離婚申立棄却の判決を行なった。

第五節　婚姻法をめぐる旧諺と新諺

革命前夜までの諺

(1)「子なきは去る」ここでいう子のなかには女の子は入っていない。女の子を十人生んだとて一人の男子も生まない婦人は、離婚されてもやむを得ない。
(2)「うどんはめしではない、女は人ではない」
(3)「女は年一つ増えるごとに値段が高くなる」女は売買の目的物である。
(4)「腹をさして婚をなす」（指腹為婚）まだ母胎にある間に結婚の相手がきめられている。
(5)「女は人に従うものである。家にあっては父に従い、嫁しては夫に従い、夫死しては子に従う」（三従）
(6)「狗に嫁しては狗に従い、雞に嫁しては雞に従う」
(7)「夫婦は同体」また「夫婦は二体一心」女性の従属性を示す。ヨーロッパ諸国法の coverture scheme（同体主義）

にあたる。

(8)「娶った妻買った馬は自分で乗ろうが打とうが勝手次第」

(9)「男は家産を承け女は衣箱を承ける」家産の分配は男女不平等。

(10)「養漢要雙」姦夫姦婦に対する夫の私的制裁権(第十章第二節参照)。

革命後の諺　(1)「男女は平等、人は誰でも一人前」(一人一份)女性も男性と対等に法生活の担い手である。妻の無能力に関する規定は、革命期の婚姻法にはいずれも見出されない。妻の財産上の行為については完全な独立性がみとめられる。また土地改革の場合でも土地の分配は男女平等。家産分割の割合も男女平等。旧来の家産均分主義は男性を中心にした制度であって、変革後の均分主義とはその成立の地盤が質的にちがっている。伝統のなかに変革のなかのある類似点をさがし出して、両者を極力因縁づける非歴史的作業は、多くは失敗に終る。夫婦がそれぞれその姓を称すること(別姓主義)は新旧両制度にともにあらわれているが、変革された婚姻法の次元と、旧制度の次元とでは、両者は全く別ものである。外形は同じ制度であっても、一つは夫婦対等を基礎とし、他は不対等を前提にしたものである。なお、「人は誰でも一人前」とは男女平等だけの意味ではない。婚姻によって生まれた子も婚姻外の子も、法律上平等の権利をもつ。そして、婚姻外の子について私生児ということばはつかわれていない。

(2)「婚姻法はなまけ病をなおし、食糧をふやす」自らの力で封建制を打破し、婚姻の自由、男女平等をうち立てた変革過程のなかで積極性を身につけてゆく。

第六節　新婚姻法実現化の問題

延安時代の問題　中国共産党が江西地方から革命の根拠地を陝西省北部の延安地方に移した当時（一九三五年十月）について、私は次のようにいわれていたことを思い出す。「『結婚の自由』『婦人の平等』というスローガンを再びくり返しかかげてはいけない。われわれのスローガンは『子供を救え』『家庭を繁栄させよ』でなければならない。」結局、これは「婚姻の自由」「男女の平等」もそのうらづけなしに実現することはできないということである。延安に革命軍が到着したとき、彼等はそこに中国でのはなはだおくれた区域を見出した。とくに、お産についての迷信があり、金物は不吉だからとて臍の緒を切るのに自分の歯か瀬戸もので切ることになっていた。当時、延安には二千以上の巫神があり、彼女たちは病気をなおすのだといって体を鞭うったり水をかけたりした。かくて「悪鬼を追出す」うちに死んでいったものがかなりあった。これらのことは、嬰児の死亡率をたかめた。かくて「家庭を繁栄させよ」のスローガンの下に、家族の着物を作り糸を紡ぐ方法を婦人が学ぶことが奨励された。延安だけを例にあげても、すでに十六万人の婦人がこの運動に参加し、いいかえれば婦人の三分の一がこれに参加したのである。彼女たちは経済的に家庭における地位を高めた。「子供を救え」のスローガンの下に、婦人の衛生常識や育児知識が教育され、かくて彼女たちの家庭における重要性がたかめられた。このような運動によって婚姻法実現の素地がつくられていったのである。

一九五〇年新婚姻法施行前後の社会的事件　婚姻法の制定過程では、工場なり農場なりで、それぞれ大衆討議がくり返し行なわれた。婚姻法は大衆が知らないうちに、大衆から離れたところで制定されたものではない。しかし、中国社会の変革は全国をあげて一時に統一的に行なわれたものではなかった。おくれた地方、おくれた民衆をそここに残していた。一九五〇年の新婚姻法施行の数ヵ月前、山西省のある地方の農民の妻は、離婚の訴えをおこしたことによって焼ごてをあてられて夫に殺された。このようなことは、新婚姻法施行後にもつづく。河南省のある村では親の強制によって結婚させられた婦人が離婚の訴えを法院に提起した。ところが、村民がこの婦人を殴打して殺してしまった。離婚の結果は家族内の労働力を失うばかりでなく、家庭財産も新制度によって妻と分たねばならない。旧意識の男たちにとって新婚姻法は全く脅威であった。このような状態のなかで「婚姻法だけは政府の大失敗だ」とか「婚姻法は女が男を圧迫するものだ」とかいう流言までが行なわれはじめた。「法律を公布しさえすれば直ちにすべてよくなるであろうと考えるような考え方は正しくない」とは、中国共産党の側でいっているところである。このような社会的事件の発生を前にして、婚姻法貫徹運動を必要とし、徹底した運動が展開されてきたのである。婚姻法にかぎらず法律をつくりっぱなしにしないで、その実現化に力をつくしていることは、中国の政策の一つの特色である。変革過程のなかで離婚事件は裁判事件全体から見ると比重がはなはだ大きかった。しかし年とともにその数と比率とは減少していった。また、今日では、婚姻法の実現化には不安定さがなくなっている。

第七節　古い家族的集団体制の終末

家父長支配の地盤の消滅　土地改革によって土地をもたなかった農民、夫に経済的に依存していた婦人も、一律に土地をもつに至った。しかし、土地改革当初はまだ家父長支配が残っていないとはいえなかったであろう。ところが、農家経営も互助組、協同組合(初級合作社、高級合作社)へ、さらに人民公社へと進み、土地の集団的所有化もまた進展するとともに、労働力も家父長の支配をはなれてその社会化が行なわれた。そのうえ、農民も一般労働者と同じく基本的に賃金を得てくる段階となった。そこでは、家父長支配、夫の支配を呼びおこす地盤はもはや失われてしまった。なお、伝統的家族制度が終りをつげたとしても、そのことは家庭のなかで自然の愛情までが失われたことを意味しないことはいうまでもない。

二　隋唐の法律とその周辺アジア諸国に及ぼした影響

緒　言

日本では隋(六世紀末七世紀初)および唐(七—九世紀)以前から中国の文化の影響をうけてきたが、七、八世紀の大幅な立法過程を通じて中国法を継受した。それは、日本での新経済体制をふまえた統一国家の政治的要請があり、それが中国法ことに隋唐法の継受をうながしたものと思われる。朝鮮やベトナムにあっても、また、中国法の受容には多かれ少なかれ同種の要因があったと思う。東アジアのこれら三国はともに古い継受法があったことが文献に見えているが、ここでは三国それぞれの史料の最もゆたかな時期について考える。日本の場合については八世紀初期に相ついで編纂された大宝および養老の律令、朝鮮の場合は唐が亡んだ後に建国した十世紀以後の高麗の法をそれぞれ中心問題とする。ベトナムについてはベトナムで現存最古の法典といわれる十五世紀の黎朝の法が中心史料となる。高麗もベトナムの黎も唐滅亡後の建国であり、宋・元および明代法による影響があったとはいえ、なお、直接または間接に唐代法の影響があった。唐をはじめ中国の法律が東アジア諸国に及ぼした影響力は大きかった。しかし、東アジア諸国は、中国法の前に自己の固有法を投げすててまで屈服してしまったのではなかった。ことに、親族法相続法の部面での継受は貫徹されなかったか、完全には貫徹されなかった点が目立つ。ここではこのような受容と拒否の曲折を課題としてみたい。

一　権威主義の法の体系

武力的英雄はその「力の支配」をつとめて隠蔽し、その隠蔽によって支配の安定と維持とを容易にしようとする。もちろん、力を必要とするときに力を用いないという意味ではない。法は現実には権力をにぎっているものが作る。しかし、君主が自ら法を作るということをあらわにしたのでは、法による支配被支配の対立をかくし得べくもない。儒教の経典『書経』では「天が人類を作り、その人類のために統治者たり且指導者たる者を広く人民のなかから選び出して天に代って政治を行なわしめる。これが天子、すなわち君主の起源である」と説かれている(小島祐馬博士)。つまり君主は天の附託＝天命によって政治を行なうのであり、法は天の附託をうけた君主のつくるところとなる。法は実体はともかくも正しさを標榜する。法が単に君主の恣意であるとされては法は維持しがたい。旧中国の権威主義の法思想の根源は、法をつくるものとしての君主に対する天の附託にあった。

しかし、君主が支配を実現し権威主義の法を実効あらしめるについては、また、君主の帝王としての外形的行為をともなうことを必要とした。中国の帝王は天をまつるという超越的行為を行ない、大規模な首都を建設し、壮大な宮殿を造営し、鹵簿、衣服、音楽の諸制をととのえ、そして死後に至ってまで雄大な帝王の墳墓をつくりあげる。これらはすべて「以て帝王の威を重くする所以」であり、こうした帝王の優越性の誇示は、被支配者に対して、その心理的服属の効果をねらっている。中国では支配のために直接の強制力＝暴力をふるうことはエネルギーの消耗であって、支配の方法としては決して上策とは思われていなかった。隋唐の基本法典には、官員制度のぼう大な体系、天地宗廟の祭典、天子以下百官の冠服、車輿、音楽から墳墓に至るまでの大量なそして大がかりな制度を見出す。そして東アジア諸国が中国の制度を受容したとき、規模は小さく質の差もあったが、ともかく中国と同一基調の権威主義の制度をうち立てた。

隋唐時代の法典の体系は、㈠刑罰法規の律と、㈡非刑罰法規の令と、㈢法律を随時に補訂した格と、㈣法律を行なうについて定めた細則ともいうべき式との四者を基本とするものである。律令は根本法であったとはいえ、必ずしも永久不動の法ではなく、直接その条文に手を加えられることもあるが、格によって変更される場合が多く、格は適用の上では律令に優先したものであった。ところで、今日、唐律は伝わっているが、唐令はスタイン、ペリオ敦煌発見の断片のほかは亡んでしまい、日本では令は大体は伝わったが律の過半は伝わっていない。ベトナムの黎朝の律で注意すべきことは、日本では、大体、唐の律を参考して律を作り、唐の令を参考して令を作ったが、黎朝では、唐令に相当する条文にも刑罰規定を加えて律としていることである。たとえば、ベトナム法の保証制は黎律にあり、そしてそれに見合う唐代法は唐令に規定されている。従って唐律と黎律とだけを比較して、唐律にないものをベトナム固有法と速断してはならない。

二　外国の地域的区分
――「蕃域」と「絶域」――

中国の古い伝統的な思想では、中国の皇帝は天命をうけて天下(世界)に君臨する唯一の君主であって、中国と対等の国家も、中国の君主と対等の君主も、天下に存在しなかった。中国では、天下の支配に武力を用いなかったわけではないが、それよりは別な制御の方法を考えていた。

唐は自己の直接の支配領域のほかに、軍事上または通商上深い交渉関係のあった隣接地域について、特別地帯を設定した。それを羈縻州という。羈は牛馬のたづな、縻は牛馬の挽き革の意で、羈縻州の設定は労せずして外民族を制御するための伝統的な政策であった。外民族とことを構えて争ったのでは「実入りを計算したところで、持出しを償いきれるものではない」とは、古くからいわれていた。それで、隋唐でも、一旦、武力をもって従えた民族についてまでもその首長に官爵を与えた。唐では、中国辺境の地に常駐の管掌機関をおいて羈縻州を督察させていた。唐代法には、王朝の使節が外域に赴くことについて旅費または支度料を給与する制度があるが、それには「入蕃」と「絶域」との別があった。その入蕃というのは、東は高麗国に至り、南は真臘国に至り、西は波斯、吐蕃、および堅昆に至り、北は契丹、突厥、靺鞨に至る範囲のことである。私はこの地域をかりに「蕃域」と呼ぶが、このような蕃域の設定も羈縻政策のあらわれにほかならない。ところで、蕃域をこえた範域が「絶域」なのである。この絶域とは単純に極遠の地域という意味ではなく、「蕃域」外ということである。規定の上では、日本も東ローマとともに絶域に入っていた。日本と朝鮮とでは隋唐に対する関係のもちかたがちがっていた。しかし、絶域であったとて唐との関係が断絶していたことを示すものではない。

三　外　国　人

――属人法主義と属地法主義――

中国では古文献の範囲内では、外国人と敵国人を同視したこともなく、また同じ言葉でこれらをあらわしていたこともないようである。ただし、古くから外国人を蕃夷などといって文化の上で低いものと見、中国人とは不対等のものとしていた。

しかし、唐代法によると、外国人は中国政府と通商し、一般中国人と私交易を行ない、互に取引契約を結び、また公許をうけた場合には中国人と通婚することができた。もっとも、外国人がその娶った中国の婦人を伴って帰国することは禁止されていた。十二、三世紀の宋代法でもそれは同様であった。

ユーラシア大陸では四、五世紀のころ、西にあっても東にあっても民族の大移動が展開された。中国では北方民族のたえまない南遷の後に南北両朝の対立期に入るが、当時、北方民族の侵入した中国の北半ではとくに法の属人的対立は避けられなかったであろう。しかし、今日、属人法主義および属地法主義の規定がもっともはっきりするのは、唐代以後のことである。中国に集る外国人、異民族、あるいはこれらと中国人の間には法律的交渉が生じた。その渉外的法律関係処理のための原則が、属人法主義であり属地法主義である。人がどこにいようとその人に追随して適用する法律を属人法といい、渉外的な諸種の法律関係にたいして属人法を適用するプリンシプルを属人法主義という。これに対して、きまった地域内にあるどんな人にも適用する法が属地法であり、渉外的な諸種の法律関係にたいしてこの属地法を適用するプリンシプルが属地法主義である。

唐代、広州に来ていたアラビア商人スレイマン(Soleyman)がいうところによると、広州のイスラム教徒の間の訴訟は、教徒を裁判官とする特別裁判所で教徒の本国法で裁判されていた。唐律では「外国人に適用すべき法律としては、同類の外国人相互の間の犯罪については、属人法主義によってその本国法を適用し、異類の外国人の場合には、属地法主義によって中国法を適用する」ことにしていた。この原則は唐から後の中国諸王朝ないし周辺の諸国、遼、宋、金、高麗、ベトナム黎朝、日本の法にも採用されていた。日本やベトナムの律は唐律の条文そのままでさえあった。

東西の法の歴史の上にあっては、ローマ法の奴隷のように、法関係の主体的地位が完全に零といってまずよい場合があった。それはもはや「人」ではなくて「人」の支配に服し取引の目的物となる「物」であった。これに対して、主体的地位がある程度存在した奴隷もあった。日本、中国、朝鮮およびベトナムの法律上の奴隷がその類であった。日本古法の奴婢、つまり奴隷については「半人半物」といわれている(中田薫博士)。そういえるなら、中国、朝鮮、ベトナム諸国法の奴隷も「半人半物」であった。唐代法では奴婢つまり奴隷は財産に同じと見られていて、売買、贈与の目的物となり、家産分割のときには分割の客体となった。しかし、他面、唐代法は奴隷に財産所有能力のあることをふくみにもっていた。(元代の奴隷は自己の奴隷までもっていた。)ローマ法の奴隷の contubernium は、単に「食卓を共にする」という事実関係にすぎなかった。これに対して、唐の奴隷は同一身分者間では法律上の婚姻ができた。ただしその婚姻関係は主人に対してだけは保護されず、奴隷の妻に対する主人の姦淫は罪とはならなかった。唐代法の奴隷はまた刑法上の人であって、自らが刑事責任の主体であった。たとえば、奴隷が強盗したときの刑罰は軽くても徒、窃盗のときは軽くても笞、自由人を殺したときは斬であった。そして、奴隷の行為の結果に対しては主人は責任を負うものではなかった。従って奴隷が刑に換えて贖金を納める必要があるときにも、主人は贖金を負担する必要はなかった。奴隷は犯罪事実を申告する能力をもち、自ら訴えを提起して自己の自由の確認を請求することもできた。

日本の法律上、奴隷は家畜と同視され、売買相続の客体であった。しかし、同時に同身分者間では法律上の婚姻ができ、財産の取得、所有ができ、また独立して刑事責任の主体となっていた。なお、唐代ごろの奴隷解放文書が敦煌から発見されているが、日本の正倉院文書にはこれに対応するものは残っていない。朝鮮やベトナム法の奴隷も売買の客体であった。しかし、やはり、他面、自ら財産を所有し、また刑法上の人であった。東アジア諸国の奴隷法は相類似し同質のものであった。これら諸国の奴隷にはもともと人と物との両側面があったものであろうし、これらの奴隷法が必ずしもすべて中国法の継受であったというには及ばないであろう。

五　犯罪の外部的行為と内部的心意 ―― 刑法諸原則㈠

中国の刑法は諸民族、諸国の刑法にくらべて古くから発展の程度がいちじるしかった。中国古刑法の特徴ある一面を例示すれば、中国では、ギリシア、ローマ、ゲルマン系統の古法とは異って、古くから罪を犯す意思のない行為を罰しないのが原則であったことである。ゲルマンの古諺では「行為が人〔犯人〕を殺す」といわれ、法は結果の惹起のみを問題として、主観的責任を問わなかった。行為者に故意があろうとなかろうと発生した結果だけを問題にしていた。行為に表現されない意思は法的な意味を有しなかった。したがって未遂、教唆は罰せられなかった。

中国では七、八世紀の唐律においてはもちろん、もっと古い時代、たとえば漢代(紀元前二世紀—後二世紀)でも法律上故意と過失との区分を立てていた。また、古くから未遂および着手前の予備、陰謀も、その他、教唆も処罰するものとしていた。刑罰の正常な対象となるのも、自ら行為をえらぶ能力がある者でなければならなかった(刑事責任を基礎づける能力)。従って、たとえば唐代法でいうと、九十歳以上および七歳以下はその能力がないものとし、その行為については責任を問わなかった。中国古刑法の責任論は、犯罪人の犯罪意思の吟味に向けられ、一種の道義的責任論を核心としたものであった。このように中国の古刑法は犯罪人の内部的心意を重んじはしたが、犯罪人の外部的行為をも度外視したものではなかった。かくて犯罪者は自己のえらんだその行為に対しては責任を負うべきであった。その責任は行為に量的に比例する応報(等量的応報)であった。同じく傷害罪であっても、人を殴って人の歯一枚または指一本を折り、あるいは片目をつぶしたときは徒一年、歯二枚または指二本のときは徒一年半、両眼をつぶしたときは徒二年、髪を一寸以上抜くときは杖八十、髪をたばねられないほど抜くときには徒一年半というようにきめられていた。

中国の古刑法ももとより権力支配の最尖端であり、君父に対する犯罪には最高刑を科した。君父を殺さんと謀るだけですでに誅せられた。十世紀宋代以後、君父に対する犯罪に科せられた極刑の凌遅処死は、生体のまま肉を切り去り手足を切断し腹をたち割ってはらわたを取り出し終に首を絶って殺す刑であり、埋葬も禁止するものであった。この刑罰をもって中国人の国民性などというものもいる。しかし、それでは説明になっていない。無限の恩を有する君主や父母に対する反逆には、無限の制裁を科することとなっていたのであり、この場合も責任は行為に量的に比例する——無限対無限の——科刑であったのである。

このように、犯罪の外部的行為に現実の意味をみとめつつ同時に内部的心意を重んじた中国古刑法の立場は、日本にも朝鮮にもベトナムにもうけつがれていた。つまり中国古刑法の故意と過失の区分、行為の完成に至らない未遂および着手以前の予備、陰謀に対する処罰法、刑事責任を基礎づける能力に関する規定、責任と行為とを量的に比例させた応報主義は、日本、朝鮮さらにベトナムの法に基本的にうけつがれていたものである。なお、日本およびベトナムの法でも教唆を罰した。

六　刑罰体系の変遷　——刑法諸原則㈡

中国古刑法の特色としては刑罰としての自由剝奪、いわゆる自由刑(労役刑)が刑罰体系のうちに占める地位の大きさ、その発展度をあげなければならない。ヨーロッパで画期的とまでいわれる十六世紀ドイツの刑事法典(カロリナ刑法)でも、車刑(車でひきさく)、串刺、抉目、断手、断耳、断鼻、断舌のような身体を毀傷する刑罰が規定され、死刑執行方法も多種多様であるというように、流血的規定をはなはだ大量にのせていた。中国でも流血の刑罰史の時期をもたなかったわけではなく、いれずみ刑、鼻きり刑、足きり刑、および宮刑つまり男子はその勢を断つというような肉刑も行なわれていた。しかし、そのような時期は紀元前二世紀、つまり漢代にあってすでに過ぎ去りつつあった。そしてそれにひきかえ前進をつづけたものは笞と杖のような身体刑と、徒と流のような自由刑とであった。もっとも自由刑とはいっても、中国のそれはほとんど徳への教育のためのものではなかった。中国の自由刑の発展は権力保持者側の必要にもとづいたものであった。それは万里の長城の構築をはじめ軍隊等へ投入する必要労働量の増大の結果、無対価労働の収奪を一つにはねらったものであった。自由刑の発展は秦の始皇帝(紀元前三世紀末)以前からも見られるが、刑罰体系としての五刑、すなわち笞杖徒流死——そのうちには、いれずみ刑、足きり刑のような流血の制度はない——が成立するのは隋や唐以来である。その死(死刑)も従来よりは単純化して絞と斬との二等級となった。絞は字義の通り首を縄でしぼって殺す。その執行方法は hanging ではない。首と胴とを切断されたものは再生できないと信じられ、従って斬は刑罰としては絞より重いとされた。車裂、つまり車で四つに引裂く刑は隋代法では廃止されたが、唐代およびその後でも、まれには現実にこの刑が行なわれた。唐の後になるといれずみ刑が復活し、死刑には絞斬とならんで凌遅が加えられるようになった。そのうえ、死刑に次ぐ重刑として大いに用いられてきたのは配隷(これにいれずみ刑を併せ科するときがある)といわれる自由刑であって、受刑者を移配する場所によって等級が定められていた。

中国刑法の刑罰体系は、東アジア諸国の刑法にいちじるしい影響を与えた。日本の法の五刑の体系は隋唐の法と同じものであった。もっとも後ではそのうち絞は廃絶した。朝鮮・ベトナム法の五刑も中国法の影響下に成った。そして両国は唐後のいれずみ刑の制度をうけつぎ、ベトナム法はさらに凌遅までもうけついだ。

七　罪刑法定主義的制度の発展 —— 刑法諸原則 (三)

中国古刑法の特色ある一面として、さらにあげねばならないのは罪刑法定主義的制度であった。如何なる行為が犯罪であり、その犯罪に対して如何なる刑罰を科するかを法律できめる(罪刑法定主義)か、またそれをきめないで擅断を認めるか、両主義のいずれをとるかは、人民にとっても権力保持者にとってもまた大問題であった。この二主義の抗争は、中国では紀元前五世紀にあってすでに儒家と法家との間でつづけられた。裁判は法律なくして——悪くいえば場当りで——行なおうとするのが儒家の立場であり、罪と罰とを法律にはっきり定め、それによって裁判を行なうべしとするのが法家の立場であった。中国古代法典が刑法を主流とし、刑法典の来歴がすこぶる古く紀元前にあったことについては、法家の学説が大きな支柱となっていたことと思われる。法家の主張には、一面、法律を民衆威嚇の武器としようとする意図があった。また、それと並んで、他面、法の安定性、明確性と擅断排除の要請があり、支配の限度を示して擅断を差控え、法の公平な画一適用をはかろうとしたものと思われる。しかし、中国古代の法定主義はヨーロッパでのような個人主義・自由主義の産物ではない。人民の希望にもとづくというよりは、むしろ国家権力の側で人民支配の必要のためにつくったものである。もし国家権力に対する制限というならば、それは単純な制限ではなくて、国家権力の任意性がかえって支配に不便であることを知り、権力保持者自ら支配の限度を立て、このことによって支配に利しようとする企てであった。従って、そこには人民の力への評価が考慮され、人民の力を無視はできなかったことがわかるが、中国とヨーロッパ両者の法定主義思想の基礎には、歴史的なまた質的な差があったと思える。

上記のような中国の法定主義の主張は、後世、たとえば晉の法(三世紀後半)や隋唐の法に見るように「裁判には適用法文を明示すべし」という原則としてあらわれた。そしてこの中国法の原則は、そのまま、また日本の法の条文にあらわれ、またベトナム法の規定となった。

ところで、中国では、法家によって「君主といえども法の下に立たねばならない」という主張が行なわれはしたが、歴代の制度としては君主は法の上にあり、罪刑法定主義(的制度)といっても厳格なものではなかったし、法の蔑視は役人によってたえず行なわれた。ことに法規にない場合に、隋唐の法には類推解釈を許す規定があった。また唐代法は軽罪として扱われるとはいえ、「まさに為すべきでないのにこれを為すときは、法に規定がなくても処罰する」と規定していた。結局、中国法は擅断主義への門を大きく開いていたとさえいえる。そして、このような法定主義否定の要素も、やはり日本法にもベトナム法にも受けつがれていた。

八　刑法および損害賠償制度の発展 ―― 刑法諸原則㈣

刑法および損害賠償制度の歴史的発展は、大体各民族によって同様であって、その起源は復讐のうちにあると説かれている。血の復讐は加害によってはげしくひき起されたいきどおりをやわらげる心理的満足のための反動であり、原始的な自衛と自己救済の手段である。しかし、この復讐の場合、第三者が介入して調停を試み、賠償の支払いによって和睦がなり立つことがあり、ことに社会に中心勢力としての公的権威が確立し、社会統制力が発達してくると、その権威的機関によって解決がはかられる。当初は賠償が取計らわれるが、後には次第に加害者に死刑その他の刑罰を科する段階にまで至る。ところで、このような復讐ないし賠償主義の過程は、東にあってはモンゴリアやタイから、西にあってはローマやゲルマンに至るまで、東西にその例がまれではない。殺人の場合に支払わるべき人命金はモンゴリアでは人種や身分によって、タイでは老幼男女、年齢と性とによって金額を異にした。しかし、中国では政治的権威の確立が古いためか、このような過程を明らかにする十分な文献が必ずしも残されていない。漢の高祖(紀元前三世紀末)が父老に約した法三章の第一は「人を殺したものは死刑」ということであった。ここには復讐、賠償をこえた段階が見られるだけである。諸民族法では賠償は、殺人、傷害および姦淫、その他、盗犯などの場合に行なわれた。

日本の法律にも固有の賠償主義の伝統、財産刑への深い関心(没収や刑に換えた多額の銅の徴収)があらわれていた(石尾芳久教授)。盗犯から盗んだものの倍額を返させる鎌倉時代(十三世紀)の制度(金沢理康教授)もまた固有法の存続であろう。朝鮮三国時代(七世紀の半まで)について、唐の史書は、殺人は死刑ではなく奴隷三口をもって罪を贖ったといっている。朝鮮に関する中国の古い伝説的史料ではあるが、傷害には穀物による賠償を認め、盗犯は奴隷とするが奴隷になりたくなければ賠償を支払うべしとされていたという。盗品の幾倍かを返させる例は東アジア古法にもはなはだ多かった(中田薫博士)。朝鮮三国時代の高勾麗について中国側文献の記すところでは、その賠償率が十倍にも二十倍にも及び、賠償できないときは子女を奴隷として提供しなければならないとしている。時代が降って十世紀以後の高麗では、中国法の影響によって、傷害罪にはたとえば人の歯を折っても人の髪を抜いてもこれに徒刑などを科する規定を設けてはいた。しかし、十二世紀前半の史料によると、それとは別に、人の歯を折った場合の賠償を認めていた。中国の刑罰制度の波は日本・朝鮮をおおっていても、固有の賠償制を洗い去るわけにはいかなかったのであろう。ベトナムの黎朝の法では、中国法のように死刑等を科するほかに、賠償ないし罰金を徴していて、中国法の影響をうけながら固有法の色彩が強かった。

なお、中国では国家の法律の禁止にもかかわらず、現実の社会では復讐・賠償が行なわれないではなかった。それは古い社会からの遺制であった。ことに元代以後、国家の法律にもある程度私刑や賠償主義が加味された。たとえばモンゴリア法同様に、元代以後の法律は姦淫の現場でならば夫に姦夫姦婦の殺害を許していた。それについての法諺は『水滸伝』のような小説にも見えている。そしてベトナム黎朝の法も同様に夫に私刑を許す規定をおいた。しかし、黎朝後の法律では、規定の上だけからいえば、固有法の色彩は多くは消えて一体に中国法化していった。

九　土地制度(土地分配制度)

紀元前一、二世紀、つまり漢時代にあっても大土地所有の抑制が説かれたが、現実にそれを抑制して所有の最高額をきめたのは、三世紀後半の晉代であった。その後、北方民族の侵入などにより戦乱の巷となって流亡農民が多く生じた。それでこれを土地に定着させ、一つにはその生活の目安を立てさせ、また二つには公課負担能力の維持増大をはかったのが、五世紀北魏以来の均田(つまり土地分配)制度である。ことに唐王朝の専制権力、従って軍事力は、租税と兵役の負担をもった均田農民の支配の上に築かれていた。その権力者は、権力の対立物としての大地主の力をできるだけ抑えようとした。それには大地主の勢力下にまきこまれるおそれのある農民を、自己の権力下にしばりつけておく必要があった(松本善海氏)。北魏の均田法(四八五年制定)では、男子十五歳以上には露田という穀物を作る土地四十畝、麻をつくる麻田十畝、女子にはその半分を分配した。そして年七十にして公に回収することにしていた。つまり、その土地の上の権利には期限がついていた(期限付の土地所有権)。奴隷(奴婢)にも自由人と同額の露田、麻田を、耕牛にも四頭(あるいはいう四年)にかぎって一頭につき三十畝の露田を、奴隷と耕牛の所有者に分配した。従ってこの分配制度は、実質的には均等の分配でなかった。また、男一人に桑田二十畝を与え桑など特定の樹木を植えさせ、特定の場合にはその売買を許した。このほかに宅地も分配した。これらの土地の上の権利は永代的であった(永代的土地所有権)。以上の制度は多少の変化はありながら、大体、北斉、北周、隋、唐の各王朝にうけつがれた。

唐では官吏には永業田といわれる永代的な土地を大幅に分配した。これに対して一般にはそれをただ二十畝にかぎって分配した。また所有期間に終期がついている口分田を、一般男子十八歳以上には八十畝、六十歳以上には四十畝、女子には寡婦の場合に三十畝を分配し、死亡すれば全部回収することにしていた。しかし、一般に分配された永業田も口分田も、特別の条件があれば売買することが許されていた。土地の分配額は、性と年齢ばかりでなく健康や職業によっても差がつけられていた。唐代法では土地の回収と分配とは毎年行なうことにしていた。北魏や隋唐の律令系統の所有制は、歴史条件的な制度であって近代社会のそれとはもとより同一視はできない。その土地所有制には、中国流の王土思想の背景があったにちがいなく、その背景まで否定する必要はない。しかし、王土思想をよりどころにして、単純にその土地所有制を土地公有主義というには及ばないであろう。唐の土地制度については、スタイン、ペリオ両探検隊発見の敦煌戸籍、大谷探検隊トルファン発見の唐代文書などが有力な研究資料である。この種の大谷文書はこれまで一部しか利用されていなかったが、近年、日本学界ではその大量な利用研究が行なわれ(西嶋定生博士、西村元佑博士)それによって制度の実態がいちじるしく明らかになった。

東アジア諸国のうちで中国の土地制度との関連がもっともよくわかるのは、日本の場合である。日本でも大土地所有の抑制をねらってはいたが、日本律令によると官吏には大幅に土地を分配した。また一般には六歳になれば性と年齢と健康の如何にかかわらず口分田を分配し、奴隷にもこれを分配することにしていた。ただし、分配額は女は男の受くべき額の三分の二、奴隷には自由人男女の受くべき額のそれぞれ三分の一であった。また、回収と分配の行なわれるのは六年ごとであった。いわゆる口分田は終身間をかぎって所有できるものであるが、永代的な宅地園地も分配された。つまり、日本律令系統の土地私有権には、永代所有権と有期所有権との別があったわけである(中田薫博士)。ところで、日本の土地制度には唐にくらべて特徴がある。その特徴の一部は、北魏など隋唐より前の制度をも参考にしていたために形成されたといえる。すなわち、女子および奴隷に対する土地の分配制度はそのあらわれである。しかも日本令では、六歳に達すれば——労働にもたえず、少しも公課を負担しなくても——土地の全額をうけ、終身返さなくてもよいことになっていた(内田銀蔵博士)。

十　保証制度

中国古法とその隣環諸邦のそれとの関連の上で、注意すべきものの一つに保証制がある。ローマ法や近世法の保証制では、保証人は従たる債務者であって、保証人もまた主たる債務者と同一の債務を負うものとなっている。ところが、唐の令の保証人はバビロニアなどの場合(Prof. Koschaker)と同様に、債務者が逃亡しないことを保証し、逃亡しないように注意し、もし逃亡した場合には捜索して原地につれ戻すべきであった。そして、万一にも捜索、つれ戻しに失敗したときは代償の責任を負った。この保証制は保証人が債務者と同一債務を負うものではなく、別種の責任を負う点に特色があり、それは学者のいわゆる留住保証(Stillesitzbürgschaft)である。スタイン探検隊が新疆の和闐で、また大谷探検隊が庫木土喇で発見した唐代の借銭文書には、この唐令と照応する保証文言が見えている。その文言のうちの「東西」は逃亡の意である(中田薫博士)。

前記のような唐代の保証文書は、吐魯番(ドイツ科学アカデミーのグリュンウェーデルおよびル・コック文献)からも、敦煌(スタイン・ペリオ文献)からも発見されている。そしてその保証制は唐代法に存したばかりでなく、新保証制にその優位を譲りながらも、ともかく唐後久しく行なわれていた。『金瓶梅』のなかにもここに述べたような古い保証制が出ている。この古い保証制は、債務者が事実上弁済不能となった場合には、事由の如何を問わず、保証人は自ら代償すべしという、いわゆる支払保証制(Zahlungsbürgschaft)に転化する可能性を有したものであって、支払保証制は唐の後ではかなり広く行なわれていたものらしい。十一世紀宋代の王安石の新法における保証制のごときも、この範疇に属する。

古い留住保証法は日本の令に規定されている(中田薫博士)。それはまたベトナム黎朝の律のなかにも見出すことができる。黎朝の律は中国では明に当る時代(十五世紀)に成ったものであるが、この保証法は明代法には見出されない。それは唐令に由来するもの、すなわち少なくとも間接的には唐令と関係があったことであろう。

十一　財産の私的差押制度

保証制とともに東アジア諸国法の関連上注目すべき一つは、財産の私的差押制である。中田薫博士所論のように、唐および日本の律では、フランク時代の私的差押制度と同様、債権者が官に届出て、債務を履行しない債務者の財産につき、自力をもって差押を行なうことを許していた。しかも、届出ないで差押えても、差押額が債権額を超えないときは、また罰せられることがなかった。スタイン探検隊が和闐で発見した唐代の借銭・借穀証書には、私的に差押えた額が債権額を超えたときでも、超えた分を返さない旨の特約を行なっている。そして、この種の文書はスタインおよびペリオの敦煌文献のなかからも発見できる。しかし、財産の差押えによっても貸したものを取立て得ないことがあったに相違なく、その場合には債権者は債務者一家内の男子、男子なければ債務者自身を差押え(拘禁し)て、その労務をもって債務を代償させた。それは奴隷制度に対応する制度であった。これに対して、唐後法律の上では私的執行の範囲は狭められ、全然禁止されるに至ったのである。しかし、現実社会では高利貸や地主が私的に執行を行なわないではなかった。

この唐代法と同種の私的差押制は、やはり日本・朝鮮・ベトナム法に共に見出される。

十二　親等制度

東西の法の歴史のなかで、親族の間のへだたりの遠近を計る親等計算法には、いくつかの型があった。東アジアで代表的なのは中国と朝鮮の法である。それはあたかもゲルマンとローマの法の対比に類していた。ゲルマン法で傍系親の間の遠近を計算する基礎としてのフェッテルシャフトの制度は、共同祖先に対して自己と同一世数にある傍系親(この場合、兄弟姉妹を除く)の分類法である。その分類によれば第一類は従兄弟、第二類は再従兄弟、第三類は三従兄弟、第四類は四従兄弟となってゆく。それは自己と同一世代の横の線上の配列である。ところで、共同祖先に対して自己と同一世数にない傍系親は、両人から共同祖先に至るまでの世数の長い方に従って計算するものであった。その結果、叔父とも従兄弟とも自己は同等親となる。再従兄弟、その父、およびその祖父の三者とも、自己は同等親となる。右のような計算法の結果、同等親に加えられたものはすべて復讐または人命金分配などの場合に、同一の順位と権利をもつものであった。このゲルマン法における同種の親族分類法は、中国の親族関係の諸制度、ことに五等の喪服制度＝「五服制度」にいちじるしくあらわれていた(中田薫博士)。

この五服制度については父の喪服三年を第一にあげねばならないが、傍系親だけについていうと、(1)兄弟(期親といわれて喪服期間は一年)、(2)従兄弟(大功親といわれ期間は九ヵ月)、(3)再従兄弟(小功親といわれ期間は五ヵ月)、(4)三従兄弟(緦麻親といわれ期間は三ヵ月)というように、自己と同一世代の横列上に親族が分類され、またその親疎に従って喪服期間がきめられた。傍系親のうちでも自己と共同祖先に対して異った世数にあるものは、世数の遠近や自然的血縁の親疎にかかわらず、共同祖先に至るまでの世数の長い方に従って分類された。ただし、伯父は父になぞらえ、姪(おい)は子になぞらえ、ともに格上げされて期親となる。

中国のようないわばゲルマン法式の親等計算法に対して、東アジアで古くからいわばローマ法式の計算法をもっていたのは朝鮮であった。朝鮮では直系親と傍系親のうちで兄弟姉妹をそれぞれ固有の親族名で呼ぶのを除き、それ以外は親等を示すのに「寸」という語をもってした。その傍系親間の親等計算法はローマ法と全く同じく、傍系親の双方から共同祖先までの世数の和をもってした。伯父と自己との間のように、その和が三なら三寸、その和が四なら四寸、その和が五なら五寸であった。このことはこれまで李朝(十四世紀末以降)について研究されていたが、その来歴はそれよりも古い。少なくとも十世紀以後の高麗でもすでに規定のなかに明示されていた。ところで、中国固有の親等計算法は、他の法律制度とともに朝鮮に波及していった。朝鮮では自己固有のものをもちながら中国の制度を拒もうとはしなかった。といって自己の固有法を投げすててもしまわなかった。中国の五服制度は高麗の礼制のうちに受容され、その他諸規定のうちにとり入れられていた。ベトナム黎朝の法では、少なくとも規定面では中国の五服制度の類をうけついでいたようであり、喪服の名称も引きついでいた。日本令の五等親属の分類は、中国の五等親制を参考したものであった。

十三　同姓不婚をめぐる問題

中国には古くから「同姓不婚」という外婚制の鉄則があり、同じ父系親の間での婚姻を回避し、唐代法、また唐後の法律でもこのような婚姻の禁止規定をおいていた。ここにいう「同姓」とは単純に姓を同じくするものではなくて同じ父系親のことである。古典では回避理由を婦人の不妊のためとした(戴炎輝教授)。ところが朝鮮の三国時代の新羅や十世紀以後の高麗には同姓間の婚姻、つまり内婚制の習俗があった。高麗の王室や貴族の間で同姓の間の婚姻が行なわれたことは、宋代や高麗の歴史に記されている(花村美樹教授)。高麗では近親間の通婚を禁止したと同時に、ある場合には同姓不婚制も定めた。李朝でも同姓不婚制を定めた例がある。日本には同姓不婚の習俗はなかったと思う。日本律が完全に伝わっていないので唐律の同姓不婚制をうけいれていたかどうか不明であるが、日本律には同姓不婚の規定は存在しなかったものと見られている。ベトナム黎朝の前期の法律のなかには、中国法と同様同姓不婚の規定があったが、後期(十五世紀)に属する黎律ではその規定が省かれている。またベトナムその後の王朝の法典では同姓不婚の条文はありながら、その註では、とくに同姓でももと派系を同じくしなければ婚姻を禁じないとしていたのであって(山本達郎教授)、中国法の影響をうけることの多大であったこのベトナム法さえ、結局、同姓不婚にはなじまず、刑法典の註のかぎりでの抵抗を示していた。なお、中国周辺の民族の法でもモンゴリアや女真のように、同じ父系親間の婚姻を避ける習俗をもつものもないではなかった。

十四　家産分割と財産相続――家族共産制をめぐる諸問題㈠

諸民族の歴史をみると、インドやスラブやゲルマンなどのように、家族共産制のあったことが明らかな場合が少なくない。家族共産のなかには、父と子の間に共産が成り立った場合と、父の財産を共同に相続した兄弟から共産がはじまった場合とがあった。中国の現実社会では、父子共産制を否認し、家父長の専有を主張する法意識もないではなかった。しかし、唐代法は兄弟の間にはもちろん、父子の間にも共産関係が成り立つことを否認してはいなかった。家産は家長の管理するものであった。子がそれをほしいままに売却質入することは禁止された。しかし、子自身も家産所有者の一人であり、人をして盗ませたところで子自身は盗犯とはならなかった。また唐代の法律によると妾は妻と異って家産の共有者ではなく、家産の分割にもあずからないものとされていた。共有者でない妾は奴隷の所有者ではなく、従って奴隷の主人ではなかった。それで、奴隷がたとえ家長の妾を姦淫したとしても、主人を犯したことにはならなかった。ところが家長の妻や娘はともに奴隷の所有者であり、主人であり、家長の妻や娘に対する奴隷の姦淫は主人に対する姦淫であった。これらの点から見ても、唐代の法では父と子の間に共産制が成り立っていたことは疑いなく、妾を除き妻も娘も家産の共有者であったことはまちがいない。家父長制の投影はありながら、唐後の法律やその註釈書にも父子間の団体的所有関係を否定すべき根拠を見出さない。そしてそれは慣習に基礎をおいた法であった。

ところで日本の法律は、一見、唐代法と同様な制度であった。しかし規定の外見はともかく、実質は共産制ではなくて家父長の専有主義を基礎とした非共産的家族制度であった。従って唐代法と同じく子が勝手に財産を売却質入することの禁止規定はあっても、その財産は日本法の註釈書では「家長の物」と説明されていた(中田薫博士)。ベトナム法も久しく中国法の影響をうけはしたが、これまた固有法の色彩が濃厚なものであった。唐代法では人をして己の家の財物を盗ませても、盗ませた子は盗犯にならなかった。なぜなら子もまた己の家の財物の持主だからである。ところがベトナムでは人に盗ませた子も盗犯として罰せられた。なぜかといえばベトナム法では夫婦(父母)の間の共産制は成り立ったが、父子の間には成り立たなかったからである(牧野巽教授)。ベトナムの黎朝時代の財産相続文書をみると、唐代法のような意味での「己家の財物」を分けるのではなく、「夫妻己物」を分けると書いてある。

朝鮮では高麗時代にも「父母の財」といわれるような法慣習が現実社会を規律していたのではなかったかと思われる。李朝時代には明代法の影響下にあったにもかかわらず、明代法とは異って、父母の奴隷または父の奴隷の相続法を定めていた。そこには父子共産制を前提とするところがなかった。

十五　遺言制度 —— 家族共産制をめぐる諸問題 (二)

東アジア諸国の家族共産制をめぐる問題は遺言制度を調べることによってさらに明らかとなる。ローマにおける相続制は遺言相続を前提とした。つまり家父長が相続人を確定するについては被相続人たる家父長の自由意思によるものであって、家父長の生前処分や遺言のない場合にはじめて法定相続が補充的に行なわれた。そのことは中国の制度とは原則がまるでちがっていた。中国でも遺言制度はないことはなかったが、遺言内容は一般に共産分割であって、個人財産でないかぎり相続が行なわるべくもなかった。分割の法律上の割合は、男子については均分であって、遺言によっても任意に変えられないのを原則とした。

日本大宝令は外見は唐令と同様であったが、養老令となると財産相続制は生前処分たると遺言処分たるとを問わず、家父長による家父長個人の財産処分が内容であって、法定相続は補充的であった（中田薫博士）。ベトナム黎朝の律もまた日本と同様中国法とは異っていた。それは遺言相続が原則であり、父母は生前または遺言によって任意にその財産を処置できるのであり、法定相続規定は遺言がない場合にはじめて適用された。このように父子共産制をとらない日本およびベトナム法は、中国法と遺言制度の点でも対立的であった。それで遺言制度を理解しないと日本およびベトナムの相続制度の重要部分は理解できないでしまうことになる。それは朝鮮法についても同様である。

十六　女子分——家族共産制をめぐる諸問題(三)

二十世紀に入るまでの中国法では、女に対する家産の分け前は男にくらべてはなはだ少なかった。「男は家産を承け、女は衣箱を承ける」というのが革命前夜までの法諺であった。唐代法でも、家産の大部分は男の間に分配された。しかし、女子の地位がかくも低く位置づけられていた永い歴史のなかにありながら、極めて重視すべき時期があった。それは十二、三世紀の南宋における家産法上の女子の地位であった。それはあたかも「男子は両手で女子は片手で」家産をうけとるというがごとく、「女は男の半を承くべし」というものであった。この女子分法は——後世、忘れられていったが——南宋が占めていた淮河ないしは長江の流域以南地帯に古くからあった慣習にもとづくものであったと私は思う。おそらく前記の地帯における女子の農業生産上の役割が女子の地位を決定したものであろう。

この南宋時代の家産法にあらわれた女子の地位は、中国法史のうちでは特色のあるものであるが、中国をめぐる東アジア諸国法では必ずしもめずらしいことではなかった。日本の養老令では祖先の祭祀などをうけつぐ一人の男子の相続分は二分、他の一般の男子は一分、女子は男子と並んで財産を相続し、その相続分は一般の男子の半分としていた(中田薫博士)。この養老令の女子分は、大宝令とも唐令ともちがっていた。ベトナム黎朝の法では、長子にだけは祖先のまつりのため、ただ家産の二十分の一だけの割増を与えはするが、そのほかの家産は男女(兄弟姉妹)間に均分せられる。朝鮮では高麗時代、土地の分け前は男子に占められてはいたが、奴隷その他、父母の財産は男女の間に均分とし、高麗末期では土地もそのようであった(旗田巍教授)。李朝初期の財産相続法でも、女子は男子と共同に奴隷や土地を相続することになっている。その相続割合は祭祀相続人には五分の一の割増を認めはするが、その割増を除いて嫡出の子は男女を問わず平等とする。また、妾の子女には相続上はなはだ劣った地位しか与えていないが、その場合でも、妾の子としては男子女子ともに相続分は平等となっている(喜頭兵一氏)。相続法上の男子優先の原則と並んで、ローマの相続法上の原則に類する男女平等、またはそれに近接した原則は、東アジアでも古くは各地で行なわれていたものである。

隋唐およびその前後の中国の法律が、東アジア諸国に及ぼした影響力が大きかったことは疑いない。しかし、中国の法律の前に東アジア諸国は自己の固有法をなげすててまで屈服してしまったわけではない。それは親等や婚姻の制度など、親族法の部分においていちじるしかった。中国の家族共産制と東アジア諸国の財産相続制、ことにその遺言制度との対立もいちじるしいものの一つであった。女子分法についてみても、朝鮮およびベトナム法における女子の分け前は大幅なものであった。それは中国の法律の継受ではない。

三　魯迅の作品『藤野先生』と『阿Q正伝』

魯迅は中国近代文学の開祖であり、一代の評論家でございます。彼は自らを含む中国人一般の意識のしたたかな古さ、たちおくれの克服に一生をかけて戦いぬいた人でございます。彼の作品の苦しみの深さは、日本文学には絶えて見られないほどでございました。魯迅はそのペンネームでございまして、本名は周樹人と申します。浙江省紹興の人で、一八八一年、清朝の光緒七年に生まれ、そして蘆溝橋事件の前の年、あわただしい日本中国関係の雲行きのうちに五十六歳で逝去いたしました。

魯迅の祖父は清の光緒初年の翰林学生でございましたが、魯迅が十三歳のとき杭州の牢獄に投ぜられ、その後一家の運命が急に傾き、その当時が魯迅にとっては大きな転換期となりました。そればかりでなく、父が長く病の床に臥しましたために、いよいよ家運が衰えました。彼は、はじめ家庭で儒教主義的な教育をうけ、十八歳のとき南京に出て鉱山関係の学校に入りました。その学校は石炭採掘目当のものでございましたが、せっかく掘り出した石炭も、炭坑内の水の吸い上げポンプ用に使ってしまえば、それきりでなくなり、差し引き勘定が零となりますので、採掘は中止となってしまいました。当時の中国の民族鉱工業は、こんなにも哀れなものでございました。日清戦争が起りましたのは彼が十四歳のときでございます。日本の勝利をきっかけと致しまして、列国の中国に対する侵略は急にはげしく露骨になって参りました。康有為や梁啓超らの政治変革が、西太后など保守勢力の権力支配の前に、あえなくもついえ去った戊戌の政変は、魯迅が十八歳の時の出来ごとでございましたし、また一種の民族主義の強い抵抗を示した義和団事件は、その二十歳のときのことでございました。

魯迅は一九〇二年、明治三十五年、二十二歳のとき、医学を学ぶため日本に参りました。彼は後々次のように申しております。彼の父が病気のときにかかった医者は、紹興地方で名医とまで評判される人でございましたが、薬の効果を強めるための併用剤の処方は「もとから同じ穴にいて、厳粛に一夫一婦を守ったこうろぎ」のせんじたもの、といった流儀でございました。その医者から見れば「昆虫も貞節でなければならぬと見えて、後妻を娶ったり、二度嫁に入ったりしたものは、薬になる資格さえなくなってしまうものらしい」と魯迅は述懐しております。

魯迅が新しい医学に志し、日本に留学を思いたったのは、このような迷信から人を救うためと、日本の輝かしい明治維新は新しい西洋の学問を受けいれたがためであると考えたからでございます。

魯迅は最初の二ヵ年半の間を東京で暮しました。彼の見た当時の東京は、日露戦争の雲行き急を告げ、また孫文一派をはじめ革命党の活躍舞台でございまして、激しいうず巻の中におかれておりました。多数の清国の留学生も、政治の色合からまぬかれてはおりませんでした。彼ら学生は、頭の上に辮髪をぐるぐる巻きにして山のように高くし、ダンスに打ち興じておりました。しかし魯迅はそれにあまり好感をもてませんでした。当時、中国人としては誰も行っていない仙台の医学専門学校を、落ちついた勉学の場所として彼が選んだのもそのためでございます。

彼の仙台での生活は、その作品『藤野先生』などに記されております。魯迅は藤野厳九郎教授から解剖学や細菌学などを学びました。藤野先生は福井県坂井郡本蔵村の人でございます。色が黒く、痩せて八字髭をはやし、眼鏡をかけた方で、ネクタイを結ぶことを忘れてくることがあり、冬は古外套にふるえておりました。あるときなど、汽車で車掌が先生をすりと思いちがえ、乗客に向って用心するよう注意したこともあったということでございます。しかし、先生は大へん親切な方でありまして、魯迅のノートに初めから終りまで朱筆を入れて訂正し、文法の誤りまで直して魯迅に返すのを例といたしました。

最初の講義から一週間たった後で、先生は魯迅に尋ねました。「私の講義を君は筆記できますか」「まあどうにかできます」「持ってきて見せてごらんなさい。」先生にノートを渡してから二、三日経って先生が彼に返して下さるとき「今後一週間ごとに持ってきて見せるように」といわれました。解剖実習が始まって一週間目頃、先生は魯迅を呼んでまた次のように申しました。「私は中国人は大層霊魂を尊重するということを聞いていたから、君が屍体解剖をいやがりはしまいかと心配していたが、これですっかり安心したよ。そんなことがなくて。」魯迅の試験の成績はもちろん及第できる程度のものであったにいたしましても、そんなによかったわけではございません。しかし、一部の日本人学生は、藤野先生が試験問題を魯迅にだけ漏らしたのであろうと、根も葉もないことを疑って問題を起したこともございました。

第二学年の或る日、授業が終ったあとで、細菌をうつす幻燈で、当時、戦われていた日露戦争を見ました。それは今日で申せばニュース映画のような意味のものでございましょう。その幻燈の中に中国人の密偵が日本軍に捕えられて銃殺される場面がございました。殺されるのは中国人の同胞でありながら、それをとりまいて一群の中国人が平気で見物いたしております。日本人の学生はこの場面に「万歳」と叫び拍手かっさいいたしました。しかし魯迅にとってその「万歳」の声は特別に耳を刺して響きました。同胞の殺されるのを見物している中国人の平気な態度に対して、無限の苦痛を感じました。彼はここで人間を救うものは医学ではなくて人間意識の変革であることを悟りました。仙台医専第二学年の終りに、彼は医学をすてて、別れを惜しむ――「惜別」――と裏に書かれた藤野先生の写真を胸に抱いて、東京へ去ってゆきました。

東京で、彼はさし当り外国文学の翻訳を行ないました。ところがそれは殆ど中国人の間に反響がございませんでした。しかし、彼はその後、一生涯、このような翻訳の仕事を続けました。翻訳は創作とともに彼の一生の著作のうちで主要な地位を占めております。魯迅が東京にいた当時、中国学生の関心は、法科系か、でなければ理工科系にありました。文学は、文学というだけの理由で軽蔑されておりました。魯迅が医学をすてた意味を彼らは理解することができません。人々は「文学が何の役に立つか」といい、また「文学では餓え死にするよりほかない」と申します。しかし、魯迅にとって文学は暇つぶしや道楽のためのものではございません。魯迅の好んだ外国文学は、ヨーロッパでも東欧や北欧またはバルカン諸国やロシアの文学などでございました。彼は日本の文学者のうちでは森鷗外や上田敏の著作を重んじましたが、重んじたのはその作品ではなくて、外国文学の紹介でございました。彼は田山花袋の『蒲団』(一九〇七)など自然主義文学には冷淡でございましたが、夏目漱石の文学は『吾輩は猫である』(一九〇五)をはじめ常に心を傾けて読みました。

一九〇九年、宣統元年、彼は帰国いたしました。そしてその後はもはや再び日本を訪れる機会はありませんでした。一九一一年、中国では孫文等による辛亥革命が起りました。革命軍は清朝を倒し、中国は北方民族の政治支配からも解放されました。しかし、本質上の社会変革を妨げる旧中国の古い意識と、その地盤となっている社会構造(社会諸関係)をくずすことはできませんでした。一人の皇帝の代りに現われたのは、外国の利益と堅く結ばれ、民族産業の発展をはばみ続ける多くの軍閥でございました。革命は、古い社会の諸関係の厚い積み重ねを前にして、改めて出直さなければなりませんでした。

魯迅ははじめ北京の宣武門外に住んで、政府の教育部に職を得、また北京大学講師を兼ねて、古い書物の研究にふけっておりました。その小説の歴史に関する講義録の『中国小説史略』は、彼の学問の上の業績として後々まで高く評価されております。

しかし、彼はいつ迄も沈黙していることは許されませんでした。当時、教育界の大立物蔡元培は北京大学の校長であり、陳独秀は北京大学文科学長でございました。陳独秀はまた『新青年』という雑誌を主宰しておりました。その『新青年』は旧い倫理、旧い政治を排除して、近代デモクラシーの基調である人権思想をその主張とする雑誌でございます。一九一七年、陳独秀は、今日アメリカ大使となっている胡適博士とともに、いわゆる「文学革命」を提唱いたしました。それは表面上には「無内容な文をつくらず、話し言葉で文をつくる」という白話文学、つまり口語文学の提唱でございますが、しかしそれには新しい思想の裏づけを持っておりました。評論家であり、日本に留学をしたこともある銭玄同もまた当時その運動に加わっておりましたが、彼は魯迅に『新青年』への執筆をすすめました。魯迅はそこで初めて創作の筆をとったのでございます。

その処女作は狂人《きちがい》に名をかりて、魯迅自らを含む中国人全般の意識の矛盾相克を深刻にえぐった『狂人日記』(一九一八年四月)でございました。それは口語による文学の可能性を初めて示した佳作というばかりでなく、思想革命にねらいがつけられておりまして、創作内容の上からもセンセーションをまき起しました。これがきっかけとなって、彼の創作、随筆は相ついで発表されてまいります。あたかも放たれた弓の矢のように「一たび発してはまた止まることができませんでした」。

一九一九年五月四日には、いわゆる「五・四運動」が起りました。当時、中国政府は、世界大戦に加った代償として、ヴェルサイユ会議で外国権益の撤廃を要求しておりましたが、その要求は何一つとして通らず、中国政府も譲歩のやむなきに至りました。しかし、これによって北京では一大デモンストレーションが行なわれ、政府の要人は襲撃され、ついには軍隊と衝突して、曹汝霖以下の政府の要人はやめさせられるという事件が起りました。

魯迅の不朽の名作といわれる『阿Q正伝』が発表されましたのは、五・四運動の翌々年、魯迅が四十一歳のときでございます。五・四運動を含む中国社会の変動期を通じて『阿Q正伝』の映像がつくられていったわけでございましょう。そして魯迅の文学者としての、また思想家としての評価は、この『阿Q正伝』によって一層重さが加わることとなりました。『阿Q正伝』の外国語訳は十何種にも及んでおります。阿Qはその名前をどう書くか誰もはっきりわからず素性もわからぬ無知な農村の日雇男でございます。阿Qは自ら奴隷的立場にありながら奴隷的自覚をもっておりません。それ故に無知だと申すわけでございます。彼の頭には禿がございますので「光る」とか「明るい」とか、禿に関することを人にいわれると憤慨いたします。それが面白いので人は余計にからかいます。しかし喧嘩しても大ていの場合彼の方が負けます。負けても彼は「こどもに殴られたようなものだ」といって自己満足いたします。あるとき阿Qは村の顔役の趙旦那と自分とは同族、つまり同じ血縁だといって趙旦那から殴られました。この場合も「趙旦那は自分の子供にあたる」と自分にいいきかせ、自己の受けた損害を精神の上でごまかし、帳消しにし、精神の上で負けを勝ちにいたします。阿Qはまたあるとき王鬍《ワンフー》という男、つまり「ひげむしゃの王」といわれるものが、日向ぼっこをしながら虱をとっておりましたので、自分も並んで虱をとりました。ところが自分の方の虱の数が少なかったので、面子を傷つけられ、喧嘩をふっかけたまではよかったのですが、負かされてしまいます。丁度そこへ顔役の銭旦那の息子で、日ごろ彼がきらって「ハイカラ」とか「にせ毛唐」とあだ名している若者が通りかかります。腹立ちまぎれに彼は若者の悪口をいい、却って散々にステッキで殴られます。そこへ尼さんが通りかかります。尼さんなら負ける気づかいはないと、さんざんからかって、勝った気持になります。つまり誰かに負けても、どこかにその償いを求めます。阿Qはその後、あるとき趙旦那の女中に手出しをいたしましたが、その女が自分の嫌疑をさけるためもあったのでしょう、誇張したさわぎ方をいたしましたので、阿Qは遂に村にいたたまれず、姿をかくして町へ逃げて参ります。そしてそこで泥棒の下働きをし、ふところをふくらませてまた村へ帰ります。町の金持の家に雇われてかせいだと申して一時評判をよくはいたします。しかし、それもつかの間、泥棒したらしいとて村人から警戒されるようになりました。

辛亥革命の波は阿Qの住む村にもひたひたと押し寄せ、村人は不安に襲われるようになりました。異民族の王朝に反逆する革命党は、いずれも白いかぶと白いよろいの装束をし、明朝の末路にあわれを止めた皇帝のために喪服をつけているともいう噂でございます。そして村では、顔役連をはじめ、皆が恐れるのを見ますと、阿Qは革命党がうらやましくなって参ります。そして自分がいつか革命党になった気で「謀反だ、謀反だ」と呼びまわると、村人は驚いた眼つきで彼を見上げ、あわれみを請う様子でございます。村の顔役の趙家の若旦那は町へ出る人にたのんで持ってきてもらった自由党の記章をつけました。村人は自由党という結構な名前も何のことか分らず、「柿油党」と覚えておりました。柿油、つまり柿の油とは中国では柿の渋のことでございます。またその記章が大した官職のしるしであろうと噂いたしました。ところで村の顔役の趙家では、何者かによって財産が略奪されました。革命党の隊長は、治安の実績を挙げるために、阿Qを捕え、ろくろく取調べもしないで死刑に処することにいたしました。阿Qは城下の町々を見物人のかっさいをあびながら、車にのせられて刑場に引かれて参りました。村人はたれも阿Qが悪いのだと思いました。「銃殺されたことがすでにその証拠であり、悪くないなら殺されるわけがない」というのでございます。そして人々はこんなにも無批判であるばかりでなく、城下の人々に至っては、「銃殺は打首よりも見ごたえがなく、景気が悪い」といって不平を申しました。

魯迅は後々まで、くり返しては次のようにいっております。「暴君の政治の下の人民は、多くは暴君より更に暴虐である。暴君の暴虐な政治さえ、しばしば暴君の政治の下の人民の欲望(たるその暴虐)を満足させることができない。……暴君の人民はただ暴虐な政治が他人の頭の上にあばれることを望み、自分自身はこれを眺めて面白がり、残酷をたのしみ、他人の苦しみを見世物とし、なぐさみとする」(一九一八年)。また魯迅は次のようにも申しました。「専制権力者の半面は奴隷である。権力のあるときはあらゆる振舞をし、権力を奪われるときはあくまで奴隷性を発揮する。……主人となって一切の他人を奴隷とするものは、主人を持てば自分が奴隷に甘んずる。これは動かすべからざる真理である」と。(一九三三年)

つまり奴隷なればこそわけなく専制権力者になれるのであるし、専制権力者なればこそまた無造作に奴隷になれるのでございます。それは「自由」をもたないものの裏と表でございます。魯迅の批判は実に痛烈でございました。

暴君の人民はすでに『藤野先生』の幻燈の場面、つまり殺される中国人を平気で見ている中国人の場面にも出て参りました。それがまた『阿Q正伝』には、阿Qが銃殺されるというだけではもの足りないというように現われているのでございます。しかし『阿Q正伝』の阿Qだけが実は阿Qなのではございません。阿Qの死刑を面白がって見物する中国の民衆も、村の顔役も、革命党もすべて阿Qであり、暴虐な政治の下の暴虐なるものすべて阿Qといえるのでございます。中国を侵略する外国と手をにぎる軍閥も、自己の利益のために中国を売る買弁もすべて阿Qなのであります。彼等は立場を替えれば一挙にして専制権力者となり、また一挙にして奴隷となる。暴虐は自己の外側へ向け得る限りいつでも外に向けられる。たとえば阿Qのような弱い者いじめがそれでございます。しかし暴虐のやり場がなければ、自ら虐げて暴虐を自己の内側へ向けて参ります。それが阿Q的、専制的、奴隷的な、そして「自由」をもたないものの特徴でございます。しかし、それでは折角の孫文の中国革命も、真の革命の意味で受けとられる筈はございません。政治はいつでも自分のものになってくるはずはございません。中国人の革命の受け取り方に対する魯迅の批判もまた実に深刻でございました。

世は孫文による辛亥革命を終え、五・四運動を越えて、自由解放の気運の甚だしい時期でございました。しかも、魯迅は中国人の人間意識の根底に向って批判の声をあえて放つのでございます。革命の裏切りのよってくるところを仮借なくやっつけるのでございました。

魯迅は『阿Q正伝』の成り立ちのうちで次の意味のことをいっております。「阿Qは過去のある時期を書いたものでありたいと思う。しかし私の見たものが決して今日の前身ではなく、却って今日よりあとのこと、しかも二、三十年後のことかも知れない。」このようにして魯迅は、真の革命、人間意識の変革がそうやすやすと実現しうるものとは思ってはおりませんでした。しかしその実現の可能を否定しようとしたのでは決してございません。それはただその実現の前の、悲痛なまでの自己批判であり、安価な妥協の拒否でございました。自分の奴隷性の徹底した自覚は、高度の自発性のないところに生ずるものではございません。自己の奴隷の立場を自覚できぬ者は、その立場から脱却しようとすることはもとよりできるわけがございません。

一九二六年三月十八日、北方軍閥政府との衝突事件が起り、政府と反対の立場にあった教育界の大立物に逮捕令が下りました。魯迅を含む大学教授などにも危険が及びました。魯迅は当時厦門《アモイ》大学の招きをうけていましたので、この機会に北京を去ることとなりました。しかし厦門での魯迅の生活はあんたんたるものでございました。魯迅の作品の『藤野先生』はこの期間に書かれたものでございます。作品『藤野先生』の中で魯迅は「先生の写真はいつも書斎の壁に机に向って掛けてある。それを見るときは、先生が今にもあの言葉で話しかけようとしていられるように思われる。すると、たちまち良心を奮い起させ、勇気を倍加させてくれるのである」といっております。

魯迅は厦門《アモイ》から広東へ、そこから又上海へ移りましたが、どこでも風雪はきびしく、官憲の追及と、言論の応酬――真実の変革をもたらすために、とくに似て非なる革命論者との論争に、多難の日々をおくることになりました。魯迅の夫人の許広平女史は、広東省番禺の人でございまして、魯迅と共に暗黒の政治の中に光を求めて歩み、魯迅のよき理解者でございました。

一九三六年には西安事件が起り、蔣介石主席は西安で監禁されました。（その年は日本では二・二六事件が起った年でございます。）当時、中国では文学者もまた国を救うことを目ざして立場の如何を問わず一斉に立ち上りました。しかしあんたんとした日本中国の関係を前にして、一九三六年（中華民国二五年）十月十九日の朝、魯迅は上海の仮寓で、五十六歳をもって不帰の客となりました。時の中国文壇人も思想家も、それぞれの立場は違っても、すべて深く彼の死をいたみました。

魯迅が逝去いたしましたことは我国にも大きく伝えられました。そのころ、福井県地方で新聞記者をしていた坪田、川崎、牧野の三氏によって、藤野先生が郷里福井県の医者のいない村で病院を開き、名利に恬淡、村人から信頼をうけている藤野先生と同一人であることが明らかにされました。魯迅はその他界の前年、佐藤春夫、増田渉両氏が『魯迅選集』を出版する際に載せるべき作品を相談いたしましたところ、『藤野先生』だけはぜひ載せてほしいと申したということでございます。魯迅にとっては藤野先生の目にそれがふれ、先生の消息を得たいがためでございました。しかし、魯迅はついに藤野先生の消息を知らないで世を去りました。藤野先生の弟子の一人で、明治三十九年仙台医学専門学校を卒業、今日も仙台に開業していられる新津宗助氏は次のように申しております。「先生は今度の戦争中、福井で亡くなられた由でございますが、先生の風貌も話しぶりも、洋服の感じも、魯迅の描写の通りであり、ぜんぜん身なりをかざられませんでした。また、先生は困っている学生の世話をよくされていましたので、魯迅もその世話をうけた一人であったと思われますが、他にも先生のお世話をうけた学生は沢山あった筈です」と述べております。

（昭和二十八年二月三日）

四　中国の「家」について

一　問題の提起

中国の家について、家族と同族との関係はきわめて大きな問題を含んでいる。それについての新たな構想を試論として述べてみる。なおここで取扱われる時期は革命前夜までである。

中国の家の重要な特徴の一つである家産均分主義はどのような見方から取扱ったらよいか。これを単に農民の生産力の相対的低さに原因を求めるだけで十分であろうか。さらに何故に単なる家族分裂とか家産分割とならないで均分になったかを明らかにすべきであるとの意見もでている（神戸大学大竹氏の拙著『中国の農村家族』への書評）。又、家内奴隷的家族が時間をこえて存続したような取扱いについても問題がないではない（都立大学旗田氏の同上書評）。それにはそれなりの私の考え方があるので、それに対しても一応答えておきたい。

さて、中国の家産均分主義については、同族思想、つまりその仲間的思想に、その一つの関連を求めようとするのが、私のここでの試みである。もちろんこれは均分主義理解の十分な、そして本質的なものとは思っていない。中国で家父長権威ないし家父長権力という場合、これをその権威ないし権力の側からばかり一面的に考えることはできない。それを制約するものとして、同族構成の間の horizontal な線に、より力の入った点を無視し得ない。そしてこの同族における仲間的思想が、均分主義の有力な支柱ではないかと考えられる。そしてこの均分主義を持続させた根底には、東洋的専制権力が自己以外に集中的権力を育てることをさまたげるための分裂的政策を、或いはみることができよう。すなわち、それは異った同族と同族との間の対立ばかりでなく、同族内でもその横の力において対立させようとし、その端緒的なあらわれが家産均分主義の持続において見られるといえるかもしれない。つまり兄弟間の経済的対等の要求こそが権力の目的にかなった結果となるのであり、それを支持するのであるといえよう。日本における家産意識、社会の構成との差も、一つにはここから出てくるのであろう。また、これに関連して祖先祭祀をもって、「家」の問題、とくに家族共産制の問題を理解する基本的な拠点とすることには疑問があるのであって、祭祀と家との関係にも論及してみよう。

二 同族の仲間的思想と家族

中国の家族制度は同族をぬきにしては考えられない。しかし同族関係は中国の北部地帯と南部地帯とでは著しい差があり、カルプの調査した広東省潮州地方の村落の如きは全村が同族であることが多く、しかもその同じ姓の村落が近接してつづいていることもある。これらの同族と他の同族との間に争いが生ずるときは、いわゆる「械闘」が族と族との間に行なわれ、それはその近隣の同族部落を列ねて立ち上り参加人員が数千人にのぼることがある。それはその限りにおいては同族部落の孤立性閉鎖性を示すものである。しかし部落の孤立性は完全なものではない。

華北では同族的結合は弱い。満鉄の調査における欒城県の場合などは華北としては例外的に強い方であるが、それでも華南には遙かに及ばない。

同族の間では輩行、つまり世代の意識がきわめて強い。同一世代のものは百代を経ても兄弟といわれるほどである。また輩字といって、同一世代のものの名には、同じ文字を使うことにより、世代が人名にはっきり表わされる場合がある。たとえばここにある家譜(家譜の実例を示す)では、九代のものの名にはすべて日の字、十代のものには長、十二代のものには任の字が各々冠せられている。

さて、同族内部の構成を見ると、同族集団の内部の各家族は、直接分れた家族間に相互の関連を保ちながら、一つの支派を形成し、支派で集って大きな同族をつくり上げている。その支派は華北の例で見ても、「門」とか、「院」とかいわれることがあり、六一門、二一門、三一門とか、東院、西院、南院、北院などといわれている。同族の世話人たる地位にあるものとして、族長がある。家父長的権威でも族長的権威でも、それらを考える場合に、まず、その無制約性が頭にうかびがちであろうが、中国ではそれらは実は無制約的とはいえず、多くの制約のもとにある。

まず、族長は長老中の主座(primus inter pares)にすぎない。嫡長子孫の系統の最年長者がその地位につくとは限らないのであり、族長には官職の高いものとか、財産があるとか、力量のあるものなどが選ばれる例がある。つまり支派には房長が選ばれており、族長は房長をふくむ長老団の中から選ばれるが、世代と年齢の高いものが族長の地位につくという公式では必ずしも割りきれないものがある。また族長は必ずしも最高の権力者ではなく永久の権力者でもない。族約に反する族長は、同族合議でやめさせ得る例が少なくない。このように族長も同輩的な力に制約されるのである。また同族の祖先祭祀は宗子を中心に行なわれることが多く、この宗子には嫡系子孫に生れた者がたてられる。しかしこの宗子は族長と一致するとは限らない。また祭も支派ごとに祭る方に重きがおかれ、同族全体の祭は二次的でさえある傾きもみられる(祭祀については後で再述する)。このようにして同族結集といっても、統一中心的傾向はくずされ、対立分裂的傾向を含んでいるのが同族の現実である。

同族の横の仲間同輩思想のあらわれ、一種の団体主義のあらわれとして、私が考えるものにはまた親等制度がある。中国の親等制度は、ゲルマン法的であって、横の、つまり同一世代の間の、遠近関係を定めたものである。それは同時に同一世代間の遠近を目安として支派の諸親族との関係も示してある。喪服の制では、直系親間、つまり上下間の関係も問題になるが、単に上下を規準とした計算だけからは、仲間同輩の遠近関係をあらわす中国の親等制度はでてこない。このような親等制度は中田博士『法制史論集』第一巻にあるように、ゲルマン法の Vetterschaftssystem に非常に似ている。これに対比してローマ法的な朝鮮の親等計算法——これには広池博士の研究もある——は、どんな意味をもつのであろうか。

次に祖先祭祀と同族思想の関係を見てみよう。同族の祭祀は宗祠（祀堂）で行なわれ、華南地方ではとくに巨大なものが作られている例はあるが、祭祀のために嫡系とか長男だけに土地を多く分配し、祭を担当させるという思想は一般的ではない。祭の経費は同族の共有地たる祭田（又は護塋地、太公田）のあがりでやり、また支派毎の輪番、兄弟間の輪番や、或いは経費のもちよりなどの形態で行なわれる。長子長孫に多少の割増を行ない、その分、祭費を負担させることもないではないが、その割増も長子長孫の権力集中の地盤となるほどのものではない。祖先祭祀と家の統合——求心的な統一——を結びつけて考えるのは、日本人的な考え方ではないであろうか。

次に同族の仲間的思想が家族集団に及ぼしているものについてみよう。まず養子制度で異姓からは養子をとらないという制度がある（異姓不養）。もっとも現実には、貧しい農民などの間では、働き手を必要とするときは、同姓異姓にかかわらず、それをつれてはくるが。同姓不婚も異姓不養と並んだ鉄則である。また同族内秩序ということから不孝不悌のような不道徳行為を家長が罰さないと、これに代って同族的制裁が加えられる。また父母が子の不始末を、夫が妻の不始末を放任すると、父母又は夫が同族的な処罰をうけるというように、家族内秩序が、同族的観点から、いろいろと批判をうけるのである。そのほか同族のものが、例えば、賎業とされている理髪、つめきり、足のたこすりなどを営むこと、又、役者になること、及び奴隷との通婚などを禁止し、異身分者との法的倫理的交通をさえぎり、職業及び婚姻についても、同族的支配を貫こうとしている。

要するに家父長の権力は、それのみで完結的な力であるとみたら、大まちがいである。家父長権力が完全に支配していたと思われがちな家族内にあって、同族支配が侵透し、同族思想を拒み得なかった。族内規律はその尺度にてらして家父長権威を支えもし、抑えもした。すなわち、族内にあっては、上下の権力服従関係と同時に、族内の横の力の関係をもみる必要がある。そして家産分割の場合にも、家父長の力は、こうした横の力の関係によって制約されるのである。

家父長権力といえども、家産均分主義を動かし難かったことについては、横の同族思想を考慮することが必要であろう。家産均分主義も同族思想の一つのあらわれであろうから、家の枠をこえて同族につながる問題といえよう。均分主義を支えるものは、生存に対する兄弟の平等の要求たるばかりでなく(仁井田『中国の農村家族』)、同族的な横の力であり、同族思想である。

以上の家産均分主義の基礎条件としてはまず第一に生産力の低さが考えられるが、同時にたとえ生産力が高まっても、高まっただけ奪いとろうとし、もり上がる力ができてくる場合でも、力の結集をくずし力の分散をねらう専制権力が、自己に都合のよい所有型態をつくろうとする圧力も考えられる。つまり力の結集をこわす同族思想を支持するものは、東洋的専制権力に他ならないということとなるのではなかろうか。かくして Anerbenrecht は中国において成立し得なかった。そして日本的家産との違いもこのあたりから出てくるのではないか。そこには或る時期の日本におけるような、祖先の財産をそっくりそのまま子孫に遺すという意識はなく、分解していく力の方が強い。中国にも

「祖遺」という言葉はありながら、家産意識は生長してこない。「門当戸対《めんたんふうとえ》」という家格に類する言葉もあるが、その場合にも諸子均分が前提となっている。財産が多くても、子供の数が多ければそれに対応して継承分が少なくなる。たとえ両家の所有額が同じでも、子の数が同じでなければ、門当戸対、つまり対等の家格とはならない。家格はつねに均分主義におびやかされ、動揺してくる。この点からいって、中国社会には日本社会の本家分家的な Hierarchie に乏しい。従ってワグナーの『中国農書』やエスカラの『中国法』には重大な見当ちがいがある(仁井田『中国の農村家族』一一五頁)。

三　祖先祭祀

日本では、祖先祭祀を財産相続、ことに単独相続の理由づけにする向きもあるようであるが、それは果して理由づけになるであろうか。なるとしてもどの程度なるであろうか。中国では祖先祭祀は家産承継のすべてを説明しうるものではなく、せいぜい或る程度の理由づけになるに過ぎない。中国でも祭祀を諸制度の理由づけにすることはある。たとえば一夫多妻制や子なきは去る(離婚原因の一つ)の類であるが、しかしそれは他に大きな理由を求むべくして祭祀にこじつけた傾向があり、一夫多妻や子なきは去るは、男子の優位、男子の専権の帰結であり、祭祀にその根拠を求めるのは、おおむね、男子のかかる立場のカムフラージュである。中国では祭祀を相続するものは男子であり、その男子は祭祀を共同で行なうのが通例である。その場合、経費をもちよるか輪番制かで行なう。祭祀のために一子の優位をみとめることは一般例ではなく、諸子均分が建前となっている。ときに諸子のうち一人の経費で行なうこともあるが、そのときは祭費として多少の割増を家産分割のときにもらっているのが例である。嫡庶異分主義については正妻の内助の功に帰結せしめる考え方さえ行なわれていた(もちろんその内助は家祭に対する主婦としての協力のみを指すのではない)。従って家産の承継者をすべて祖先祭祀からわり出し、またそれで割り切るような滋賀秀三氏の見解は問題である。ことに同氏は女子分の意味を理解できない帰結となっている。同氏によると、女子は家産承継者たる男子がない場合の家産の残骸受取人に過ぎないと見、且、南宋時代十二、三世紀頃の女子分の制度——女子分は男子の分の半とする、日本の養老令や、十五世紀の朝鮮、ベトナムの女子分法と共に比較研究すべき問題である——も、役人がほしいままに作った制度なのだということである。このように誤解又は無理な解釈をしなければならなくなるのも、結局、家産承継人は祖先祭祀の承継者であり、それは男子だけというドグマが基調をなしているからである。同氏の考え方に対しては幾多の史料が抵抗している。しかるに同氏は古今独歩の文献解釈で史料の抵抗を至るところで排除しようとしておられる。私はこのような無理押しをするよりは、基本的なものの考え方を変えてもらいたいと思っている。

もとより中国でも、祖先祭祀の淵源は古く、儒教の経典の一つの『左伝』では、祭られざる鬼(祖先)は飢えるものといわれていた。孝とは生前のみならず死後の父母につかえることでもあった。ところで華北農村調査によると、農民の間では、祖先祭祀よりは、その日その日、食うことが問題になっている。養子制度も一般的にいって祖先祭祀のためのものでないとはいえないが、財産のない家には、その養子になるものはないのであって、わざわざそんなところにいって苦労して食えない位なら、養子にはいかない、祭祀をつぐことなどは重要問題ではないといっている。いわゆる士大夫の間でも、祖先祭祀のための養子よりは、それに名をかりた財産相続のための養子が行なわれてきた。もちろんこういう私も、祖先祭祀の意味を全く抹殺してしまうつもりはない。

四　家産均分主義

さて家産分割の場合、家産は同一世代(つまり兄弟や従兄弟の類)の男子の間にあっては均分が原則である。そして具体的分割の場では、財産を分割数に区分して、それを籤引でとることが行なわれた。祖先祭祀のための祀堂も嫡子がとるとはきまっていない。ことに、十二、三世紀の南宋時代では、女子は男子の半分のわけ前にあずかり、籤引の結果は女子も祀堂をとりかねないといわれた。近来の農村でも、祖先の位牌や家譜を長子に渡すこともあるが、籤引の結果ではどうなるかわからない。均分主義ことに籤分けは紀元前から行なわれていた。均分は徹底的均分で、一粒の穀物さえ、分けずにかくしておくことは許されない。一つの井戸や一頭の役畜のような不可分物は共有にする。もっとも地方によっては、祖先祭祀の経費を長子にもたせるようなところでは、多少の割増を長子につけることもある。しかしそれも日本の本家分家を成り立たせるほどの多額ではない。又、分割にあたって親が家産を大幅に、又は或程度分割しないで自分に留保し、その分は自己の葬費にあて、残額があれば、諸子間に再分することも行なわれる。又、遠い血縁に家産を渡さないように、たとえば甲乙二人の兄弟の一人に子がなく、他の一人も一人しか子のないときは、その一人の子が父の兄弟二家分の財産をうけつぎ、二家分の祭をつぐことが行なわれる(雙祧兼祧)。

ところで、このようにして極端に財産が分割され細胞分裂的に分裂する結果、均分主義は貧困化をもたらす一因となる。農民の貧困化には均分主義のみならず収奪の強さ等、諸要因があるが、均分主義による細分化もまた大きな要因である。かくて農業経営および消費生活の極端な合理化の要請が生じ、ここに家族労働力の規律ということを中心に家父長権力がとくに強力に働いていく。そのために農村には婚姻の自由はない。嫁も婿も養子も、否、妻も子もすべてそれぞれ家族労働力の担い手である。農村でよい女とはよく働く女であり、又、将来の働き手を生む女である。父母はこのような女をさがして子の嫁にする。その極端な例は童養媳である。そこには子の自由結婚などはない。絶望的貧困者は妻をめとる資力がなく、この意味からも婚姻は自由ではない。いきおい人の妻を質にとったり、賃借りして、子をもうけなければならぬ。解放のおくれた福建では、土地改革の際や、その後までも典妻(質妻)が行なわれ、その禁止令がでている。子に対する権力をめぐる古代的様相は、近来の中国にまで存続した。土地改革は女にとって婚姻の自由をもたらしたばかりでなく、従来の絶望的貧困者たる男にとっても、めとる自由を与えるようになった。

以上のような私の考え方、つまり家族の家内奴隷的取扱い方については、家族の主体性の上昇がみられない、非歴史的な扱い方だという批判(旗田巍氏)がある。しかし、私はあくまで「奴隷的」といっているのである。またもちろん発展の条件を見ることを拒むわけではない。問題は社会の地盤が動いているであろうにもかかわらず、なぜ家内奴隷的なものを再生産してゆくかの点にかかっている。これについては、一般歴史家の側でも考えてほしい。それで私も、そのとぼしい実力に応じて、家父長権力の構造を一応考えてみることにした(仁井田『中国社会の法と倫理』)。ことに家産における子の地位も、没主体的に扱われていず、さすがの家父長権力も子を財産無能力者にまではおし下げてはいない。しかも時代が下れば下るほど、制定法上でも、子の家産法上の地位の上昇がみとめられる。近来の慣習ではニュアンスがあって、一率にはいかないが、家父長権力と子の家産法上の地位、ことに家産処分の場合の「父子合口商議」については子の地位を十分に評価することが必要である。主婦もまた一種の Schlüsselgewalt をもつ。主婦もまた単純な隷従者ではない。

さて、家産分割は循環的な貧困化の過程をひきおこす。しかし支配権力はこれを救い出そうとはせず、民衆の中に問題をあずける。民衆はこれを救うため、何代かに亙る同居同財の形をとる場合がある。ザドルーガなどの共同体の関係と同じように、消費と経済の合理化によって、貧困をカバーしようとするし、支配者も一応は、そのようにしむけてみる。中国の家族共産態は、ザドルーガなどと同様、「火」と「煙」とを共同にするものであるが、しかし中国の場合は、すべて、何代にもわたる大型のものばかりとは限らない。小型であっても、それ自身、共産態をなすものであり、しかも小型のものも、いつかは大型のものとなり得る可能性をもっている。つまり形式的外形的に大家族小家族を決定できない。ことに口数の大小ではそれはきめられない。たとえ五人家族でも、父母と同居しながら一人の子が妻帯し、しかもそれにさらに子のあるような場合は、口数は少なくても、大家族である。口数からだけ見た小型家族を、近代市民社会の小家族と同視するのは誤りであり、その点ラング等の家族型分析は誤謬である。ことに従来あった大型家族が、近来にわかに分裂して、いわゆる小家族となったとするような一部日本の学者の説は、それ自体非歴史的な誤解であるばかりか、近来の革命の評価をも誤まる意味において、大いに警戒しなければならない。

貧困農民を救う仕組みの一つとしては、同族関係における「義荘」「義田」(一種の同族的所有。同族の有力者の寄附によって設定せられ、そこでの収穫によって同族の貧乏人を救済する)の役割も重要である。これは北宋期に生じたもので、その発生は祭田よりも古い。これも支配権力のごまかし的な機能をもつ。すなわち大地主体制と、土地を失った貧乏人の発生とは、コロラリーであるが、政府は貧乏人の救済はできず、さりとてそのままにしておいたのでは、大地主体制に与える影響力が大きく、体制をくずされるおそれがある。それよりはそのような貧乏人を村の中で安定させ、封建秩序の安定化、村落秩序の安定化をはかる必要がある。その安定化のために、義荘、義田が利用されるのである。要するにそれは階級対立の血縁的と同時に地主的解決方法であり、支配勢力のごまかしである。ところがこの義田さえ内部的に崩壊し、義田のボス化が生じてきた。そして崩壊の契機は宋代すでに見られた。しかしともかくそれは大地主体制の自己矛盾の解決のために出てきた私的扶助の体制であり、階級対立の血縁主義的な地主的解決方法である。それはその意味で歴史的段階を形成する。こう考えれば中国では仲間的思想が十世紀以後かえって強大化したということに意味があるのであって、この点が古代、中世の区分の重要なメルクマールになると考えられるのである。中国家族制度のすぐれた研究者である牧野巽氏が、族的結合は、時を経るに従って崩壊するのが一般歴史の大勢であるが、中国ではその逆であって、宋代以後むしろ強化されるという事実を指摘しつつ、その回答を保留していられる。しかしこれは大地主制の自己矛盾の解決としてみれば説明し得られよう。すなわち大地主を支える農民を生かせるための私的扶助であり、それは血縁的であると同時に大地主的な制度であった。さればこそそれは古代と中世を分けるものであり、長江以南にそれがとくに発展するのも必然だったのである。

しかし安定化は支配者の意図にもかかわらず永久には成功しなかった。地主農奴の身分関係——分——の変化にてらして明らかなように、農奴の自己解放がつづけられ、その最高頂点において新しい中国革命が勃発する。そして地主農民関係の変革は主として土地改革において、そして家族の諸関係の変革は土地改革と深い関係をもった新しい婚姻法において、具体的指標がうち立てられた。

五　研究三十五年の回顧

米沢(嘉圃)さんに言われたことなんですがね。過去なんていうことをふり返れば老人だっていう証拠だというんです。まだ私老人のつもりではありませんから、そういうおつもりでお聞きいただかないように、むしろ私の前進のためにご注意をいただく機会にしていただきたいと存じます。

私は実はこのあいだ、研究論文のリストを作れということで作ってみたんですけれども、著作が十ばかりで論文が二百ぐらいあるのですね。こまかいのを落としてしまって二百ぐらいになるので、なかなか分量も多いなということを、自分でいまさらのように気がついたわけなんです。

私の東大在学時代のことを申しますと、一年のときにローマ法を勉強したわけです。ローマ法の時間というのは二時間目にありまして、一時間目は牧野(英一)先生の刑法でして、牧野先生が非常にいい気持になって演説をぶって、一時間たっぷりお話になられる。そのあと引き続いて休む時間がないんですからね。そのローマ法の春木(一郎)先生というのは、駅長さんが持っているような大きな時計を握っていて、われわれがやってくるというと、もう座席につくかつかないうちにいきなり始めるのですからね、休み時間なしなんですよ。そういう先生にたまげたんですけれども、そのローマ法の講義を一年間聞いて、それから二年目に西洋法制史があって、フランス法制史がはじめにあって、その次にドイツ法制史だったか、どっちがはじめだったか忘れましたけれども、フランス、ドイツと一年おきにありました。それから三年目になって日本法制史の講義を聞くわけです。日本法制史も公法と私法に分けて、一年おきに先生が講義なさっているわけです。私はローマ法、フランス法制史、日本法制史と、それからドイツ法制史、欲が深いものですからみんなそういうものを伺ったわけです。

そこで中田(薫)先生の講義を伺うようになりました。こんなことは中国の歴史をご勉強なさった方にとってはあたりまえで、今更吹聴らしく言うのははなはだ問題なんですけれども、法学部の二年のときに中田先生のところに行って、『文献通考』という本を見たいけれどもと言ったら、中田先生驚いてしまって、法学部の学生でこんなことを言ってくるのは、あとにも先にも――あとにもというのはあとで先生がおっしゃったわけなんだけれども――ありはせんと言うんですね。時がちょうど大正十二年の地震のあとで、図書館はつぶれてしまっているし、研究室はもう非常にあわれな状態になっているし、教室もたいへんな状態でバラック建築の時代であったんですが、ともかく『文献通考』を見る機会がまずそこで与えられたわけです。これはもちろん学業のほかに勉強したわけです。

それからもう一つは、田中文求堂という中国の書物の店がありまして、そこの紹介でもって河井仙郎という方の主催された説文会で、王筠の『説文句読』というのを勉強しに行ったわけです。『説文』というのはいまでいうと漢代の字引にあたりますけれども、中国の字引のいちばん古いものの一つに数えられているんです。それの勉強に牛込の赤城神社まで毎土曜日に行ったわけです。そんなことをするのは文学部の学生だってまずあまり例がないだろうと思うのです。それから法学部の在学時代に『鐘鼎器款識法帖』といったような金文の研究をやったり、それからもう一つは、中田先生のご紹介で、東洋文庫に行きまして、石田幹之助さんにお目にかかって、羅振玉の『殷墟書契考釈』を見せていただきたいと言ったところが驚いちゃって、そんな古いところを勉強するのはというわけです。しかしとにかく、甲骨文の勉強を私は一生懸命やろうとしたわけです。それでその当時そういうようなものの報告をまとめて、自分たちの同人の雑誌に出したところが、文学部の学生の私の友人がそれをよこせというわけなんですね。それをどのように利用したかは、私は知りませんけれども、それでもって原田(淑人)先生のリポートを作成して及第点を取った友人がいるわけです。

民法の講義は、私は一年から三年まで末弘(厳太郎)先生にお習いしたわけです。それから親族法、相続法などは、ときどき穂積(重遠)先生の講義を拝聴に出かけました。

それから在学時代、そういった中国の、古いといっても、古さも古し、たいへんな古いところの勉強をしておきながら、片方では柳島のセツルメントに行って法律相談部に参加しているわけですね。その当時、末弘(厳太郎)先生、穂積(重遠)先生、それから九州大学の教授にあとでなられた杉之原(舜一)先生、東北大学の教授になられた伊沢(孝平)先生、それからいま八幡大学の学長をやっている安田幹太さんなどがそのときは裁判所の判事さんだったんですけれども、われわれを指導して下さったんです。柳島といえば、いわゆる貧民街ですから、雨が降ればどぶが氾濫して水がたまる。それで穂積先生などは長靴をはいておいでになっていました。私が三年のときに、一年下に福島正夫さんがおいでになって、その一年下に戒能通孝君がいるというわけですね。福島さんは頭もよいけれどもなかなか実行力のある方だし、戒能さんは一年のときからもうすでに頭の才が見えている。三年の私自身が三人のうちでいちばんぼんくらであったわけです。

この法律相談部には態度不鮮明な学生が非常に多いんですね、私自身もそうなんですけれども。しかしなかには、十年の間には必ず日本には革命がおこると主張する学生がいたり、それでしばしば警察の手入れが行なわれたわけです。それで私どももそこで現実の日本の問題にぶつかっているわけです。この柳島のことが私の研究生活のうえで、また大きな意味を持つようになってくることを、あとでご紹介いたします。

昭和三年に卒業する前に、中田先生のところに相談に行ったわけです。私は中国法制史の勉強をしてみたい、ところが家でも反対されちゃって、そんなことしたら、お前はめしの食いあげだということを言われるわけですね。そんなことといったって自分はこれしかないんだからこれをやるんだといって、中田先生のところへ行ってご相談したところが、中田先生は、法学部にはいま中国法制史の講座なんかはないからということを言われた。それから、大学院でも中国法制史を研究しようとすれば、日本法制史との関係をもったものでなければならないというのですね。

だいたい私どもの学校の時代に、大学での講義に中国の法の歴史が出てくるのは、小野清一郎先生の刑法の時間と、それから中田薫先生の日本法制史の講義のとき以外にはなかったわけです。ただ中田先生のおっしゃるのには問題の選び方があるというので、日本律令と唐律令との関係の場面か、それから台湾の法慣習を中心とした場面かのいずれかを選ぶことがいいんじゃないかという示唆をされましたのにしたがって私はそのうちの日本律令と唐律令との関係を問題に選んだわけです。そのとき中田先生が言われるのには、甲骨文だとか金文の研究というものは、法律学だけではなくて、もっと広い学問の領域を求めなければじゅうぶんに達成することはできないように思う、それにいまこの問題はすぐ取り組まなくても、あとからでもやってやれないことではないだろうということをおっしゃったんで、私は中田先生の忠言に従うことにしたんですけれども、その当時の東京の歴史学界の様子を見ますと、古典に対する懐疑の風が強くて、古典批判となると私にはいまもって手に負えないくらいでありますからして、それがその当時にあってはなおさらであったにちがいないと思います。いまにして見ますというと、そのような古い問題に首を突っ込んでしまっていたんでは、おそらく抜きさしならぬ状態に陥ったんではないだろうかと思います。

最初に唐代の研究に足がかりをつけたことは、私の関心がその後、漢から古くはあまりさかのぼることはなかったのに引きかえて、唐からのちの宋元明清からさらに現代へと向かうきっかけになったように思うわけなんです。そうして、あとからでもやれると思ったところの問題については、結局お留守になってしまって、ほとんど手がつけられないでしまった。その方面に対する学問の開拓というものは、今日と三十年前を比べてみますと、前進していることは疑いないんですけれども、松丸(道雄)さんの報告を研究所で聞いていても、なかなか前途多難な模様なんですね。

私が研究に入る前に、もう一人予備的な相談相手として和田清先生にお願いしたんです。実は、法制史の研究に入る前に東洋史学科に再入学したいと思っているんだけれどもどうだろうかと、私の中学時代の先生なもんですから伺ってみたんです。ちょうど東洋文庫に行っておられて、たぶん『大明実録』か、『大明実録』にあんな大きなものがなければ『永楽大典』だったかと思うのですが、朱の罫が縦に入っている大きな本でしたが、それをごらんになっているときでした。先生は私がもういっぺん再入学するということに非常に消極的でおありになった。東洋史なんていうものは常識の学問ですよと言われて、法学部を出てまたここに入るなんて必要はないということをおっしゃるのですね。そういうことだったものですから、私はそれで結局そのご説に従って、東洋史には入らないで独学で進むことにしてしまったわけなんです。そのために、結局いろいろな問題にぶつかって、中国のことを勉強するのに、自分自身あとで困難を感ずるようになりますけれども、その当時はそういうことでとうとうごまかしてしまったわけです。

私が中国の文献でいちばん先に買った本はなんだったかというと『新唐書』です。とても安物の『新唐書』ですけれども、唐のことを研究するについてはまずなによりも『唐書』を買わなければならないと思って、当時地震でひっつぶれてしまって、いまの立派な建物のところじゃございませんでした文求堂さんのところを訪れたんですよ。そうすると文求堂の主人のいわく――にたりと笑いましてね、あの人はなかなか皮肉たっぷりの人なんですから――『唐書』にも新しいのと古いのがある、新旧があるんだけれどもどちらにしますか、と言われたんです。それで私は新しいほうが古いよりはよかろうと思って(笑)それで『新唐書』を買ったんですよ。それは皆さんお笑いのとおりまったく笑い話であって、私の独学の悲しさをそこにあらわしているわけなんですね。しかし、あとからわかったことですけれども、新旧のどちらがいいかどうかということは、にわかに決められない問題であったわけなんです。

これまでお話したことは私がいよいよ研究に入る前の状態ですけれども、いよいよ研究に入ってからの問題として、次に均田制をめぐる研究についてお話しておきたいと思います。

私は大学院の研究の第一年度の春から夏にかけて――これは自慢話をするんじゃないんですよ。どんなに乱暴なことをやったかという一例になると思うのですが、――二十四史のうちの『史記』から始めて『漢書』『後漢書』『三国志』『魏書』『宋史』『南史』『北史』以下『隋書』『新・旧唐書』にいたるまで、二十四史のうち二十史近くを外国伝を除いて一気呵成に全部一夏ぐらいで調べあげてしまった。総計何百冊あるかわからんですけれども、もちろんそんなものを一々読んだんではないんで、必要と思われる部分をノートにとったわけです。そのノートはあとでアメリカ軍の空襲によって焼かれてしまうまで自分の座右において、非常に重宝しておったものです。

それで私は中田先生の「律令時代の土地私有権」(国家学会雑誌四二巻一〇号)というご研究を参考にしまして、昭和四年三月に「古代支那・日本の土地私有制」と題する報告書を中田先生のところへ提出したわけです。中国史研究者のうちには、土地所有制の問題について、中田・仁井田学説があるといわれる方がしばしばあるのですね。しかし中田先生は中国の均田制については論じておられない。しかしながら私の論文の構想といったものは、中田先生の「律令時代の土地私有権」によるところが非常に多いわけです。

ところで、私の論文のねらいの第一点というのは、所有権といったものは歴史的なものであって、歴史的条件によって異るものだということです。したがって歴史の上での所有権はけっしてローマ法的な、または近代法的な所有権のように永久の権利であるとはかぎらない。存続期間に限定が付せられているものもあるのであって、限定がないというぐあいに頭から決めてしまうわけにはいかないということであるわけです。所有権の絶対性だとかそれから無限性ということは、資本主義社会に適応するではありましょうけれども、それはどこでも通用するものではないということを言おうとしているわけです。さしづめ唐の制度の口分田の権利といったものは、それを享有するのに期限が付せられている。それからその売買などの処分についても制限が付せられている。だから、王土的な制約はありながら、それなりに私的所有権であったということが、私の言おうとする第一の論点になるわけです。

第二番目の狙いとして、私は、唐の律令の土地制度である均田制、日本でいうところの班田制度といったものは、規定どおりではないにせよ、ともかくも実効力を持っていたという主張をしているわけです。ところで、当時の歴史家の間では、唐以前から唐代にわたる均田制といったものは、土地公有を示すものであって、中国には土地公有制が行なわれたということが、一般に言われているところだったわけです。また他面歴史家のあいだには、均田制といったものが単に紙に書かれたものにすぎないのだ、それは実効力を持たないものだという、実効力を否定する傾向があったと思われます。

私の論文を見てがぜん批評の地位に立ったのは、私と同年の鈴木俊先生です。鈴木さんの批評の焦点は、私の第二の論点に集中していたわけです。鈴木さんは唐代を中心に積極的に研究を進められていた方であって、同輩や後輩の面倒を見ることが非常に手厚く、広く学界の信頼を博して今日にいたっている方で、私も今日まで多大の恩恵をこうむっている一人でございます。私が第一回の論文を発表したころは、まだ鈴木さんの存在を知らないで、あとで人づてに聞くところによると、仁井田はその論文のなかでしきりに史家は史家はと言って歴史家を批評している、シカだかウマだか知らないけれどもばかにするなと言っておられたそうです。鈴木さんは非常に気性のいい方ですが、なかなか勇ましい点もあるのですよ。鈴木さんは浦和高校の第一回の卒業生で、浦高の卒業生といって自己紹介する者のうちで、鈴木さんが知らない者はみんな後輩に決まっているといって胸をそらしていられたんですよ。鈴木さんの前には江上(波夫)さんもそれから関野(雄)さんも頭が上がらないし、窪(徳忠)さんも頭が上がらないというわけなんですね。

私の第一回の著作は、『唐令拾遺』という本なんですね。東方文化学院から出版したことはあとで申しますけれども、いまでは一冊四万円でも買うことができないようですね。江上さんには学院から『唐令拾遺』を寄贈してあったわけですけれども、鈴木さんがそれを見つけて、「君、これは君には要らないだろう、おれがもらっていくよ」と言って持っていかれてしまった、と伝えられるのですね。この点鈴木さんは事実に相違すると言っておられますけれども、江上さんに私があらためて一冊贈呈したことだけは事実です。

私が土地所有制の論文を発表して三年ほどたって、那波利貞先生がフランスからお帰りになって、その研究の中で、大量にペリオ文献を学界に紹介し続けられるようになったんですね。その恩恵をいちばん多く受けたのは私だと思います。早速敦煌の戸籍によって自分の土地所有制の問題を強化して、鈴木さんの説を批評したんですね。そのときちょうど鈴木さんはうっかりしたんでしょう、敦煌の戸籍について那波先生が発表しているということを、お気づきになっていたのかもしれないけれども、結局私がそれを最初に利用してしまった結果になったわけです。

その後私の著書として、二番目に『唐宋法律文書の研究』というのがありますけれども、それを公けにするまでに鈴木さんとのあいだで互いに論議しあって、私の研究にも大きな助けになったわけです。しかし二人の基本的な見解の差というものは、へだたったまま縮めることはほとんど不可能であったわけです。

その後二十年ほど、この方面の論争も休戦状態になってしまって、ほとんど無風状態にあったところが、昭和三十年代に入って、大谷探検隊が、半世紀前に新疆省の吐魯番から発見してきたところのおびただしい唐代の文献が竜谷大学の倉庫から再発見されるというようなことがおこりました。これについては、土地制度の方面の研究を担当されたのが周藤吉之さん、それから西嶋定生さん、それから西村元佑さんなどの皆さんであったわけです。私はほかに敦煌文献の研究をかかえ込んでいましたので、トルファンの研究については他の方々にゆずりました。

さて、この『唐宋法律文書の研究』ですが、これは、唐宋の文献のなかで、売買法、雇傭法、保証制度とか人質制度を含む取引関係の文書とか、家産分割文書、離婚文書を含むような身分法関係の文書を蒐めまして、これも研究期間三ヵ年で仕上げちゃえというわけで、勉強してやったわけですが、この本のなかでは、敦煌、吐魯番などの西域発見の法律文書の基礎的問題は、だいたい押えられて顔を出しています。もっとも新たに、その後、昭和二十年になってスタイン探検隊の文献が東洋文庫にくるようになりましたが、そのなかでは奴隷解放文書などが新しく見つかったのが、私にはめずらしいくらいで、基本的なものは、だいたい『唐宋法律文書の研究』のなかに、頭をそろえて顔を出しています。もちろんその後は、東洋文庫のスタイン文献などによって、いろいろ研究が充実されるようになりましたし、律令格式の研究も一段と進展するようになったわけです。

『支那身分法史』のほうは、昭和十七年一月十五日の日付で出ています。一月十五日というと、私が東洋文化研究所に入った二日あとの日付ですが、実は私が東方文化学院での、最後の報告書であるわけです。そしてそれを携えて山本達郎さんとか、植田捷雄先生あたりといっしょに、東洋文化研究所のほうへ入ったわけです。これもやはり三年でもって研究報告を出すようにということで、最初の計画は、財産法も含むような大がかりなものだったのですが、とどのつまりは身分法だけでもって書けなくなって、そのまま報告にして出して印刷にしたわけですが、同族からはじまって、家族、奴隷に至るまで、部曲主、奴隷主のほうまでも含む、報告内容になっています。私は直接先生に聞いたのではないのですが、間接に聞くところによりますと、和田清先生は、文学部の講義のときに、この本は資料も豊富であり、この方面のことならば、なんでも書いてあるとおっしゃったそうなんですが、そういうふうなご紹介は間違いないのです。ずいぶんぬけてもいるし、資料もけっしてじゅうぶんではないように私は思います。

しかし私の次の研究の段階では、この『支那身分法史』を、歴史のかなたに押しやってしまうことになります。たとえばこの『支那身分法史』のなかで、部曲主と出てくる。この唐の時代の部曲の制度といったものが、明、清の時代の明清の律では、奴隷法に置き変っているのです。この意味が私にはわからないのです。これは学者の中には説をなす人がありましたけれども、そんなものは当てにならないと私は思ったので、どうしてこれがこういうふうに変るかということを、あとで自分でもって研究するようになったのですが、部曲が宋代以後、消えてしまう、その意味がわからない。そこで東洋史談話会に招かれた席でもって、学生さんに向かって、これができたら、立派な卒業論文ができるということを話したこともあるくらいなのですが、どなたもそれをご研究になる方がいない。この本は、そういったことでもって、しばらく私にとっては問題を残したままになっていたわけです。

東洋文化研究所に入ってからは、いよいよ舞台は、私の研究の後半期に移るわけです。ここで、この『支那身分法史』の考え方を一変させてしまうようになります。家父長制を家族労働力の規律に目をつけて描くようになってくる。また部曲というものに関連して、奴隷制期を越えて農奴制期へ移行し発展する問題の研究に、身を投じていくようになります。これについては周藤先生の研究があずかって力あることは、言うまでもないのですが、ここが私の研究の前史と後史との別れめに立つ時期になってくるわけです。

私は土地法、財産法の研究のほかに、身分法、それから社会組織の問題についてもだいぶ時間を費したのですが、ギルドについても取引法関係と同時に、社会の側面からこれを見ようとしている。そこで東洋文化研究所に最初に入ったときに、いきなり、それじゃギルドの研究をはじめようといって、北京へ三べんも行くことになるわけです。このギルドについては、今堀(誠二)さんの非常な協力をいただいております。

ところが私は、ここで、非常な失敗を経験しました。その経験からして、私は、問題を考えるときには、人の説を顧るのもいいけれども、それがかえって災いになることがあるということを、しみじみと教えられました。たとえば、『唐律疏議』の研究をやったときに、もし人さんの説を最初に見ていたら、研究結果は出なかったと思います。『唐律疏議』については、いままでの先輩の説のなかにこういうのがあったのです。『唐律疏議』は古い時代のものなんだけれども、一部分後世になって手を加えたところがあるというのです。もしそのまま私が受けとっていたら、あるいは牧野(巽)さんが受けとっても同じことですが、この『唐律疏議』の研究は成り立たなかったのです。そういう説を知らずに研究したために、かえって、一部手を加えたのではなくて、全面的にこれは別なものであったということを、私たちが自分たちの目でもってはっきり見きわめることができたのです。これは、先輩の説をむしろあとから知ったために、かえってこれがよかった例になります。

ところが、このギルドの研究でなぜ私が失敗したかというと、ギルドについては、日本では、根岸佶先生とか加藤繁先生、ことに加藤繁先生の研究というものが、歴史研究のうえからいうと非常な水準なものであるということを承知していたために、加藤先生の説などを非常によく読んで北京に行ったわけです。ところが加藤先生の研究は、加藤先生の研究の題にもありますように、「北京の商人会館について」というのです。そこで私は会館というものは、商人だけの会館、ギルドホールかと思ったら、それが錯覚のもとで、そのために、手工業者のギルドホールといったものの存在があるということを、私はあまり予測して北京に行かなかった。これが実に残念なので、あとで三年目に漸くそのことに気がついた。しかし今堀さんは、そのときにはすでに張家口から包頭の線の長城地帯の研究をやっていたわけです。あそこでギルドマーチャント、ジャーニーマンギルドの市場のことを、じゃんじゃん自分の研究のなかに加えてきているわけです。そして私のところへ応援にくる暇がないくらいなのです。私はそれでも、私のギルドの研究の中に、靴屋のギルドを加えることができました。これは私にとってはめっけものだったのですが、ウイットフォーゲルなどは、この問題のそばまでいっているけれども、この文書が読めないために、手工業ギルド、ことに職人ギルドの研究ができなかったのです。靴屋のギルドについては今、私の持っていています拓本のなかに立派に出ています。咸豊年間ですから、もう親方それから商人たちと職人との抗争の激しさを示していますが、けっきょくは親方・商人は彼らを官権の力を借りて圧倒してしまう。手工業ギルド、職人ギルドをたたきつぶしてしまう。しかし実質的にたたきつぶすことができたかどうかは問題ですけれども、そういうのが麗々しく靴屋のギルドの庭のなかに立っているのです。そういうものを見つけたり、それから職人ギルドのなかでも、物価騰貴ごとに賃金の改訂をやっている。そういうものの碑文が、ギルド関係のギルドホール、もしくはパトロンの廟のなかに立っているわけです。これはちょっとこの間、杉之原舜一先生の了解を得てとくに写真を撮らせていただいたのですが、お回しします。

私、最初は一生懸命になってギルドの研究をやったのですが、あとで家族法なんかの研究が忙しくなっちゃって、とうとうギルドの研究は、中途半端に終らせてしまって。あとで加藤繁先生がお亡くなりになってから、東洋文庫から研究所に送り届けてくださった文献があるのです。それは南京のギルドの研究資料として、非常に貴重なものです。これも写真に撮らせていただいたので、南京と書いてあるのは加藤先生の遺品です。北京と書いてあるのが、私が北京でもって採集した拓本です。加藤先生の研究資料は、江蘇省の石刻の碑から集録した文献(『江蘇碑刻選集』)のなかに載っています。ただこういう立派な碑文であることは、活版化した文章ではわからないでしょうから、ちょっと実物をご覧にいれます。

そういうことで私自身も、ギルドの研究をやったのだけれども、これは今堀さんにはかなわないわけです。今堀先生の『中国封建社会の機構』という大きい本が出ているのですけれども、あれは資料の三分の一くらいしか出ていないわけです。資料だけでも、今堀さんのジャーニーマンギルドの研究とか、ギルドマーチャントの研究とかは、従来の研究の水準をぬいてしまう、立派な業績だと私は思うのです。それで、もうこれ以上私のギルド研究についてはあまり深入りしません。

次に私のいちばん問題にしたいのは『中国の農村家族』という本です。みなさんにお回ししたプリントのなかにも、昭和二十七年八月に印刷したと報告してあります。これには私、非常に骨折ったのです。というのは、私は、自分の三十五年の長い経験のなかで、自分自身いわゆるスランプというものがなかったと思っています。運動選手などは、よくスランプスランプということを言いますけれども、私にはそれがなかったように思うのですが、これを書くときだけは、実にどうも筆が進まないのですね。山田三良先生はこれを書かせる督励隊と称して、山田大先生自ら本郷の図書館の研究室にいる私のところに、こつこつとやってござるのです。「仁井田君」と言って、催促に見えるのです。三べんばかり催促されたけれども、けっきょくこの報告が間に合わなくなってしまった。しかし期日に遅れて出したために、いいこともあったわけです。というのは、比較法学会理事長の末延(三次)先生のご推薦で毎日学術奨励金というものをもらうことができて、研究所の名において、これを出版することができました。研究所からは一文も金が出ておりません。今日いらっしゃる石井(和夫)さんにはだいぶご厄介になって、東京大学出版会からこれを出していただいたわけです。これを出すときには非常に骨折ったのですが、私がいままで書いた本のなかでは一番愛惜しているのです。『支那身分法史』を歴史のかなたに追いやって、これを作り上げてきたわけですからね。これは昭和十五年満鉄の中国農村慣行調査事業に、研究の上で協力するようになってご列席の川野(重任)先生もご関係ですけれども、福島(正夫)さんもご関係になったわけですが、われわれの中国の農村の慣行班のほうは、末弘(厳太郎)先生が指導者になっておられる。満鉄の側では杉之原舜一さんが指導者になっておられる。東京側では平野義太郎さんのほかに、かつて柳島のセツルメントにいた人たちが顔を出しています。しかし、これは、けっしてネポティズムでもなんでもないので、結局研究の上での方法論といったものについて、しっかりしたものをつくり上げている人たちが選ばれているのだと思うのですがね。生ける法を探究する上において、こういう人はというので、そろえたところがこういった結果になってしまったので、縁故者びいきでもなんでもないのですけれども、福島正夫さん、戒能通孝さん、私、磯田進さんなどもそれに関係する結果になりました。そういう方たちで、東京側では文献を中心にして、まず実態調査の内容とかみ合わせて、研究を達成するようにということで、満鉄側の杉之原先生、旗田(巍)先生などといっしょに仕事を進めるようになったわけです。私はここで土地の取引き慣習の上での保証制度とか、家族関係の研究、ことに文献の上での研究をするようになった。当時末弘先生の目的とした第一点というのは、自分たちの研究といったものは死滅してしまった過去の旧慣の調査をするのが目的ではない。これは福島さん、それから幼方(直吉)さんもこの問題を論ずるときに、いつでもこの問題を念頭においてお考えになっておられるわけですが、現に実効力があるところの生きた法というものを目標にするんだ、これが末弘先生の主張ですね。現に実効力ある規範である限り、それは国家の法的規律であっても除外してはならない。農村の慣行調査団というと、国家の法的規律なんかは除外すべきだというのに対して、一つの警告を出されているのだと思うのです。そうして生きている法の現実の状態といったものは、道徳とか宗教と離れられないし、迷信とさえ結合しているものだ、それら生ける規範意識を生けるままとらえることでなくてはならない。それがねらいの第一点だというわけです。

第二点は、先ほど言った福島、幼方両先生もとくに注意されているところですけれども、自分たちはかつての慣行調査のように、政府のために下働きするのではないのだ、政府の司法、立法、行政のための下請け機関でないことを非常に明確に言っておられる。純粋の学問としての生ける法をとらえることがねらいなんだ。そのことは戦後になって自己弁護したり、自らを合理化するために言われたのではなくて、当時われわれに分かち与えられたところの基本方針と同じものを、『法律時報』の昭和十八年十一月号に、すでに「法律と慣習」と題して発表されています。つまり法の窓を通して中国の民衆生活を知ろうとする欲求が、そこにあるわけですね。そこに末弘先生の不連続線的渦状、渦巻と言われる法慣習論が展開してくるわけですが、法律慣習といったものは固定不動のものではない、固定的な在来の秩序と、それに対して日に日に生成発展してやまない新しい社会形成力としての接触面で生ずる渦巻、幅広い、長さの長い渦巻をとらえることなんだ。伝統的な要素と、革新的な要素との力と力との保ち合い、または力の抗争といった点に着眼点を置かなければならない。慣習といったものは、このようにして社会のなかでたれかが作ったものであって、そこで末弘先生の言われるのには、慣習といったものはなんとなく古くからあるものじゃなくて、単純な反復、繰り返しではなくて、たれかがそこで作ったものに違いないのだというわけですね。それはボスであるかもしれないし、新しい社会勢力であるかもしれないということです。

このあいだ中国の変革期と法慣習のお話をしたところで、この点を説明していますけれども、ちょっとその点、あとで一言補なわせていただきますと、プラクネットという人の『イギリス法制史』というのを、法学部の伊藤正巳さんが翻訳しておりますけれども、それによると、二度やれば慣習になるということが出ています。ですからして古い時代からの反復をしてきたしきたりだということだけが慣習だと思ったら大間違いだ。そこのボスがこれが法であると言えば、それが法として通ってしまうような社会ですし、新しい勢力が古い勢力を打ち倒して出てくれば、そこのところに慣習なり法というものが成り立ってくるということを、承知しておかなければならないと思うのです。

それではこういうような末弘先生のねらいというものが、農村慣行調査でじゅうぶんまっとうすることができたかというと、のちのち批判のまとになります。私どもが実際慣行調査にあずかったわけではなくて、旗田（巍）さんとか、京都の同志社大学にいられる内田智雄さんあたりが中心になって、非常な苦労ののち作られたものです。これに対して、そうめちゃくちゃな批評は、私はする必要はないと思います。それからまた当時の条件といったものは、日本国内での今日行なわれているような調査とは違いまして、日本の軍事力を背景にもっていますから、末弘先生の言うような、そういう方向がまっとうできるような条件だったかどうかということも、やはり問題になるだろうと思うのです。また末弘先生が私に言われるのには、調査には、それから研究といったものには釣針が必要だというのです。法制史を勉強するためには、法制史の釣針が必要だ、法学的な研究をするのには法学的な訓練を経た釣針が必要なんだ、研究というものは、釣針なくしては、なにもつかめるものではないということを言っておられる。ところができてきたところの実態調査報告というものは、どのようにして利用することができるかというと、報告そのものが生きた慣習そのままを現わしていると言えるかどうかについては、疑問がありましても、これをとらえるについては、利用者の側の釣針が必要だと思います。それは私はこういうことと同じだと思うのです。たとえば『史記』『漢書』のような古い文献を扱うのであっても、やはり釣針がなければできない。法制史を扱うのに、法制史の釣針が必要だということと同じだというふうに、材料については私はそう考えますけれども、調査自体もやはり釣針が必要だということを、末弘先生は言っておられたわけです。

さて、私は実態調査を見まして、それから私なりの役割りを果していかなければならないわけですが、私はこれでも『支那身分法史』を書くときには、よほど思い切って構造などを考えて書いたつもりでいたわけですけれども、これではいかんということを考えるようになった。実態調査の記録などを見ますと、やはり実態調査の記録はそれだけの意味をもっているわけですね。古い文献のなかには、出てこないような問題がたくさん出てきます。そうしてむしろ古い文献をはねのけるような法意識というものを、そのなかに現わしてきている。なるほど軍事力のもとにあって、制約された条件のなかで作られたことは覚悟してかからなければならないし、調査担当者が上等の釣針をもっていたかどうかということも考えてみなければならないけれども、しかしこれを見ますというと、いままでの歴史の書き方をかえなければならなくなってしまうものがあるわけですね。

私はそこでひとつの試みをやったわけです。家父長権力の基礎という問題に対して、家族労働力の規律の点に目をつける。家父長によるところの家族労働力の支配に狙いをつけて、家族法を構成することを試みたわけです。農村の絶望的貧困のもとでは、奴隷とか家畜も買えないのはもちろんのこと、雇い人も雇えず、残されたものはただ家族労働力、自分が第一線を退いたのちに頼れるものは家族労働力です。息子も嫁も労働力として見られてしまう。女房を娶るあてのないものは他人の女房を賃借りしたり、質に取ったりまでしてその期間中に子どもを生ませる。子どもといったものは家畜の子と同じ、生理的な父親がだれであろうとかまわないわけです。家畜を現に支配しているものの子どもになってしまう。

ローマ法のなかにフルクトゥス・ナトラーリスという言葉があります。これはローマ法を継受した世界での法原理になるかもしれないのですけれども、「天然果実」と言われているものです。日本の民法にも、それの流れを引いた規定がずっと出てきておりますけれども、娶った妻というものは姦通したからといってめったやたらのことで夫が離婚したら、離婚した夫のほうで損してしまう。再び女を買うあてはないですから。それが絶望的貧困のなかで生み出されている法であるわけです。こうした点というものは、どうしてもいままで古い文献だけではあてがつかない。そこで私がいま言いました労働力の規律の点にねらいをつけて、中国の法の問題を書き改めてかかったわけです。これが『中国の農村家族』のなかのひとつの力点になるわけです。

ところで私にとっては困った問題が起るのです。矛盾があるわけです。矛盾は矛盾として出さなければならないと思うのですね。ところで家父長権力といえども、現実に絶対性、排他性、統一性をもっているということはできない。ローマ法だって家父長権力が絶対性、排他性、統一性をもっていたかということは、じゅうぶん証明ができないのじゃないだろうかと思います。高柳真三さんという、東北大学の先生に聞いてみたことがあるのですが、『日本法制史』のなかで家父長権力に絶対性、排他性、統一性といった、ローマ法的なものを予想することは、自分にはできないということを言っておられる。中国の歴史のなかでも、それはもちろん証明することはむずかしいと思います。それが革命の前夜にいたってはなおさらのことだと思うのですね。

私がここで言う矛盾の一つは家産均分主義というものの徹底さ加減です。家父長権力といえども、これを動かすことができないほどの強さをもっている。もっとも現実には家父長がでたらめな分配の仕方をした場合に、古い時代にはそれを裁判所に訴えたところで裁判所でとり上げてくれない。泣き寝入りです。そうすると法律家とか西洋流の考えかたをもった人たちは、子どもには権利がないということを言います。なるほどそのとおりですよ。しかしそれは国家の法的規律の上から言ってのことであって、社会的な現実の力に支えられた意味での、いわば一種のカッコ付きの権利までも否定することはできないと思うのです。そこの問題を提出するのが華北農村の実態調査です。ことにある農民は親父が自分のうちの家産を管理しているからといって、勝手に処分した場合には盗売だと言っているのです。これが問題になるわけです。そうしたら家父長権力と矛盾するのではないか、こういうことを言わせておくというのは、とんでもない話だというふうにお考えになる人がいられるかもしれない。東大法学部の滋賀(秀三)先生は、そんなことを言っているような実態調査は間違いだということを確信すると言われる。桑原隲蔵先生の『支那法制史研究』を見ますと、孝という道徳を基準にして、本を書いておられるわけです。たとえば桑原先生が論文を書いているあいだに、信濃の国でもって親を悪く言うようなことがおこると、そうした新聞記事を種にして、論文のなかでカンカンになって憤慨しておられるわけです。孝というものは東洋の倫理の基本的なものだ、東洋と西洋がつながらないということを言う詩人がいるけれども、イギリスの詩人でしたかキプリングがそういうことを言っているけれども、そんな馬鹿な話はない、東西文化をつなぐものは東洋の道徳の孝だということを言っておられるわけです。それほど先生のすさまじい権威主義のその論文を盾にとって、この盗売、盗売ということは嘘だ、桑原先生さえそういうことを言っているじゃないかというけれども、そんなこと言ったって現実の農民が言っていることと、桑原先生とつながらなくても、そんなことは私の知ったことじゃない。

もうひとつ私の非常に不思議にたえないのは、この実態調査のなかばかりではなく、私の法の歴史の研究のなかで言えば、男子のあいだにあっては、家産は均分なんです。ところが女子の取り分というのは非常に貧弱です。ところが十二、三世紀の中国の宋代の文献を見ますと、女子は男の半ばを受くべしという規定がある。ゲルマン法には、ある場合には、男は両手で、女は片手で家産を受け取るというのがありますが、それと同じ原理が出てくるわけですね。滋賀先生は、そういうことは成り立たないとおっしゃるわけです。なぜならば、祖先祭祀を負担するものだけが財産を受け取るんだ、そういう宗教的理念というものを、中国は古代社会からもっているんだ。しかし、そういう理念の立て方自体が私はわからないですね。現実の事態から問題を判断するのではなくて、自分の作りあげた宗教的理念から出発して問題を解いていく。それは法制史ではないですよ。宗教理念史みたいなものになっちゃうのですね。それで法制史が描かれるとは思わないです。女子分といったものについては、実は、アジア社会のなかでは、ベトナム、朝鮮などのように、男女均分主義のところがいくらでもあります。ベトナムの法律などは、驚いてしまうことには、親子のあいだも共産関係ではないわけですね。中国には親子のあいだに共産関係があるということは、中田先生が主張されているところですが、ベトナムあたりでは、夫婦のあいだの共産は成り立つけれども、親子の間の共産ということは考えられていない。そこでは遺言制度というものは、まるでローマ法的なんです。ローマ法というのは、親子の共産制ではないですから、親が自分の財産を死んだのちまで支配することができる。それが遺言制度です。それがベトナムにまで出てくる。ベトナムは共産制ではないわけですね。そういう隣り合わせで違う制度を打ち立てているわけです。中田先生の説によると、中国では家族共産制だということを言われるわけです。これに対して、滋賀先生あたりの説だと、家父長制というものを非常に強く考えられる。中国人は生来、子宝欲が強くてというような書き方をする。そういうのはどこから証明することができるのかわからない。歴史的条件を無視してしまうような説が非常に強く出てくる。私のように、具体的な問題のなかから生きる法を探るという行き方と、理念的な考え方でもってそれを解決しようとする考え方とは、真向に矛盾してしまうものだというふうに私は考えるわけです。

次に話題をかえて先にすすめますと、いわゆる封建の問題があります。この問題では、昭和二十二、三年に学士院という場所を借りて開いた、人文科学委員会でもって、貝塚(茂樹)先生と真正面からぶつかっちゃった。私は中国の、いわゆる封建といったものは、ヨーロッパで言うところの封建、フューダリズムとは違うのだ、家父長制的な支配というものを、そのなかで考えなければならない、血縁的な家父長制支配というものを考えるんだ、君臣関係というものは、事実的な支配関係だということを強く主張しているわけです。ところが貝塚先生は、それはヨーロッパの封建だと言うのです。それは私は証明不足だと思います。貝塚さんの言われるのは、中国の古代の、いわゆる封建といったものは、周時代で終った、その古い時代の封建というものは、ヨーロッパの封建と質的になんら変りないものだと言うわけですからね。加藤繁先生もそういうことを言っておられたし、和田清先生も亡くなられるまで、そういうことをおっしゃっていたらしいですが、もしそうだとしたら、いったい毛沢東の革命はどこへいっちゃうのだろうと、私は非常に心配いたします。毛沢東の封建主義との戦いなんていうのはどうなっちゃうのか、説明してくれろと言わなければならなくなる。

それから部曲の問題については、京都の宮崎(市定)先生は、中世の農奴範疇でとらえよう、しかもこれは隷農だと言うわけです。こういったものが清算されて十世紀からのちに近世が開かれる、資本主義的な体制がずっと伸びてくるんだ。そうなっちゃったら、毛沢東、いったいどこへ行ったらいいか引っ込みがつかなくなってしまう。そういう歴史的でない説というものが、日本の学界にはずいぶん行なわれているわけですが、それに対して、問題は正していかなければならない。ことに周藤先生の研究を借りてくることになるのですが、私は農奴制の進展の時期というものを、十世紀の前後におこうとする。農奴の法的地位がもっとも下降した時期といったものが、十二、三世紀の南宋以後だ。それがいちばんの底だと思います。そうして農奴が立ちあがってくるのが十六、七世紀明末清初です。そうして中国の全体の農奴解放はもっとおくれてきますけれども、しかし十六、七世紀というものが、農奴解放期の第一期に当たるんだ。今堀さんは、この時期は隷農制の成立期だと言っておりますが、とにかくそういった関係で、自分の力でもって伸びあがる農奴の歴史というものは、じゅうぶん間違いなく描く必要があるだろうと思うのですね。徹底的な農奴の解放、農奴の最終的解放の段階といったものは、今度の革命の時期にあるというふうに、私は考えます。

こういう農奴の歴史というものを、もっと緻密に言う必要がありますけれども、私の『中国法制史研究』の第三冊のなかに、なんべんも繰り返して説かれていることですし、あまり深くお話する必要はないだろうと思うのですが、ただここで革命期にさしかかるときに、いちばん肝心な法律の問題を考えておかなければならない。それは婚姻法と土地改革法だということを考えます。

婚姻法といったものは、人間解放・地主権力からの解放であると同時に家父長権力からの解放である。人間解放の問題からすると、土地改革法だけではございませんで、この婚姻法と土地解放とがあいまって進行して、新しい革命が達成できるわけです。婚姻法の研究については、一九三〇年代の革命期の婚姻法以来、幼方さんの協力を得て、研究を進めてきているわけですが、この中国の人間が、地主的勢力から、また家父長権力から解放されてくる時期、そこまでいかなければ、私の法制史研究は研究のうえでの締めくくりができないわけですね。その土地改革法および婚姻法の二つの研究ができなければ、私の法制史研究というものは達成することができない。新しい『中国法制史』(岩波全書)のなかに補遺をつけまして、土地改革法の成立と発展、それから新婚姻法の成立と発展という二つの章を、つまり村落法など全部で四章の補遺をつけたうち、二つは土地改革法と婚姻法に当てているわけです。この二つの問題を出してこないかぎり、私の法制史が完結しない。それからみなさんのご協力をいただいて、『中国法制史研究』というものは、まさに第四冊ができようとしていますけれども、それにあっても同じことが言えるわけです。

ここで、私はひとつの別の意味での締めくくりをしておきたいと思うのです。私はまだ、ひとつ重大な問題を省いているわけです。それは私が末弘先生の渦巻の理論を前から聞いていたのだけれども、ぼんやりした頭で、右から左耳の穴を抜けていってしまっただけで、じゅうぶん受け取る用意が私にできていなかったのです。戦争前から先生はそのことを言っている。もう実態調査に関係する最初のときからそのことを言っているのですが、ぼんやりした耳では、どうも素通りしてしまっていたのです。それを受け取る用意ができたのはいつかと言うと、戦争に敗けてからのちです。私の研究の転換期というのは、先ほど言いましたように、中国農村慣行調査によるところの、『中国の農村家族』などが転換期のひとつの切れ目になるということを言ったのですが、ただそれだけ言ったのではおわかりにならないと思うのです。そういうことを言うなら、人の言うことをそのまま受け取って書けば、転換期になるように見えますけれども、私は実はぼんやりしていたために、末弘先生の説をじゅうぶん受け取る地盤をもっていなかったわけです。それを受け取ることができたのは、戦争に敗けてしまってからです。いままで高くそびえていた、力強く見えていたところの、日本国家社会の権威主義が轟然と目前に響きをたてて倒れてしまう。あとから考えれば、ねこそぎ引っくり返ったのじゃなかったのですが、そのように響きをたてて倒れていったと見えるその時点で、私はひとつの大きな衝撃を受けました。戦争が敗ける真近になれば、ただごとでないことは、ぼんやりした私にもわかってきていましたが、敗戦後とくにそうした強い衝撃のなかから、私はいままでの歴史の問題を考え直すようになっていってしまった。ここで昭和二十三年、一九四八年、「東洋文化講座」が飯塚(浩二)先生の肝煎りでもって行なわれるようになる。そこで私は中国の権威主義の問題を出した。同時に東大の法学部の講義の開講の辞に、中国の権威主義の問題を出した。そうして歴史的な変遷のなかで、この問題を議するようになって来た。その権威主義がたくましい場合には、朱子学におけるように、易姓革命の原理さえ骨抜きにしてしまうのです。朱子は易姓革命というものはなるほどそのとおりだと言います。しかしタイラントを討ちうるのは、そのタイラントが桀紂のようなタイラントでなければならないというわけです。桀王とか紂王と言われるようなタイラントを討つ側は、殷の湯王とか、周の武王というような聖人でなければならないというようなことを言うわけです。そういう条件をつけてしまう。ところが歴史のうえで、桀とか紂というやつはそのとおりあらわれることはおそらくないでしょう。古典的な歴史に描かれるような湯王だの武王というものも出てきません。そうなると易姓革命というものは、まったく否定されてしまう。骨抜きになってしまう。そういう学説を打ち立てるようになってくる権威主義ですね。そういう問題をとらえて、「東洋文化講座」に臨んだ。そして、法学部の開講の辞にも述べたわけです。そしてまた道徳意識についても、私なりにひとつの観察を加えるようになる。

じつは、それは中国の問題ではないわけです。講義のときには、学生さんにはそういうことを言っています。これは中国の問題のようだけれども、けっして中国の問題ではないんだということを言って、むしろ問題は日本のなかにあるんだ。中国では革命の過程が進行していますから、それからまた革命の達成ののちにおいては、そういう問題は非常に問題の重大性というものが稀薄になってしまうわけですね。むしろ日本のなかにあるのだということを言っているわけです。そういう新しい、自分なりの歴史に対する認識が多少とも生じてきた私にとっては、末弘先生の言い分がわかってきたわけです。もう一ぺん歴史というものを考え直そうとしてくる。法律の変動というものは、法律が作り変えられるということは、力と力との対抗関係のなかにあるのだ。対抗関係というと、関(寛治)さんは、このあいだインフルエンスという問題で言われて、その関係を問いつめられたことがおありですが、私はやはり考えてみて、力の対抗といったほうが、歴史的な過程の場合、ことに中国の場合などについてはそう考えたほうがいいのではないかと思うのです。私は、農奴が自ら前進するところの経済的な地盤を確立しながら、一挙に確立することはできないですが、徐々になりとも確立しながら、主体的意識を育てつつ前進する過程のなかで、中国の革命の歴史を読みとることができるように思うようになったわけです。中国革命の歴史にとって太平天国というものは重大な事件であることはもちろんです。中国の革命の歴史は、阿片戦争だとか、太平天国以後のわずか百年の歴史ではない。私はそういうふうに考えます。農奴の歴史については、私はいくたびもこれまで執筆していますから、それ以上のことは述べませんけれども、今日は三十五年の回顧などという題をつけてしまって、米沢さんからご注意のあったとおり、ほんとうの回顧談になったら私としては大問題だと思うのです。ですから私の問題をもう一ぺん立て直す意味で、ここで私のいままでのたどった道をお話したわけです。

今日まで先輩の指導、それから友人のみなさん、わけてもこの研究所のみなさんのご協力のなかで育った私であったればこそ、この狭い視野にとざされることなく、またこの狭い研究室でのたこつぼ的な研究に終わることがなかったので、その点では、みなさんに対して深い感謝の意を表する次第です。

最後に、一つ残念なことは、半世紀以上にもわたりながら、今日なお日本と中国の関係がちっともよくなっていないということです。そのことを付け加えておきたいと思います。それでは……

（終）

六書輸

昭和三十九年、岡山大学法文学部法学科では、仁井田先生を「東洋法思想史」の非常勤講師として招へいした。そのさい私(刑事法担当の西村克彦)は、かねて疑問をいだいていた点について先生に質問する機会をえた。それは、唐律のなかの「造意者雖不行仍為首」の規定における「不行」という字句の意味と読み方についてであった。これが、刑法学者のあいだでは「行わず」と読みならわされてきているところ[(1)]、最近、東大法学部の滋賀秀三教授は「行せず」と読んでおられることを知った[(2)]。その意味は、犯罪の現場にのぞまないことであるという。それでよく意味が通ずるばかりでなく、英米法における第二級主犯の概念に類していることに、私は興味をおぼえていた[(3)]。他方、わが『新律綱領』では「行わず」と読ませている。これが律の系統のものだとすれば、どこかで変更があったにちがいない。そのへんの経緯がわかればありがたいのですが……と、大体このような趣旨の質疑であったと記憶する。実のところ、法制史学者でない私としては、先生に対し綿密な考証までおねがいするつもりでなく、かるい気持で聞いたのである。右の趣旨を手帳に書きとめられた先生は、いずれ調べてみて、わかったらお知らせしようと言われ、それが私と先生との初対面であると同時に、最後のものとなってしまった。が、お返事は約束にたがわなかった。ずっしりと重い封書をいただいたところ、その中に、お手紙というよりは論文ともいうべきものが入っていたのである。それが本稿である。題をつけるなら、「律における『行』『加功』の意味」ということにでもなろうか。その性質は、はじめ私信の形をとりつつ、先生のなき今日、もはや私の手に死蔵されるべきでない、一種の遺稿となったものと思われる。

(1) 小野清一郎『刑罰の本質について・その他』(昭和三十年・有斐閣)三三六頁。西村克彦『共犯理論と共犯立法』(昭和三十七年・法政大学出版局)一三七頁。
(2) 滋賀秀三「唐律における共犯」別冊ジュリスト・法学教室第八号・昭和三十八年。
(3) 西村克彦「東西の共犯論」法律のひろば第一四巻一二号、昭和三十九年。西村『共犯の分析』(昭和四十一年・一粒社)二三七頁以下に再掲。

西村克彦様　　一九六五年二月二十四日　　仁井田陞

『新律綱領』巻三人命律、謀殺条の第三、第四項の

若シ謀テ已ニ行フト雖モ。未タ人ヲ傷セサル。造意者ハ。徒三年。従ハ同ク行ハスト雖モ。杖一百。共造意者ハ。並ニ身行ハスト雖モ。仍《(ナ)》ホ首ト為シテ論ス。従ニシテ行ハサル者ハ。各行ヒテ。加功セサル者ニ。一等ヲ減ス。

は、次の明律および清律の刑律、人命、謀殺人条のうちの規定に相当している。(　)内は清律の註による。

若謀而已行、未曾傷人者(造意為首者)、杖一百徒三年、為役者(同謀同行)各杖一百、但同謀者(雖不同行)皆坐。

若造意者(通承已殺已傷已行三項)、身雖不行、仍為首論、従者不行、減行(而不加功)者一等。

以下このうちの「行、不行」(ゆく、ゆかず)とは何か。そしてそれと関連的に「加功、不加功」とは何かを考えてゆく。

「行、不行」の意味を明らかにするためには、「加功、不加功」とは何かまで吟味しなくてはならない。前記の明清律は沿革的には、唐律が賊盗律謀殺人[1][2]条につながることはもとよりである。しかし『唐律疏議』(唐律の官撰の註釈書)では、謀殺人条の「行」「不行」については、唐律の共謀強盗不行条の場合などと同じく、直接説明してはいない。説明しなくてもわかると思っていたのであろう。

ところで『唐律疏議』にあらわれる「行」は一義的ではない。たとえば謀殺人条の次の刦囚条を説明した疏に「竊計已行……」とあるのは、「竊計、すでに行われ……」である。明清律の謀殺人条にいう「行」については、多くの註釈書のうちに往々次のような説明をつけているものがある。

十六、七世紀の明万暦刊本であって今日一般には見られない『大明律集解附例』(東大東洋文化研究所蔵)では、「従者不行」を「不同去殺人」(ともに行って人を殺さず)、「行」を「同去」(ともに行く)といっている。そしてこの註釈書では『律解弁疑』の説に従って[3]「もし殺人(已殺)の現場に、ともに行かなかった従者は、行って殺人に協力しなかった(不加功)ものより刑を一等減ずる」。その「加功」とは「謀殺のとき自ら手を下して人を殺さなくても、相手の身をだきかかえ身近にせまり(原文は擁逼)、或はおどし、或は逃げ道を遮り、或は遠望し(原文は瞭望、見張りの意もふくむと思われる)、或は相手の行ったさきを指し示す(原文は指点去処)などをいい、ただ一言一語の協力であっても、みな加功である」といっている。自然、不加功とはこのような行為をしない意味となる。

これに対し、前者と同様の明万暦刊本の『律法全書』(仁井田蔵)では、「従者不行」を、前者と同じく「去」の字をつかって「不同去者、減行而不加功各一等」といってはいるが、その「加功」とは「下手人に対する助力である」「その場に在って(原文は在場)遠望し、大声をあげ、相手の身にせまり(原文は推逼)、おどすことは加功ではない。功という字は殺という字に照して考えねばならない」としている。これは『律解弁疑』や『大明律集解附例』のような旧説に対する批判であって、同種の批判は他の明律の註釈書にはしばしば見られる。[4]この『律法全書』の強盗条では、また「強盗已行」について「已至主家」といっている。それは「強盗が押し入ろうとする目的の家にすでに至る」という意味である。『昭代玉章』というやはり明律の註釈書でも「強盗已至主家、謂之已行」といい「不行」を「不去」といっている。中国語では、古くから今日まで「去」とは「行く」という意味につかわれている。「去」とある以上は、「行」を「おこなう」と解することは適当でない。

この『律法全書』などに見えたと同様の新説は、清康熙刊本の『大清律集解附例』(大清律輯注)にも見え、[5]往々誤字を交えながら、清末の註釈書にもうけつがれてゆく。この集解附例(輯注)によると「功とは人を殺すことである。加とは力を用いることである。手を下して人を殺し人を傷けるのを加功という。もし現場に在って(原文は在場)、みはり、おどし、相手の身近にせまり、とりかこむ(原文は逼迫、擁衛)ものは、みないわゆる不加功である。後の条例のなかで示されているように、殺人に協力して相手を殴る類は加功をもって論じ絞とする」という。同じく清康熙刊本の『読律佩觽』(以上二種ともに東大東洋文化研究所本)には、謀殺人条の註の「行」について「在場」、また「不行」について「未在場」と説明している。[6]

明律と同じく清律でも、「行」「不行」とは犯行の「場《ば》」にいるかいないかということである。これは『刑案匯覧』という清代の判決集のなかにも、謀殺の或る場合について「未同行」というのを「未在場」と記しているのと対応している。明清律でも親属相盗条に「若行強盗者」という場合のように、「行う」と読む場合がなかったとはいえないが、以上のような明清律の諸註釈によると「行く」は犯行の場に行くこと、「已に行く」はその場にすでに行っていること、「未だ行かず」はその場にまだ行っていないこと、結局「行く」「行かず」は「在場」「未在場」のことであるとしてよいと思う。[7]

ところで『新律綱領』では、明清律(前掲)の「行」「不行」にあたるところを「行フ」「行ハス」としている。それでも意味が通じるようである。しかし「従ニシテ行ハサル者ハ。各行ヒテ。加功セサル者ニ。一等ヲ減ス」となると、つじつまが合わないと思われる。「意味が通じる」と思うのは、文章全体としてみた場合は誤のようである。『律解弁疑』や『大明律集解附例』のような旧説に従って「遠望やおどし、その他一言一語」の類までを「加功」と解しても、反対に、『律法全書』や『大清律集解附例』(大清律輯注)のような新説に従って、遠望やおどしの類は「不加功」と解しても、「行」「不行」を「行う」「行わず」としては、ともにおかしなことになるようである。

日本では中国法を典範にしたといっても、独自に法律をつくって差支ないはずではあるが、『新律綱領』では、明清律の「行」「不行」つまり「去」「不去」または「在場」「不在場」を「行フ」「行ハス」と誤解したまま、条文をつくった疑があることになろう。

なお東亜同文会纂訳『大清律』(明治三七年三月、二八六頁以下、二八九頁以下など)の「行フ」「行ハス」は、ともに誤訳のようである。

(1) 私はかつて『中国法制史研究』(刑法二一四頁)、同(法と慣習六一六頁)のなかで、この条文をうっかり闘訟律と書いたことがありますが、それは賊盗律の誤。
(2) 『改定律例』第百六十条殺人の予備陰謀処罰規定は、唐律の謀殺人条、称日者以百刻条などに連絡がある。
(3) 『大明律集解附例』は「弁疑」つまり『律解弁疑』の説によっている。『律解弁疑』は甚だ稀覯書で、今、手もとにはない。東京でしらべる便宜はあるが、しらべても結論は変らないでしょう。
(4) たとえば『三台明律正宗』、『臨民宝鏡』(ともに仁井田蔵)の類である。『律例箋釈』(東大東洋文化研究所本)も、批判的なものの一つで、「相手の身をだきかかえる(原文は推擁)程度なら加功といってもよいが、遠望の程度なら加功とはいえない」といっている。
(5) 清の『読例存疑』も、明万暦十五年の条例および清道光五年に改定した条例を引用していう、「手を下し、殺害に協力して相手をなぐる(原文は助殴)程度なら加功を以て論じて絞、助勢——おそらく相手の身体に直接物理的影響を与えない程度のもの——なら加功とはしない」。

(6) 「在場」の語はすでに明の『律法全書』にも、清では『大清律集解附例』(大清律輯注)にもあらわれている。

(7) 「行」「不行」を「行ず」「行ぜず」と読む必要はないように思います。「行く」「行かず」といって「在場」「不在場」の意としておけば、大体おだやかに通じるようです。ただし共犯規定ではないが、条文の或る場合には「行う」「行わず」と読まなければならないこともあるのは、先に一言した通りです。

板垣雄三学兄机下　一九六五年九月二十五・六日　仁井田陞

東京を出発して一ヵ月たった同じ日の二十四日、東京へ帰る西嶋さんをロンドン空港に見送りました。私のような臆病な旅行とちがって、到るところ大胆に押して行かれた点に、西嶋さんらしい一面があるようです。

「パリのホテルから『何やらわからぬことをいっている日本人が〝ムッシュー羽田〟といっているので電話します』という電話がかかった。」パリ大学都市日本館館長羽田明氏は、西嶋さんにそういって、お二人で大笑されたそうです。(以上西嶋さん談)

カイロを見学できたのは、西嶋さんにおともをしたおかげですが、また大兄のお立てになった緻密なプログラムと、その実行力のおかげと思っています。東京でのきまった生活に、あまりなれっこになっている小生は、「宿かり」が宿をとられてひき出されたみたいに、到るところでとまどってきました。しかし、東京からいきなりウィーンやロンドンに向わないでよかったと思っています。その第一がカイロです。

一行のうちで、カイロに一番やきつくような印象をもったのが、あっちゃんでしょう。若いし、その上、海外遊行ははじめてですし、単なる遊覧案内とはちがった御案内をうけたわけですし、今もってカイロのことを、しょっちゅう口にし、思い浮べています。今日、西嶋さんを送ってから、ピカディリーの方に出、博物館に行く途中、本屋(地図屋)の前に来たかと思うと、さっそくとびこんで、手ずれで、よごれた一枚のカイロの地図を見つけ出して買っていました。博物館へは、私は主として、スタイン敦煌収集の文献を見にゆくのですが、彼女二人はそれには御用はなく、エジプト、ギリシア、ローマ等へ関心があるようです。この博物館では、エジプトの大きな遺物を運んで来たことに一まず驚きますが、カイロの博物館のものとは規模も質も比べものにならないようです。さすがにエジプトに遺された千古の財産の巨大さを感じます。ウィーンのステファン大寺院や宮殿などにも夜間照明の設備はありましたが、カイロのスフィンクスの光と音に見出すような史劇の展開は、カイロの後、どこにも行き会わずにしまいました。ピラミッドやスフィンクスの日没の景観も大したものでした。あっちゃんも、バーブ・フトゥーハから入ったハーン・ハリリのギルド的商工業者の街には大分興味をもったようです。中世的な門から入って、いきなり、馬糞の堆積をシャベルですくい上げ、とっくんでいる光景に出会い、鍛冶屋やら金属細工業やら皮革業やらが、ぎっしりと、たてこんだ街に入り込んだ私も、その雰囲気にはつい押されがちでした。しかしエジプトの大きなところは、単に古い文化や古い街にあるのではなくて、やはり生きた現代ですね。ナイル河の祭の花火の――誰はばかることなき――巨大なひびきにも、ナセルをモスクヴァに送り出す空港での人々のどよめきにも、古代の遺物によっかかって生きているエジプトではないものを私は感じました。

ウィーンの学会は発表者外の出席者からも、大きな支援をうけました。あっちゃんは、早稲田大学の卒業証書より、仲間で製造した早稲田大学音楽士の免状を大事にしているぐらいあって、ウィーンの音楽の街を走りまわっていました。オーストリアと対象的なのは、チェコスロバキアとハンガリーでした。チェコスロバキアには、ロンドンのビートルズ風の青年もいれば、街の一角からはジャズ音楽も聞えてきます。ハンガリーはそれほどではありません。しかし両国ともに中国に比べては大分様子がちがいます。チェコスロバキアでは、スターリンよりもフルシチョフの線を歓迎している傾向を感じます。チェコでのカール四世の史跡、共同農場の風景、ハンガリーでは古城の前にゆうゆう流れるドナウ、ジプシーの音楽、ソヴェト駐屯地など、一時の瞥見にすぎない場合もありますが、心にのこるものがあります。チェコのプラハに入ったのが、多分旧暦八月十五日にあたる夜でした。それから三夜の後でしたが、ハンガリーのバラトン湖畔の月は美事でした。ここでふとためいきが出ました。ナイルの月はどんなだろうかなどと考えながら一家三人で月影をながめました。異人さんは月など見ませんね。ウィーンでもこのロンドンでも美術館に入る機会が多いのですが、その絵があまり「人くさい」のには閉口します。たまにブリューゲルの農民の絵などに出あうと、ほうっとどこでもため息が出ます。

九月十三日に再びウィーンに出て、西嶋さんたちと別れて、十四日にロンドンに直行しました。東京で仕事や、旅の支度にくたびれていた上に、旅の食事にもなれず、大分弱っていましたが、再びウィーンに来るころから恢復し、ロンドン到着後は、うちの手料理で元気を盛り返しています。私の通ったところは、カイロでも、ウィーンでも、プラハでも、ブダペストでも、このロンドンでも、水道の水ながら、飲んでもよい水なので大助り。酒の注文をしないで水の注文ばかりしているので、ウィーンのホテルにいたとき、周囲からドクトル・ワッサーという称号までもらいました。

カイロの街では、大人も小供も、長い（黒っぽい）着物をひきづっていましたが、それにも理窟があるのでしょうね。ロンドンでは今のところ結構なところばかり案内をうけています。その結構ずくめのなかに、「へえ、これがロンドンか」と思える場面に出会います。これにもロンドンなりの理窟があるのでしょうね。そのうち口の悪い人の集りと聞くビリングスゲートの魚市場や、あまり人の行きたがらないロンドンのイースト・エンドにも出かけてみたいと思っています。そして板垣さんがロンドンに来られたときに、そのあたりの案内ができるようにしておきたいと思っています。ロンドンにおいでのときは御一報下さい。ロンドンの市街からほど遠い居所ですが、お差支なければお宿します。

夜の明けないうちから、カイロ空港でお待ちうけいただき、滞在中、何くれとなく御世話になりましたことを厚く御礼申上げます。御礼をかねて一ヵ月間の旅の所見の一端を記します。（これからまだ十一ヵ月はロンドンに滞在します。その間一寸パリなどには出かけたいと思いますが。）

一九六五年十月二十一日　　仁井田陞

幼方直吉様

前略……八月末から九月初にかけてウィーンで国際歴史学会議が開かれましたが、小生らの報告に多少ともよい結果があったとすれば、それには高橋幸八郎、村川堅太郎、二宮宏さんのような西洋史研究者を含め、日本学界の協力によったものであることはもとよりです。しかも、国際的な協力、わけても会議に出席されたラチモア教授（リーズ大学）、ローエ教授（ケンブリジ大学）、出席はされなかったが、小生らの草稿について意見批評を詳しく寄せられたフルスウェー教授（ケンブリジ大学）、報告書の英文作成についてとりわけ大いなる助力をされたトイチェット教授（ロンドン大学）、会議の当日ばかりでなく、その前後にあっても諸般の世話をされたクライナー博士（ウィーン大学、今、日本にあって農村社会の調査にあたられているはず）の協力によったものです。中国史の発表（会議）の当日、高橋、安良城諸氏のほか、モンゴル、朝鮮、および諸外国の研究者の参加を得ていましたし、われわれもモンゴル史の発表の当日には出席しました。中国史の場合の議長はチフビンスキーさん、副議長は山本達郎さん。会議の現場での有力な立役者は（モンゴル史の場合をふくめて）、磯野富士子さんであったことは特筆すべきです。外国語の不十分な日本の発表者と、日本語の不十分な外国の研究者とのつなぎの役目については、磯野富士子さんに大いに感謝したいと思います。磯野さんは終始和服姿で、常にそのにこやかな態度は、周辺になごやかな印象を与えていました。

この会議の模様について、二つの注意すべき点があります。

一つは、モンゴルおよび日本学界からは発表者をおくったが、中国および朝鮮の学界からは発表者をおくっていなかったこと。それは統一が阻まれているという国の現状を、会議の側で考慮した結果とも聞いています。

二つはシエノー教授（フランス）によって、ベトナム戦争反対決議が提議されたこと。教授の意図は達成されなかったときいています。

なお中国史関係の小生らの報告は、他の場合とともに、国際歴史学会議で印刷して、会議の前に配布されています。しかし小生らが会議の当日発表したものは、(1)報告の要約であること、(2)報告内容に補足が行なわれていること、(3)この要約補足の英文は会議の出席者に配布されていることとの三点を附記しておきます。

トイチェット教授様　　一九六五年十月二十三日　　仁井田陞

昨日は色々と御意見をお聞かせ下さいまして、まことに有りがたく存じました。先般、お手もとまで差上げました小稿のうち

第二章第二節二枚目と三枚目の「二度行えば慣習となる」は、Professor T. Plucknett の著書の原文には、"twice makes a custom" とあります。なお昨日お話し申上げましたように、以下傍点のように、小稿を御訂正お願い致します。

第五章第一節の四枚目

生産は自作農、小作人(一説を参考すると、それは奴隷化の未熟なもの)および奴隷の複合関係の上に達成されていた。

第八章第四節のはじめ

伝統的ないわゆる「共同体」の諸関係が……

第九章第一節の二枚目

同じ世代の男子には、その名として同一または……

第十一章第一節の終の少数民族地区の土地改革のところ

チベット事件の起因については、国際連合の総会の決議をはじめとして、「中国中央政府がチベット民衆の基本的人権とその特殊な文化的、宗教的生活を無視したことにある」とする説がある。

D・トイチェット様 御奥様　　一九六五年十一月十七日

仁 井 田 陞

大層冷え冷えとして参りましたが、オニールさんのお宅のセントラルヒーティングのおかげで、暖かにしております。この間アメリカでの大停電のことを知りました。御旅行中、いかがでございましたか。最初、テレビジョンを見たときは、大層、心配いたしました。

十一月はじめ、ロンドン大学からの俸給を、バークレース銀行から受取りましたので、お知らせいたします。また先週の火曜に、荷物の代理通関を、たのんでおいたLEP Transport Ltd. から、税関を通ったこと、諸経費を送るようにとの知らせがありました。まだ荷物は着きませんが、もう少しで一安心というところです。これまたお知らせいたします。お寒さの折柄、皆様の御健勝を祈上げます。

追記　東京で御覧になった勧進帳の団十郎は、胃ガンで、なくなったそうです。大層残念です。

D・トイチェット教授史席　　一九六五年十一月十七日

仁 井 田 陞

ロンドン大学での講義原稿のうちに出てくる中国の固有名詞その他を、トマスウェード式発音で対照表をつくりました。日本朝鮮ベトナムのものも少し加えてあります。ハイフォンを入れてありませんし、まちがいのところも、あろうかと存じますが、御参考までにおとどけいたします。*

なお右講義原稿に傍点の部分を御書き入れ賜らば、ありがたく存じます。

第六章の二十八枚目あたり

　地主農奴間の抗争……農奴の実力的地代闘争、いわゆる頑佃抗租の前には……

第十章の二十七枚目あたり

　「おしゃべり」とか、七つの原因(七出)が……

また第十一章の六、七枚目あたり

　「太陽はかがやく桑乾河のほとりに」は、

　「太陽は桑乾河を照らす」と改めます。

　原名は「太陽照在桑乾河上」です。

長い御旅行の後、お手数をかけて、相すみません。

＊編者註　中国固有名詞付対照表は組んで四頁に上るが、本書では割愛した。その作成については、在欧日記十一月十七日の項を参照されたい。

一九六五年十一月十七日　　仁井田陞

築島謙三様

八月廿四日羽田でお見送りいただいてから、もう何日もたってしまいました。カイロでは板垣さんの案内で、炎熱の街々、斜陽のピラミッドから、ソビエトに出発するナセルまで、見学しました。ウィーンについたらもう秋の風、九月初までウィーンの国際歴史学会議に出席し、内外の学者の応援のうちに報告を終りました。その後、歴史学会議が計画したチェコスロバキアとハンガリーの旅に出ました。両国とも、さすがに社会主義国だけあって、アメリカ資本の攻勢にまき込まれているウィーンとは、情勢がちがいます。ドナウの流れは、ウィーンでは期待した程ではなく、ブダペストのドナウの方が予想以上に雄大でしたし、ここではジプシーの音楽を何度も聞きました。

東京出発前からの過重な仕事のくたびれも、ウィーンに再び来てからは、しだいに恢復、九月十四日ロンドン到着後は平常通りになりました。ナイル、ドナウ、テムズ、どこも水に縁のある都で、水道とはいえ、生水がのめるのは幸でした。酒をあまりのまないで、水ばかりのむので、ウィーンにいたときは、ドクター・ワッサーという称号を周辺からもらっていました。ロンドンでは、のみ水も、薬も、医者も、お産もただです。高いものは、ウイスキー、たばこ、鉄道。(以上十一月五日)

御紹介いただきました野元さんには、さっそくロンドン空港までお出迎えいただき、その後の日には、三人してお宅までお招きいただくやら、いつも気をつけていただいております。野元さんは大層おだやかな、そして中々情味のある方ですね。また御一家それぞれ有りがたい方々ばかりです。

皆さんからの時折のおたよりによりますと、研究所の方も一部を残して、本郷に移転なさったそうですね。築島さんは本郷の方にお移りでしょう。もうすぐ、研究所の創立記念日ですね。

十一月五日(の夜)はガイフォークス・デーといって、こどもの花火の日でした。それは十七世紀初、イギリス国教の政策に反対して、国王以下を殺そうと謀った火薬陰謀事件に端を発するということです。街ではこどもがガイフォークスの像をぼろきれなどで作り、庭ではマロニエその他の枯葉や雑物を積み上げて火をたき、花火をあげて、はしゃいでいました。しかしガイフォークスたちは、そりにのせられて街をひきまわされ、極刑(quatering on a wheel――中国の車裂の刑)に処せられたのに、今の小供は、ガイフォークスの像を、うば車に乗せてひきまわしています。もう秋というより冬です。枯葉がどんどん落ちてゆきます。太陽は低く上っただけでもう沈んでゆきます。しかしアジサイの花(東京では梅雨期に咲く)が、たくさん咲いています。ここはロンドンの郊外で、十月ころには、リスがマロニエの実を運んだりしていたところですが、十一月になっても、まだ虫の声を聞いたことはありません。(以上十一月九日)

あまり長く書いても、野元さんの手紙の長さには、とてもかないませんし、今日あたりそろそろ、三日がかりの手紙のしめくくりをしようと思っていましたところ、羽田でとっていただいた写真をいれて、おたよりを賜り、まことにありがたく存じます。(おたよりは十一日着。)ロンドン大学の研究室はあまり使わず、附属図書館、ことに東洋関係の図書館や英国博物館の読書室で研究をつづけております。大学ではトイチェットさん、ダンさん、野元さんをはじめ、皆様から大層御親切にしていただいております。オニールさんのお宅はセントラルヒーティングで、このような暖房の設備があるため、冷えるこのごろ大助りです。十一月十三日には大ロンドンのでなくて、City of Londonの新市長がえらばれたのについて、Lord Mayor's Show を見にゆきました。寒くて寒くて、足が棒のように冷えこみました。翌日からは、ひどい寒気となり、使用量急増のため、所によっては電気もガスも十分使えず、まっくらがりの地域やエレベーターもとまった所もできたそうです。ロンドンに来てからまる二ヵ月、少しはロンドンになれて、それだけものめずらしくなくなったのは遺憾です。ウォータールーの駅で列車の窓の内と外から列車が出るまでキスして離れない二人、ウォータールーの地下鉄三〇メートルのエスカレーターをキスしたままで上ってくる男女、今では私の目にも少しはなれっこになったようです。

末筆ながら御奥様はじめ、皆々様によろしく、お願いいたします。（手紙の表書きには Mr. & Mrs. と書きました。）

菊池英夫様　　一九六五年十一月十八日（木曜）　　仁井田陞

スタイン敦煌文献を中心として、池田温さんと菊池英夫さんとに、それぞれ同文のおたよりを差上げます。鈴木俊さん田川孝三さんをはじめ、敦煌文献研究会の皆さんに、機会がありましたら、よろしくお伝え願います。

トイチェットさんの紹介で、英国博物館にガーディナーさんを訪れたのは、九月二十二日でした。同日、グリンステッドさんから、西域文書の収蔵庫内の案内をうけました。泰始などの年号のある漢晋の木簡、ウィグル文献までも、まのあたり見ることができました。

同日の午後、何はともあれ、敦煌の永徽令残巻を見ました。これに次いでは、開元戸部格残巻等です。永徽令残巻では「永徽二年閏九月十四日」の年月日や、賈敏行（删定者）の官銜などをたしかめました。官印はまごうかたなく「涼州都督府之印」でした。これらの点は疑問の余地はありません。全く古諺にいう「千学不如一見」です。四十年前、狩野博士の手録によって知った唐令を、今、手にふれ、目の前に見ることができた次第でした。しかしこの残巻には破爛損傷が多く、このような現存状態では、字を正確にうつしとることは至難の業です。かんじんの「永徽」の年号さえ、永年見のがされ、写真では、なかなか見きわめることができなかったくらいですから。

敦煌文書を大量に、手近かに調査研究する道がひらけたことは、榎一雄さんはじめ、東洋文庫関係の皆さんの大きな力によること、もとよりです。しかし最後のきめ手となると、しばしば実物に迫る必要のおこるのは、やむを得ないことでしょう。グリンステッドさんのところで、目下、敦煌文献のゼロックスをとることを、次々に実行しています。それは文献の保存のためには必要なことと思います。また普通の写真よりは、よくわかる点がありましょう。しかしそれでも、まだ問題は残ることでしょう。

開元戸部格にしても、やはり最終的には実物を見ることが必要になってきます。戸部格は、その上に跳梁をほしいままにしている墨書に妨げられて、その解読は、しばしば立往生です。しかし原物を窓明りにすかしてみれば、全く「不如一見」で、全文を読むのに、ほとんど、何のさまたげもなくなってしまいます。私の「中国法制史研究」では、読める字まで誤読しているところがありますが、これらをふくめて、あらためて報告したいと思います。ただし戸部格残巻の終から二番目の条文(景雲二年閏六月十日)の「無脚処」の下の三字は、どうよんだらよいでしょうか。原本では「早安西」か「早安西」かのようですが、それでよろしいでしょうか。御教示願います。東洋文庫の研究会のとき、池田さんは何とお読みでしたか。その条文の終から三字目は「給」の字です。御教示を得た上で、もう一度調べなおしてみます。

池田さんが研究された大暦四年手実の文字も、写真では疑問がありながら、実物では多く氷解します。紙縫の印章は一番上が「沙州都督府印」です。印の朱色が「燉煌県之印」より淡く、東洋文庫の写真では、はっきりしませんが、かつての浜田博士の所見を、ここにあらためて確認できます。丁度、十月の末に、守屋美都雄さんが博物館に見えたので、これ幸と守屋さんの所見もたしかめておきましたし、小生の下手な写真ですが、博物館の許可を得て、その印章を撮影しておきました。

十月十一日、大暦四年の手実をしらべ終ったので、ついでのことと思って、西魏の計帳(様)文書もしらべにかかりました。山本達郎さんの所見では、これには官印がないとのことでした。私もうっかり見のがしておりましたが、今度、原物を見てこれは意外、十数ヶ所の紙縫ごとに、朱色の官印が五つずつあらわれています。東洋文庫の写真でも、気をつけてみれば、これはわかるはずだったと思いました。しかしジャイルズさんも、敦煌資料第一集でも、これには言及していません。念のため、これも許可を得て、下手な写真をつくっておきました。もっとも紙縫は、切断して張り直してあるため、どこの官司の印か、わからなくなっているようです。官印がはっきりすれば、計帳がどこのものかはっきりするわけですが、その点大層残念な次第です。それでも上の二印は、下の三印より大きく、下の三印には「県印」とあるようですから、上の印はそれより上級の官印(郡印か)と思います。守屋さんの意見もききましたが、これについても、御見解がありましたら御教示下さい。しかしいずれにしても、唐前の官文書の紙縫の印としては、これが今のところ現存最古のものでしょうし、大層めずらしいように思います。因云、西涼の戸籍残巻には、官印は見当りません。

私がこれまで研究してきたスタイン敦煌文書は、奴隷解放文書以下、租田文書、離婚状に至るまで、大体調べなおしました。なお博物館では、西域の遺宝のうち、所在不明になっているものがあるようです。トルファン、アスターナ発見唐代の庸調布と租布がその一例です。もしそれらの所在が判明すれば、帰国までに一見しておきたいと存じます。又、因云、計帳(様)文書の上の二印が同じかどうか未考。

東京から発送した荷物(船便)の到着が意外におそく、折角、東京で調べておいた資料を、目下のところ、十分に利用できないのは遺憾です。

ロンドン郊外サリーにて

七　在欧日記

一九六五年九月一日　水

スラヴィック教授をウィーン大学に訪問。

クライナーさんの先生 Alexander Slawik 教授。同教授の父はオーストリアの武官、日本について深い関心をもっていた。日露戦争。その影響で自分も小さいときから日本に関心をもち、日本語の文法から学んだ。戦後ウィーンで日本人と話したことがあるが、その日本人は自分のいうことがわからず、自分もその日本人のいう日本語がわからなかった。日本には戦後一回訪問したことがある。日本語で講義することもある。

研究室と書庫等の案内をうけた。設備には新しい工夫が見られる。日本インド等アジア民族資料の原物や写真の収集が組織的に行なわれつつあった。蔵書には日本のものでは日本経済大辞典、大日本古文書、柳田国男全集など。中国については「中国農村慣行調査」全六冊、周藤吉之「中国土地制度史研究」、関野雄「中国考古学研究」、仁井田「中国法制史」(岩波初版)、「中国の農村家族」(初版)などがあった。「中国の農村家族」に何か一筆記すようにとのことなので「ウィーン大学を訪れてここにこの書を見る。九月一日」と書いた。

夜、五時からベルヴェデーレ(im oberen Belvedere)に der Bundesminister für Unterricht Dr. Theodor Piffl-Perčević の招宴。法眼(晋作)大使に会う。外国人学者が日本人に或は興味をもち話しかけてくる。六時半ころステファン大寺院(一部戦災を修復)にパイプオルガンを聞きにゆく。ミサがあって後七時から開始。バッハその他。その壮大なひびきにおどろく。

九月六日　月

チェコスロヴァキアとハンガリーの旅——一九六五——九月六日から十三日まで、第十二回国際歴史学会議計画

Prof. Wasser とか Dr. Porridge の称号をもらった Hotel Erzherzog Rainer を出発。クライナーさんに手紙を出す。ラートハウスプラッツに八時ごろゆく。バスで九時すぎ出発。英語組仏語組各一台、独語組二台、日本人は西嶋さん(定生、友人、東京大学)、山田さん(欣吾、一橋大学)と五人(妻礼子、姪田中淳《あつ》子)。車窓の左側に上原専禄さんの研究があるという教会(山田さんの話)を見ながら進む。山田さんはあかず眺めている。Korneuburg

でフィルムを買う人のため一時下車、果物屋を写真にとる。車窓から、山上にクロイツシュタインを遠望する。Horn. 山田さんの話——並木路のリンゴ、ナシはとって食べてもかまわない。しかしその場で食べることは差支えないがもって帰ってはならないという。

少し起伏した畑地がつづく。黒い森が各処にひろがっている。もみの木、一種の杉の木など。丘陵の起伏はあっても高い山はない。芦屋にあるような虎の尾も咲いている。(補、虎の尾はチェコスロヴァキアに入っても咲いていた。)

Gmünd が国境。十二時につく。パスポートのしらべや出入国の手つづきで二時間もてまどる。

立札——Achtung! Staatsgrenze!

チェコスロヴァキアに入る。

若い婦人のバスガイドがつく。

ブデジョビス(Třeboň)の街に✝のある教会あり。工業都市。工場の赤いプラカードに "Father Land Socialism" と書いてある。三時昼食。黒い森と平原は依然つづく。杉(?)の黒い森と赤い屋根と教会の尖塔との調和がいい。湖も点在。トラクター、集団農場、牧場、アザミ、牧草、燕麦、並木路の美。夕やみのうち Tábor に着く。異端のさばきをうけた Huss の記念館もある由。そこから更にバスは夜道を走る。☆の工場。ウルダバ(チェコ語)——モルダウ河——それを降るとエルベ河になる——をわたる前後のプラハの街は暗い。レストランに少しネオンがある程度(補、しかし翌日街に出て見たら案外にぎやかで商品も多く、それほど暗くはなかった)。Hotel Flora に入る。夕食後部屋に入る。(No. 432 淳子 No. 440)

九月七日　火

年かさの婦人の案内でシナゴーグ、ユダヤ教会や図書館を見る。ユダヤ教会には今度の戦争で殺された教会信者の名前がこまかく記されていた。

バスの案内人説明役が交替。プラハ大学経済学部卒の好青年。「私の名前は Mirek Kaderka と申します。miracle と似ていますから覚え易いでしょう。車中、いろいろ皆様と討論したいと思います。御諒承願います。」

プラハの大統領官邸。門口にライフル銃をもった二人の衛兵がまたたきもしないで不動の姿勢で立っている。隣はセント・バントス寺院。十世紀に創建、ロマネスク。

今のは十四世紀カロロ四世(神聖ローマ帝国)時代に修築、部分的な修築は今もってつづく。一九六二年ステンドグラスの一部をつくった。映画の撮影場面に出合う。写真をとろうとすると、そんなところからでなくもっと前に出てうつすように監督らしい人がいう。ヘボ写真なので気がひけてうしろからうつす。うまくいったかどうか。隣接の図書館はフランツ・ヨゼフ一世の時代に皇帝が蔵書の増大を行なう。河岸に出て一時下車。王宮を遠望しつつ写真。

午後、プラハ大学の角をまわって前に通った王宮の対岸に出る。大学は法、文、経など。橋のそば。

カロロ四世のつくったHard Karlstein Castle(十四世紀創建)にゆく。山上の要害。難攻不落といわれ一度も陥落したことがないという。石造り、魚の化石のついた岩もはこびあげられている。礼子、化石にさわってみる。皇后の寝室というところも何とも寒々とした感じ。十四世紀の壁画。カロロ四世の四人の皇后の像が(石膏?)壁にかけてある。次々に死んで、四人目の皇后は皇帝の死後四十年生きた。城の最上層の部屋は礼拝堂になっている。部屋に中じきりがあるが、山田氏によると身分によって中じきりの内に入れるものと外にしかいられないものがある。チェコ産の宝石(五寸四方ぐらい)をみがいて壁面をかざる。金色の天井に日月をあらわす。後世この城はPrisonに使われた。政治犯のプリズンかと聞きなおすとそうだと答えた。

Mirekさんはチェコスロヴァキアの教育制度等を車内で説明。またチェコスロヴァキアにはビートルズ風の青年もいれば、フォルクス音楽も舞踊に行なわれているという。農場ではトラクターばかりでなく牛や馬も使われている。淳子、牛と馬とが一しょに車をひいているのを見つける。「風馬牛」でも車をひっぱるのには共同はできる。城の壁内の木の椅子のところにいた猫の写真をとる。ポチ(うちの猫)と瓜二つ。

九月八日　水

Praha—Brno

午前十時半ごろまで二人でプラハの市街見物、電車にのってゆく。ここの胡瓜も、へちまと日本のきゅうりのあいのこみたいに大きい。行列をつくって野菜や果物を買っている。古風な建物を写す。それは今はレストランになっている。礼子、お金をいれて自分の目方をはかる。

陶製の人形を買う。ボヘミヤングラスを見る。注射針をもつ医者の人形、赤ちゃんをとりあげている医者の人形、コントラバスを弾いている楽人と管楽器をもった楽人たちがいる人形あり。西嶋さんと山田さんと同行した淳子は赤い長ぐつをはいた猫を買う。

プラハの街でもパーマをかけて髪を大きくした若い婦人、ショーウインドウには奢侈品もある。服装も資本主義国のものと大差はない。

十一時出発。共同作業のトラクターが見える。麦収。次期作物のためのトラクター耕作。オーストリアのように畑が小きざみになっていない。

汽車は機関車の前に赤い星☆(サッポロビールのような)をつけてはしっている。Mirek さんのスピーチ――一九五七年フルシチョフ体制による国内外の情勢の変化。生活のなかに自由解放の気分。国際的には平和共存。労働について――労働は選択できるが労働しないでいるものには説諭、二ヵ月看視。まだしないと四ヵ月看視。それでもしないと二ヵ年プリズン行き(法律の名は Law for Defence of Socialist Work)。税金について――一四〇〇クラウンまでは Free、それをこえると一〇――一八%の税がかかるようだ。全然所得税がないというのではないらしい。しかし低率。医療について――薬は医者の処方箋によって買う。代価はただ。医者の手当(診察、手術)もただ。しかし歯は金歯の類、めがねは特別の枠は自己負担。その他、外国のツーリストは社会主義国のものだけはただ。傍にいたイタリー、フィレンツェ大学のガイヨ教授は、あなたも私もただでないですネといって大笑い。バスの一行にはただのものはほとんどいない。

二時半 Jihlava で昼食。広場に面した店の前でジャズを聞くビートルズ風の青年十名近くあり、広場の鳩の集ったところで山田さんを撮影。

出発。夕陽のうちに落穂を拾う婦人三人。夕方ブルノ着。古城と古い教会の前を通りながら International Hotel という大きなホテルで一泊。

九月九日　木

南モラビアの中心ブレスラウ。化学工業、機械工業、製糖業の中心。附近の農村で農婦が集団収穫(キュウリ)の最中。下車。写真一枚をうつしたが、これが三十六枚どりの最後となって、あとはうつせなかったのは残念。ウイーンのキュウリのように馬鹿でかくなくて、日本のに似ている。大きいのを収穫してしまった後のものだけ見たのかも知れない。収穫したものは馬車にたくさんつんであった。日本の余蒔のキュウリのように土地にはっている。土地がひろいので支柱をして場所の倹約をするに及ばないのだろう。山田さんに農婦と一しょに写真をうつしてもらう。質素ではあるが民族的な色模様の衣装を野良着に着ている。

車窓の右手に採油場。モラビアとオーストリア国境の川ぞいに鉄条網。

十二時半、ブラティスラヴァ着。ここは国境の都城。城はドナウ河にのぞんだ要害。ナポレオンに焼かれ一八五〇年復旧。ここは機械工業が盛。

Devin Hotel で昼食。観光バスの親方(ダレスのような顔をした)に誘われ河の対岸の丘にのぼり、古城をふくむ都市の全景を見わたす。この丘の上は第二次大戦のソ連戦没者の墓地になっている。

ハンガリーの国境で出入国手つづきで二時間待たされる。ここで Mirek さんに別れる。Mirek さんのチェコスロヴァキアの国情説明は懇切。またこちら側の質問(あらかじめ提出)に対する答も懇切。コロンビア大学 S. B. CLOUGH 教授らの車中直接の質問も盛であった。ミレクさんの姓名と住所を手帖に記してもらう。

国境に入り給油所に止ったとき窓外にキサゲの木があり。誰かこれは日本の木だという。

九月十日　金

ブダペスト。

九月十一日　土

ブダペスト。

九月十二日　日

ブダペスト―バラトン湖。

九月十三日　月

バラトン湖―ウイーン。

九月十四日　火

ウイーン出発、ロンドン着。ダン(C. J. Dunn)、野元(菊雄、ともにロンドン大学の日本語の先生)、河合(斌人、興銀、東京の家のおとなりの方)さんの迎えをうけ、車三台つらねハンプトンコートのオニールさん(ロンドン大学の日本語の先生、在東京、家を交換する)の家へ。

九月十五日　水

九時半ダンさん迎えに見え、うちに車をおいて、うちから大学へ、また家へと道案内して下さる。五時帰宅。

九月十六日 木

三人でロンドンに出、外人登録。

九月十七日 金

とこやに行く。

九月十八日 土

時政氏(英道、トーマス・クック社)から電話。

九月十九日 日

永江さん(賢、妹の友人、三井物産)迎えに見え、ウィンザー宮、舟遊び。

九月二十日 月

淳子と時政氏を訪ね、荷物のことたのむ。

九月二十一日 火

図書館に出かけ、本借り出す(自著他)。夜、西嶋さん、山本さん(達郎、友人、東京大学)から電話。

九月二十二日 水

トテナムコートで地下鉄を降り、はじめてBritish Museum にゆく。トイチェット教授(D. C. Twitchett, ロンドン大学東洋部学部長、数年前東大東洋文化研究所で勉強なさった方)の紹介状をもって Gadiner 氏を訪問。懇切な応待をうける。「あなたのことは数々の著作で知っていましたよ」といって書名カード「仁井田」のところを手にとってみせる。また、チベット語等の研究者グリンステッド氏から Stein Ms. の所蔵庫の案内をうける。鉄扉を次から次と開き、リフトに乗り、たくさんの小部屋に入っていって Stein Ms. の現状を見る。仏典が大多数であることはもちろんであるが、それらが数点ずつ黒い箱入れになっている。巻軸も用紙も新しく今つくられたような巻物に出合う。まだ未整理の断片もある。泰始　年とある敦煌文書の漢晋の木簡等を見る。西夏やウイグルの古文書を手にとってみる。吐魯番文書には唐代の長行坊のものもある。読書室に帰って待望の律令格式からしらべる。律。格。戸部格については墨字の下の文字を一つ一つしらべる。令についても一まずしらべる。令の精査は後日に残す。閲覧票二種の手つづきをすます。

留守中、増淵(竜夫、友人、一橋大学)さんから電話。ホテルに電話したが不在、フロントにれんらくをたのむ。

九月二十三日 木

十時前三人で診療所に出かけナショナル・ヘルスの登録をする。ミュラー氏休暇でフォスター氏に会う。

ワナムさん（おとなりの方）に誘われハンプトンコート離宮へ。

夕方、西嶋さん、トイチェット、ウェイ（ロンドン大学）両氏と共に来る。西嶋さん一泊。

九月二十四日　金

午前西嶋さんを空港におくる。十二時空港から市内に向う。バッキンガム等を見る。博物館にゆき令、格、式を見る。

九月二十五日　土

午前、河合さん夫婦お迎えに見え市内を案内。ハロッズデパート、スコッチハウス、シティ、ギルドホール（鼠のある絵）、銀行街、ロンドン塔、タワーブリッジなど。午後ピカデリーまで送られて帰る。帰り大雨でハンプトンコート駅にふり込められる。アッチャン、イギリス老婦人から古新聞をもらって肩にかけて帰る。

九月二十六日　日

夕刻、永江さん来る。ブッシーパークに牛と鹿をみる。夕食をうちで共にする。昨日からカイロの板垣さん（雄三、友人、東京大学）に二日がかりで手紙をかく。

九月二十七日　月

休憩。

九月二十八日　火

ハロッズで靴を買う。午後、博物館。昼食休みのため Ms. の出納おくれる。マダムギニアールと偶然読書室で面会。来春パリ図書館に訪問予定と話す。よろこんでお待ちしますという。ただし、イースター以後二週間は休館だから気をつけるようにとのこと。職員令に永徽の年号発見、修理の紙の下にあって写真ではうつらない。若い館員から自分のは渡されず、マダムギニアールのカードを渡されて帰る。（車内で気がつく）

九月二十九日　水

三人で一まず博物館にゆき二時に玄関で落ち合う約束。マダムギニアールのカードを返す。職員令の左文字をとことんまでしらべる。職員令の九月十四日の日付は左文字の方にあり。二時、三人でインド料理をたべる。うまくなし。マイ・フェア・レディを見る。

九月三十日　木

ロンドン大学。大学でヴァンデルメールシュ氏より小生のフランス行きについて、また東洋文化研究所から来信。リッチ氏にとどけるべき山口大の雑誌うけとる。

――ドアさん――中央図書館閲覧室――メイトランドイギリス法史なし。プラクネットは 4th ed. がありそれを借用、また Fifoot を予約(切手 3 pence)――事務室の下の法律関係書庫――職員食堂――野元氏来る――コーヒー室に上る。バートレット秘書に会う。ダン、野元氏と雑談――トイチェット氏を訪ねる。不在。明刊新安八公譜フィルムをとどけて帰る。

博物館で家族法関係文書。

夜、野元さんから電話。

十月一日 金

Dr. R. Myers(オーストラリア、キャンベラ大学)から来信。

十月二日 土

野元さんを訪問。小学五日制。百題宿題をやってゆかぬとおしりをぶたれる。予防のため尻に本を入れているのがわかると、なおぶたれる。スコッチウイスキーやタバコはドイツ、フランスでは安い。

十月三日 日

永江さんと南の海岸へ。Worthing から Brighton へ。

十月四日 月

ロンドン大学図書館(東洋)で宮本さんに会い、中国法制史研究第三冊借用。大学でワインシュタインさん、路さん(ともにロンドン大学)に会う。路さんと同室(No. 359)、机上にプラクネットの本置いてくる。

博物館読書室で奴隷解放文書尼霊恵遺言状(その指節)などを見る。これがこの文書かと、三十年来の研究を想起しつつ心のおどるものがある。矢頭さん(敏也、早稲田大学)突然、博物館読書室にあらわれる。ギニアール女史も来る。博物館の喫茶室にゆく。中田先生にロゼッタストーンの絵はがきで、永徽令の「永徽」の文字の発見を報ずる。矢頭さん、永江さんから電話あり。矢頭さんとは明後日博物館であうことにする。

十月五日 火

十月六日 水

矢頭さんと十二時半博物館で出合い、博物館前のパブで昼食。矢頭さんはこの五月にこちらに来られ来年二月まで滞在の由、ロンドンのことを聞く。

十月七日 木

十月八日 金

トイチェット教授を大学に訪問。カーズン秘書によると教授は地下鉄のエスカレーターで倒れて胸に負傷。博物館にゆく。夜、野元さんに電話してト教授の状態を問い合せる。野元氏不在。ダンさんに電話できく。

十月九日　土

ひるごろ野元氏から電話。夕方ハンプトンコートのテムズ河辺散歩。

十月十日　日

永江さんの案内でポーツマス対岸の Wight 島にゆく。早朝起きて七時半にウォタルーに集る。十時ころポーツマス着。船で島に渡る。昼ごろ古城を訪れる。カリスブローク城、ロバの労力を利用したロクロ式の井戸あり。城を出てから草原で昼食。この日は島の東半部を二階建のバスでめぐる　二階建のバスに乗るのはロンドンに来てからはじめて。

十月十一日　月

朝、幼方さん(直吉、友人、中国研究所)から手紙。これまでより二十分くりあげて九時四十五分ハンプトンコート発の列車にはじめて乗る。博物館、大暦四年籍の印章をしらべる。「沙州都督府印」とあるのは明瞭。午後二時ダンさんを研究室に訪れる。不在、ブダペスト土産のテーブルかけを置いて帰る。図書館分館で山本さんの論文(計帳様)をしらべる。帰路スワン(デパート)にゆく。六時前すでに閉鎖。夜、ロンドン大学の講義原稿しらべる。

十月十二日　火

留守居、ロンドン大学の講義原稿を終日しらべる。ガス湯わかし器掃除人来る。夜、ダンさんから明日会いたい旨の電話。

十月十三日　水

午前、濃霧のためかウォタルー着が三十分以上延着。二時すぎダンさんを大学にたずねる。日本関係の諸氏(ダン、ワインシュタイン、ストロング、柳田、野元諸氏)が集っていた。はじめてダニエル教授、ストロング、柳田両講師に面会。ダニエル教授はさすがに長老の風格。日本語も大層上手。そのあとミス・スミスの室にダンさんの案内でゆく。Barclays Bank(Russell Square)に口座を開き俸給はその預金帳を通じて受けとる件。それについてはミス・スミスの紹介状をもらうことにする。また Ministry of National Insurance に insurance card を申請する件について相談、ダンさんの室に帰った後、コーヒー室でダン、柳田、野元の諸氏(後から路さん)と雑談。

十月十四日　木

午前博物館にゆきダンさんの手紙(ミス・スミスの紹介状同封)を野元さんから受領。午後ロンドン大学の図書館でフィーフットの著書を受領。そのあとでミス・スミスの紹介状をもってバークレー銀行にゆき、またMinistry of National Insurance にゆく。

十月十五日　金

ミス・スミスにバークレー銀行の口座開設とNational Insurance card の申込をした旨の報告にゆく。博物館にゆく。計帳様文書と大暦四年手実の印章の最終的調査。早大の楠本さんに会う。来週はパリに行かれる由。来週は博物館読書室を閉鎖の由。(文献の整理のため)

十月十六日　土

講義案手入れ。

十月十七日　日

クリスマスカード年賀状作成。夜、永江さん来る。東京の新聞雑誌をとどけて下さる。

十月十八日　月

クリスマスカード年賀状作成。講義案手入れ。

十月十九日　火

幼方さんへ返事と手紙、クリスマスカード年賀状発送。二十日前後に発送しないとまにあわぬ由。トコヤにゆく。(こちらにきて二度目)。講義案の手入れ、夜、あっちゃん英語勉強にゆく。

十月二十日　水

ウィンブルドンから地下鉄(といっても地上を走る)に乗って(シェファーズブッシにあるといってイーストモルズィーの写真屋が紹介状をくれた)Rank にゆく。紹介状の街の名も電話番号も間違っていたので、さんざんまごつく。シェファーズブッシの改札嬢が指して親切に教えた方角に向ってゆく。これより先、車内でいささか酔った老人に「おれが教えてやる」といって、「親切」にもついて来た人に案内されたのは、「BBC TV 劇場」だったり印刷屋だったり閉口。しかし、その印刷屋のおやじさんが道に出て指す方向に Rank の綜合ビルがあった。行って聞いてみるとここでない、あっちだという。しかし行って見てもよくわからない。別な Rank の受付できいてやっとわかった。シェファーズブッシ・マーケットの隣にカンバンも出ていないところ。そこは The

Rank Organization. アサヒペンタックスの修理を無料でひきうけている。修理は二十六日にできるという。
福島さん(正夫、友人、東京大学)へ手紙。(十九日から書きつぎ)

十月二十一日　木

夜、トイチェット教授より電話、負傷全快のよし、何より。なお守屋教授(美都雄、友人、大阪大学)があす二時訪問の由知らせあり。

十月二十二日　金

午後二時、ロンドン大学にトイチェット氏訪問。守屋氏は四時からに変ったということで、三時まで講義の準備について打合せ。トイチェット氏は今週末アメリカに行き十日位で帰国の由。その前に講義の英訳をはじめの部分を作成して、秘書のミス・カーズンにわたしてゆくとのこと。パリおよびレニングラードの敦煌文書調査計画を相談。ロンドン大学の講義はクリスマス以後(三月はじめには終る見込となったのでヴァンデルメールシュ氏にもその旨伝えるつもり)。レニングラードには五、六月ごろトイチェット氏とともに行く予定。
チベット研究の山田講師と長々と立ちばなしをする。チベット人の "refugee" の問題をきっかけとして、チベットに近頃反乱がおこったとか、パンチェンラマが死刑に処せられたとかのデマはすぐばれる(朝日十月十一日北京松野特派員十日発――日本電波ニュース社員大小島嘉一氏の写真報告最近のチベット)。ラッセルスクェアに散歩に出たら折よく守屋氏に会う。守屋氏と大学内を一寸めぐって、トイチェット氏の部屋にゆく。五時半ごろ、帰路博物館の前まで案内。トテナムコートのコーヒー店にゆき、トテナムコートの地下鉄で別れる。守屋氏の旅行計画では来週後半に再会の予定。

十月二十三日　土

ハンプトンコート離宮の庭園にゆく。このごろ連日好天。園丁しきりに手入れ。

十月二十四日　日

午前九時→五時半、永江さんの自動車運転でイングランドの巨石文化遺跡ストーンヘンジにゆく。附近のストーンサークル地帯も車上通過。曇りがちで風もつめたかったが、ときたまの夕陽に黄葉もその落葉もきれい。遺跡の途中小休憩のときホース・チェスナッツ(ウマのマロニエ)の実をひろう。永江さん、拙宅で食事。

十月二十五日　月

博物館へゆく。パリのヴァンデルメールシュ氏へ手紙を出す。パリ行きの日程(来年三月半パリへ出発、四月十日イースターごろロンドンに帰る)、ソルボンヌ大学での講演の題目「中国の農奴とその解放」を知らせる。

十月二十六日　火

トマス・クックに時政さんをたずね、荷物がまだ着かないので LEP に連絡をたのみにゆく。時政さん不在で中西さんに面会。昼、博物館、午後シティの三和銀行ロンドン支店長に東京外国部長田川さんの紹介状をもって面会。大平さんは昭和十六年東大経済卒の由。ポンドその他経済状態をきく。財界は労働党はデフレ政策をとるだろうとの懸念がありポンドが下る。ポンドに対する欧米諸国のつっかい棒。しかし英国内の産業たかまらず借金をどう返して行くかの目安がつかない。ポンド不安定。サラリーマンも労働者も十時と一、二時から三時にかけお茶の休み(仁云、日本の植木屋以上にゆうゆうとしている)。しかし、今年一ぱいは横ばい状態だろうし、帰るまではまずまず、あまり心配はないとのこと。Times ビル内四階に朝日支局訪問。支局長後藤さんに会う。竹田さんはあいにく不在、もう一人の社員は目下ローデシアに派遣。丸山、辻両教授も朝日支局に新聞を見にこられた由。ストランドから地下鉄に乗る。エスカレーターが鉄板をつないだ道になっていて、乗客は普通の道路のように歩いてゆく。

十月二十七日　水

博物館。

十月二十八日　木

博物館。一時半ごろ守屋氏と博物館で面会 Stein Ms. のうち計帳様文書や大暦四年手実紙背の印章について説明。二時すぎ、ロンドン大学図書館東洋部分館に守屋氏を案内。宮本氏に面会。三時すぎ一人帰宅。夕刻、勝田夫人運転の車で日本クラブに行く(常陸宮歓迎会)。時政さん夫妻、河合さん夫妻、お豆腐の土岐さん夫妻(ジャパンライン、夫人は本式にお豆腐を作られる)、日本クラブセクレタリー野村さん夫妻、後藤支局長、大平支店長、浅井医師らに面会、浅井さんは日本クラブから招かれて日本人医師として医療事業に従事。浅井さん曰く「こちらの医師は、人の生れるときと死ぬときの世話をやけばよい。死ぬものは死に生きるものは生きるのだから、薬を与えてだけおけばよい。その薬はどういう薬でそれをどういうわけで飲むかなど説明する必要はない。どこが痛いの何のという患者の言い分を取りたてる必要はない。患者の数は多いのだから、いちいちきいていたらやりきれない――といっている。」仁云、「それでは大人の病人の治療も、まるで小児科と同じですネ」「そうです」。さらに「牛馬の医者と同じですネ」「そうです」。しかし病気は薬だけでなおるものではなく、患者の精神的作用も大いに関係があると思う。医者も一般サラリーマンと同じく自分の時間が必要だし、日本の一部の医者のようにバカ丁ねいなことをしようとしない。もしそうなら日本の医者の場合にも、イギリスの医者の場合にも、それぞれ問題があるようである。

十月二十九日　金

博物館にゆく。守屋さんに前日借出しておいた新集天下姓望氏族譜と氏族譜断片をお見せする。守屋さんはとくに敦煌戸籍を調査。守屋さんと喫茶室で昼食。夜、永江さんからカラー写真、新聞をもらう。

十月三十日　土

十月三十一日　日

雨まじりの曇天。永江さんはあっちゃんを連れて地下鉄めぐりの予定を変更。十一時ごろ来宅。午後、野元さんと二人の息子さん来宅。日本のなっとうを日本の葱つきで下さる。夕刻まで永江、野元さんと会談。下の息子さん「さっさと帰ろう」といい出す。あっちゃん、画用紙とパステルをもってきて絵を画いたり歓待につとめる。夜、今堀さん(誠二、友人、広島大学)に手紙かく。

十一月一日　月

前夜からロンドンにはめずらしく強風。木の葉は大分ちってしまった。寒さもだんだん加わる。永江さんに教わった税務関係の役所をヴォクソールブリッジロードにたずねる。しかしそこは税務関係の役所でもなく、またすでに移転。バスでヴィクトリア駅に出、地下鉄で博物館にゆく。ヴォクソールブリッジの上では強風に吹きまくられる。テムズ河はここでは泥水。音に聞くヴィクトリア駅は古ぼけてきたないこと。紙くずも散らかり、ヴィクトリアの地下鉄の通路もまた同じ。

博物館で十王経図巻、租田文書等をみる。博物館で野元さんにあい、大学から月給の通知(明細書)が出ているとききうけとりにゆく。年額、月給額、税金額等が記されている。博物館に帰る道、附近の工事に来ていて昼休み中らしい労働者風のイギリス人から「あなた中国人ですね」といって握手され「日本人です、中国人ではありません」といったら「おお、中国はやがて全世界を支配することでしょう」といって、さらに強く握手された。

十一月二日　火

博物館でスタイン和闐発見の大暦建中(三年)借銭文書をしらべる。大暦文書はガラス板にはさんであり、建中三年文書とともに墨色があわくなっている。午後バークレーバンクで小切手帳で百五十ポンドをうけとる。

十一月三日　水

あした午前九時半からとくに読書室で、Stein's Ms. 撮影許可。前にうつすようにいわれていた部屋は暗くて、そのうえ螢光灯だったので別の部屋をたのんでいたところ、閲覧者が来ないうちに撮影することになる。守屋さんはきのうも今日も博物館に来ない。ロンドンを出発されたらしい。昨日につづき雇傭文書、牛交換文書等をしらべる。オニールさんの税金のことで税金徴収人が五時半、ヌッとあらわる。大男。

十一月四日　木

九時半博物館にゆき、十時までの間に計帳および大暦四年籍の印章などうつす。クラークの長アイゼンエッガーさんらのことも遠くから撮影。十二時すこし前、ダンさんにオニールさんの税金のこと、税務関係書類のこと(十一月一日記事参照)などを相談。十二時にカーズン女史をたずねる。トイチェット教授からは原稿あずかっていない由。きのう、きょう、ガイフォークスデーのため街で子供が寄付を集めている。二、三ペンスを渡す。子供らはガイフォークスの形をボロなどで作り、乳母車にのせてひっぱってきている。

十一月五日　金

あっちゃんを白黒の写真のほか、はじめてカラーでうつす。東京の母へ航空便。ダンさんの知恵によって六十ポンドを郵貯する(礼子)。ハンプトンコートの水辺(テムズ河)に野生のスワンや鴨をカラーでうつす。ガイフォークスデーなので子供だけでなく大人までまざって、マロニエの落葉やがさもくを集め庭でたき火。花火をあげて大さわぎ。夜空にドカドカ、ポカポカと小さな花火があがる。

十一月六日　土

あっちゃんの和服姿のカラーフィルム現象のため郵便で送る。白黒写真焼付できあがる。Stein Ms. の写真はなかば成功(ことに計帳文書について)。そのへんで買物。

十一月七日　日

夜、永江さんとうちで食事。郁ちゃん(田中郁子、礼子の妹、淳子の母)の録音をきき、また新しく録音する。録音がすんだと思って、ガイフォークスのこと(十七世紀初、イギリス国教問題にからんで国王等を火薬で謀殺せんとした事件。反逆は失敗し街をひきまわされ、中国でいう車裂凌遅の刑にあう)をしゃべっていたら、それが入ってしまった。

十一月八日　月

ブルノ等でうつした写真の現象たのむ。博物館に行かずうちで整理。夜、大使公邸にゆく。

十一月九日　火

朝、どさりと八通の手紙とどく。その中に幼方さんからの手紙(私信を歴研の月報と中研のにのせることについて承諾を求める内容)とLEP(その内容は、荷物は税関手つづきがすんだこと、輸送の経費等二十一ポンドを送るようにとのこと、また鍵をおくってきた)のがあり、すぐ小切手で二十一ポンドおくる。

博物館で職員令 No. 1880 開元格を調査。写真と計帳戸籍原物を対照する。一般図書室でエンサイクロペディアブリタニカでガイフォークスをしらべる。オリエンタルルームにもゆく。矢頭さんの置手紙(伊藤教授ロンドン来訪について)クラークからうけとる。

十一月十日　水

矢頭さんに手紙出す。ロンドン大学東洋部図書館にゆき、史林の那波博士論文(社邑につきて)、敦煌資料第一輯、アジア歴史事典、世界歴史事典(ガイフォークス)等をみる。昨秋奈良で会った劉さんに図書館で会う。大そう久しぶりでした。そこでまたグリンステッドさんとも会い、Stein's Ms. No. 3375 のかんじんの文字「永徽」などが博物館での修理の紙の下になっていて表面から見えない点などを話す。翌日の訪問を約す。職員令 No. 3375 その他目下、グリンステッド氏のところでゼロックスを作っている由。どうりで近ごろ何度も職員令(No. 3375)や雇傭文書(No. 3877)を借出そうとしても、貸出中とのことで見ることができず、十一月九日にはクラーク曰く「No. 3375 はグリンステッドさんがもって行っている」とのことだった。

十一月十一日 木

カラーフィルム郵送されてくる。ひきのばしを写真屋に依頼。写真を入れた築島さん(謙三、友人、東京大学)からの手紙がくる。二時、博物館にゆき、ミスタ・グリンステッドに面会。西域文献の収蔵庫でグリンステッド氏と共に職員令 No. 3375 をみる。「永徽」の文字はほとんど修理の紙の下にあり、あかりに透してみると water mark のように文字が見える。ただし、ただのすかしとちがい黒文字。文書そのものをどうにもしようがないようだし water mark のようなものも面白いとG氏に話した。なおこの No. 3375 等の古典史籍はゼロックスにとる由。なおG氏にたのんで、トルファン、アスターナ発見の唐代庸調布と租布(インナモストエーシア所収)の閲覧を請うた。Jiles 氏の目録にのっていない。考古資料の閲覧室(中国の資料の展覧場の隣に接続してはいるが、一般には入ることはできない)に案内され調べてもらった。しかしその存否不明。インナモストエーシアの図では研究に間にあわないかという係員の質問に答え、「とくに印章を見たいのだ」といった。再度調べてもらったが所在が明らかとならなかった。唐代の庸調布租布の実物の唯一の資料であるし、官印を明らかにする上にも貴重資料で、これが見られないのは遺憾至極。日本の正倉院の資料との比較の上からも貴重。

十一月十二日 金

十一月十三日 土

午前七時に出立用意にかかり、十時十五分テンプルにゆき Lord Mayor's Show(1965)を見物にゆく。男ばかりでなく女のおまわりさんが観衆の前に二メートルおき位にたち並ぶ。騎馬のおまわりさんの馬が糞をする度に掃除人がくる。十二時ごろから Show がはじまる。陽のあまり当らぬところで寒さがはげしい。寒さで足が棒のようになる。十二時ごろには観衆は歩道に一ぱいになる。オーストラリア、カナダ、フランス、マラヤ、ニュージランド、ジャマイカなどの果物、ぶどう酒、草花や楽隊などをのせた車のあとに軍隊のパレード。市長の金の馬車は幾頭もの白馬にひかれて通る。たてがみに赤いリボンをむすんだ四頭立ての馬車。二十枚近くカラーでとる。ピカデリーサーカスの中華料理にゆく。うまくないことおびただしい。あまり寒かったためか夜風邪ぎみ。

十一月十四日　日

寒さつよくなる。夜、永江さん来る。

十一月十五日　月

淳ちゃん風邪で学校をやすむ。寒さはげしい。

十一月十六日　火

新聞、テレビで昨日の寒さを伝えている。電気、ガスの使用量増大。需給のバランスを失し、電気は暗く、ガスの出のわるくなった地区がある。午後、氷雨。ホテル、オフィスのエレベーターもとまる。東京からの手紙でこの春歌舞伎座の勧進帳で見た団十郎死去。この四月から水道端のうちは、小日向台町に町名変更となる由を伝う。矢頭さんから「十九日夜、伊藤さんが電話かける」由れんらく。

十一月十七日　水

何日かかって、ロンドン大学の講義のなかの中国語(主として固有名詞)と、トマスウェイト式の表記の対照表をつくり、トイチェットさんにとどける。簗島さんへ手紙かく。あっちゃんの写真、博物館での写真、永江さん、ワナムさんの写真などの引きのばしたのむ。

十一月十八日　木

LEP から十日付で、八日以内に荷物をとどけるが、八日以内にとどかぬときは LEP または鉄道の駅にれんらくを請うときた。ずいぶん、ゆうゆう閑々たる輸送ぶりだ。夜、ナチドイツのポーランド人虐殺の映画(実録)を BBC 放送でみる。

十一月十九日　金

寒い日がつづく。それにパン職人のストライキが無警告でロンドンの諸地区におこる。あっちゃんの写真のひきのばしたのを二枚東京におくる。池田温(友人、北海道大学)、菊池英夫(友人、山梨大学)両氏に博物館 Stein Ms. 調査状況をしらせる(これは本書に所収)。永徽令残巻、戸部格残巻、大暦四年手実の「沙州都督府印」、計帳(様)文書の紙縫の印など。戸部格のわからぬ文字等を問合せる。アスターナ庸調布租布の所在不明を報ずる。伊藤正巳教授から夜電話。オクスフォードでの人権問題研究会を終り、あした帰られる由。出版会の「中国の農村家族」第三版(序)について、石井和夫氏にれんらくを依頼。先週金曜から、ずっと家で整理。

十一月二十日　土

池田、菊池氏に手紙発送。Mayor's Show のカラーフィルム現象できてくる。大分上出来。幼方氏に返信。私信を歴研と中研の刊行物にのせる件について承諾(本書収録)。十一月八日に書いた「中国の農村家族」の第三版序を修訂。今日は寒さゆるむ。一日中小雨。

十一月二十一日　日

逆瀬川さん(ホーム・ドクター)、オニールさんに手紙かく。午後永江さん来る(永江さんの宿のおばあさん死去、近日移転の由)。

十一月二十二日　月

正午すぎ出かける。グッジストリートの地下鉄に出たら雪(ふぶき)。

大学。バークレー銀行(£40 払出)。東洋関係図書館にゆく。大学で今堀さんの手紙と、研究所から転送の奈良文化財研究所報(口絵平城宮出土木簡)をうけとる。図書館を三時ごろ出たがそのときは雪やむ。帰路寒気つよし。あっちゃんや East Molesey の町やテムズ河などのカラー写真できた。

以上は故人がヨーロッパ旅行中、そのときどきに手近の紙に書きつけておいたものである。読みかえしてみると、普段のくせそのまま話しかけてくるような気がするので、親しかった方々にしのんでいただくよすがにもと、遺稿集を出してくださるという御厚意に甘えて、そのままのせることにした。カッコ内の人名の説明はあとから書き添えた。

　このメモは十一月二十二日で終っている。非常にこまかい字できれいに書いてあって、ちっとも手が重いような感じはうけないが、多分、このころから病気が進みはじめたらしく、その疲労のしかたは、後から考えると普通ではなかったように思う。

　あいにく、十一月は新聞によると百年ぶりという寒い日もあって、寒波と冷雨の中を、二十四日から二十九日まで、ほとんど連日、地理不案内の貨物駅に荷物を尋ねて歩いた。そしていつも疲労コンパイして帰宅した。八月七日に小石川を出した船便が不着で、その中に講義の材料、本などが入っていたため、大層気をもみ、その頃から持前の気軽さが失われ、何となく無口になっていったように思う。

　十一月三十日、待ちかねた荷物がとどき、これで何もかもよくなると喜び合い、仁井田もよかったよかったとくり返して、自分で木の箱を開け、本を一冊一冊とり出してきれいに並べたが、翌日は気分がわるく、ホームドクターに血圧を計っていただきに出かけた。ノーマルといわれたがどうも具合がわるいらしく、大儀そうで、一日中ソファで本など見ている日がつづいたが、五日、鉛筆がよくもてなくなって愕然とした。字は七日に「花」、八日に「十二月八日」と書いたのが最後であった。

　尚、この日記には「九月二十七日　休憩」とあるが、私の同日の日記には「仁井田、淳子と駅の方まで買物にゆき、ころび、頭と腰をうった由」とある。もしかしたらこれが原因で病気になったのではないかと思う。

　以下、私の日記から、六日から手術の終ったころまでを中心にぬきがきしてみた。

仁井田礼子

十二月六日　月

　昨夜一晩案じてよく眠られず。仁井田、朝、カーテンをあけて〃いいお天気〃という。久しぶりの青空。朝食後、右の腕とももがヘンだからお医者に行きたいという。なるべく早いほうがいいとのことで、すぐ野元さん(菊雄、ロンドン大学の日本語の先生)に電話して浅井先生の電話番号をうかがうと、「今日ロンドンに行く用事があるから車で送ってあげましょう」といわれ、十一時頃迎えにきて下さる。車で丁度一時間。先生は四十すぎの気さくそうな方で、日本クラブが日本人のために招いた方の由。「高血圧のため左の脳に圧迫があり、そのためこのような症状が出たと思われるが、もう少し様子をみましょう」といわれ処方を書いて下さる。帰るとき、淳子《あつこ》（田中淳子、姪、幼いときから傍にいる）がタクシーを呼びに行こうとしたら、気軽に最寄りの地下鉄駅まで送ってくださる。淳子は途中で降りて、二十四時間営業しているという薬屋にゆく。仁井田、今日は割に元気で口もよくきき、バスに乗るときも、停留所のかなり手前でうしろからくるバスに気がつき走って乗る。

十二月七日　火

今日は特別大儀そう。箸もよく使えず、夕食はスプーンをつかう。夜テレビをみているとき〝オヤ〟といって立ちあがり、手足が軽くなったといってうごかしてみる。一同大喜び。早速、鉛筆をもって字をかいてみる。「花」とかく。

十二月八日　水

昨夜せっかく軽くなった手足、今日はまたもとのよう。夜中〝ああびっくりした〟と声を出す、私が死んだと思ったら生きかえった夢をみた由。また桜の花の夢も見た由。昨日と同じようにスプーンで食事をする。幼方さん（直吉、中国研究所）からの手紙をよんで〝今日は何日？〟と新聞の日付をみて、「十二月八日」とかく。

十二月九日　木

手足は相変らず重いが、気のせいか何となく気分よさそう。朝ベッドで〝今日は研究所の移転のお祝の日〟という。この間〝あした手紙を出したら九日までにとどくから〟といってレターペーパーと封筒をまくらもとにおいておき、翌朝、手紙を書きかけたがどうしてもよくかけず、途中で措いたことがあったが、旅に病んで一層研究所をなつかしく想い出しているのではないかと心中を察する。

十二月十日　金

仁井田、サインできないため、私郵便局へお金を出しにゆく。十一月初旬、はじめて月給をもらったとき、ダンさん（ロンドン大学の日本語の先生、到着以来万事お世話下さった方）が私のサインでとれるように「一部を近所の郵便局に貯金したらどうか」といわれたが、そんなめんどうくさいことをしなくても、仁井田が旅行のときはあらかじめ出しておいてもらえばいいからといいながら、不承々々貯金したのが今役に立ち、やはり人のいうことを聞いておいてよかったと思う。何度も郵便局へ行くのはいやなので、四十ポンド（約四万円）出すことにして窓口で紙をもらって書き込む。窓口のオバさん、来週カードがゆくからそれをもってもう一度来るようにいう。帰宅して貯金帳の規定を読んだら十ポンド以内は即日出せるとあった。

今日はとくべつ手足の具合がわるくて心配。夜、あれこれ考えて眠られず、日本に帰ることを考える。淳子も〝伯父ちゃまが一日一日わるくなるので朝起きるのがこわいみたい〟という。

十二月十一日　土

朝、植谷さん（忠雄、東京大学）からアジア民族研究所蔵敦煌文書の写真とどく。一日中それを眺めて、唐律疏議と見合せたり他の本とくらべたりする。元気な時と変らず。いつか、池田さん（温、北海道大学）から手紙と吐魯番文書の写真を送ってきたときも〝体が軽くなった〟といったが、やはり学問的な刺戟があるといいらしい。

昨日、トイチェット（ロンドン大学プロフェッサー、直接私共につながる方、ケンブリッジにお住い）奥様から、のり、かんぴょう、しいたけ、味の素、茶、のりまき用すだれ等いただいたので、のりまき作る。仁井田久しぶりに晴々して沢山いただく。今日のようだと時間をかければよくなるような気がする。ちょっと安心。一進一退で、どうか退の方が大きいよう祈る。

十二月十二日　日

右の手足重く、立居のときよろめくが、散歩などするときは普通に歩く。ただし、ゆっくり。お天気はいつもわるく、たまに太陽が出るが斜めでぬるい。仁井田、そのわずかの日ざしを追って椅子をうごかして日向ぼっこをする。

十二月十三日　月

一日中、敦煌文書の写真をながめてくらす。別の敦煌文書の写真どうしても見つからず、二階に上ったり下りたりしてさがす。頭ははっきりしていて日常の応答は変らないが、本の名前を思い出せず、エート、エートといってしきりに考える。私も一緒にさがしたがとうとう見つからなかった。

十二月十四日　火

連日のことながら、朝から雲低くたれ、霧も出て、電灯はくらく、テレビもこわれ、何とも気が重くなりがちのところに、朝日支局の後藤さんから電話で、「昭和四十年度の朝日賞にきまったが受けるか」とのこと。大きなニュースに、仁井田と電話を代ろうと思って待っていただき、話すと、暫く考えてから〝いただく〟という。中国法制史研究に対してとのこと、一生の仕事を認めて下さってうれしい。今日はしっかりしていて、中田先生（薫、仁井田の先生）に私が代筆して航空便で年賀状を出すことになり、仁井田のいうとおり書く。手にとってつくづくながめ、〝文句はいいが字がわるい〟という。

十二月十五日　水

このごろ、毎朝カーテンをあけたとき地面がしっとりと濡れている。いったい太陽はどこにいったのかしら。一日中電灯をつけっぱなしで、仕事をするときは更に背の高いスタンドをつける。しかし、家の中はセントラルヒーティングであたたかく、半袖ブラウスでいられるのは何よりの救い。朝、テレビやさん来て、このテレビは買った店を聞いてそこで直すようにいう。やれやれ。すぐオニールさん（ロンドン大学の先生、在東京、家を交換して住む）に手紙を書いて聞きあわす。書類を片づけていたら「中国の農村家族」の三版の序の原稿があったので、〝これ石井さん（東大出版会）に送りましょうか〟というと、読みかえしてみて〝どうしたものだろう〟という。そして暫く考えていて〝はじめの計画のように書き足すのは大へんだから、頼む〟とのことに私お清書をする。書きながら、これが当分のお清書のしおさめかと胸がつまる。

十二月十六日　木

いつもより早く起き、十時半野元さんのお迎えで浅井先生へ。先生は「この前より症状がかたまり、右と左の神経が交叉する附近の出血か血栓で、右の運動神経が犯されている」といわれ、なるべく運動するよう、また、マッサージをするように電気マッサージ器貸して下さる。仁井田がサイン出来ないためバークレー銀行(大学の俸給がふり込まれる)への証明書をお願いする。野元さんは浅井先生に会われ、「学部長(トイチェット教授)が非常に心配して今日の結果を知らせるようにたのまれたから」と委しく聞かれる。そして、学部長が「日本の高名な学者をおあずかりして一番いい状態でお返ししたい」といわれている旨話される。

朝日支局の有馬さん、浅井先生の近所にお住いの由でここに見え、日本に送る記事(朝日賞の)のため、研究のことなどいろいろ聞かれる。まことに「禍福はあざなえる縄のごとし」の感を深くす。帰途は野元さんのお心づくしでロンドンの目ぬき通りを通って下さる。私、十月半から荷物待ちで外出できず、ロンドンはどこも知らないので、一層有りがたく思う。夜、早速マッサージをはじめる。

十二月十七日　金

終日雨。仁井田元気なし。淳子〝羽田をたってから一番いやな日〟という。

十二月十八日　土

今日も雲低く朝から夕方のよう。午前中、郵便局にきのうといたカードをもってゆき四十ポンドおろす。八日目。窓口のオバさんが向うのカードに書きいれているところを見たら、二ポンド(約二千円)、三ポンド、八ポンド、十ポンド止りで、四十ポンドなどという人は一人もいない。イギリスは、ガス、電気、電話など、三ヵ月ごとに払込むことになっているので、日本よりは現金払いが少ないため、郵便貯金の利用も少ないのかも知れないと思う。

夜、トイチェットさんから電話で「野元さんから委しい報告をきき、とても心配している、さし出がましいけど、イギリスで一番いいお医者様に精密検査をしてもらってはどうか」といわれ、仁井田と私さえよければ、月曜日さっそく手つづきをする、とのこと。さし出して下さる手にすがりつく思いでお願いする。野元さんに電話してお礼をいう。野元さんも「精密検査は賛成だが、こちらのいいお医者はナショナル・ヘルスでなくスペッシャルでお金も高く、一回、六、七ギニー(約六、七千円)、入院するとなると一晩三十ギニー(約三万円)ぐらいかかるから」といわれる。私としては飛行機に乗れたら帰国したいし、それが心配なうちは、こちらで最善の手をつくしたいと思う。とにかく悔いのない治療を願う。

十二月十九日　日

朝、郁子(田中郁子、妹、淳子の母)から手紙がくる。非常に心配して、遠方でわからないが今のところ安静が一番ではないかといってくる。そして、日本に帰れるようなら出来るだけのことはするという。夜、マッサージしながら、精密検査の話をする。いちいちウンウンとうなずいて聞く。私、思わず〃こんなとき逆瀬川先生(昭和三十四年からずうっと診ていただいている先生)がいられたら〃というと、仁井田、非常に悲しそうな顔をして深くうなずく。出来れば、一日も早く日本に帰った方が精神的にも一番いいと思う。

十二月二十日　月

お昼すぎ、大学から電話で、トイチェット、ダン、野元さん方相談して、ナショナル・ヘルスでするようにしたいからと、ホームドクターのミラー先生の電話番号を聞いてくる。夕方、ダンさんから電話で、ナショナル・ヘルスにするには家族から頼まなければならないとのことに、すぐ、淳子が診療所にゆく。都合よくミラー先生がおられ、「先程、友人という方から電話があって委細承知」といってすぐ来て下さる。ていねいに診察してくださって、「なかなか重態だからさっきのように起きていてはいけない、ベッドを離れないように」といわれる。浅井先生はなるべく運動するようにいわれ、ミラー先生はうごかないようにいわれ、とまどいする。また、電気マッサージはまだ早いといわれ、「もうすこししたらマッサージの人をよこすから、電気マッサージはしないように」とのこと。また明日くるといって帰られる。さっきのダンさんからの電話では、浅井先生の諒解を得てナショナル・ヘルスに移す手つづきのため、一日中かかりきりだった由。

十二月二十一日　火

仁井田、今日から二階の生活。ベッドを離れないようにいわれたが、椅子にこしかけて朝食。お手洗いにもゆく。ダンさんから電話で、「バークレー銀行への証明書は浅井先生では具合がわるいから、ミラー先生に頼むように」とのこと。また、トイチェット奥様から電話で、先生は心配されて昨夜はねむれなかった由。そしてスペッシャリストをたのむのは家族からいわなければならないので、私からミラー先生にお頼みするようにとのこと。その他、いろいろ注意してくださる。昨日までは淳子と二人で心配しつづけ、これでいいのかしら、と、日に日にわるくなる様子に、ああしてみたらこうしてみたらと胸をいためていたが、何となく安全地帯に移ったような感じで、幾分気がらくになる。

十二月二十二日　水

イギリスの冬至は実にくらい。朝、カーテンをあけて二人で冬至の太陽をみる。弱い光。夜、ダンさんがミラー先生の往診の時間に来て、通訳して下さる。「日本に帰れるのは最も早くて三ヵ月。六、七ヵ月で回復の見込み。麻痺は残るかも知れないが言語障害はなおる」といわれ、ホッとする。今日は口数すくなく、一日中敦煌文書の写真ばかり眺めていたが、ダンさんが見えたら病人とは思えないようなしっかりしたあいさつをする。私びっくり。淳子はだまされているのではないかという。

十二月二十三日　木

実にくらい。朝から夕方のよう。おひる前、村松さん(祐次、一橋大学)お見舞に見える。ほんのちょっとでも会いたいといわれるので、ベッドルームに入っていただく。

夕方六時、ダン御夫妻、ミラー先生、スペッシャリストのメッド先生見え、ダン奥様だけ居間で待たれ、ダンさんの通訳で診察がはじまる。検査なさりながらいろいろ聞かれる。ことにはじめて症状が出た順序と日をくわしく知り度いといわれる。また「頭を強く打ったことがなかったか」とくり返し聞かれる。すんでからお医者様方バスルームで暫く相談なさり、やがて居間にこられ、一、重態であること。二、左の脳に圧迫があるが今の検査では原因が分らない。三、入院してくわしい検査が必要、今からではクリスマスにかかるから、クリスマスが明けたら二週間入院して精密検査をうける。それまでは毎日ミラー先生が診てくださるといわれる。暫くして、トイチェット奥様から電話で「何だか胸さわぎがしたのでかけた」とのこと。今の結果をお話すると、「実は是非病院での検査が必要と思っていたのでよかった、これで安心」といわれる。また、野元さんも電話で「昨日ダニエル教授(ロンドン大学)の奥様から是非スペッシャリストに見せるようにいわれていたのでよかった」といわれ「スペッシャリストは、実に慎重で、中々判断を下さないものだから、こんども悪いから入院というのではないと思うから、どうか力を落さないように。多分、昨日のミラー先生の見通しと同じでしょう」と慰めてくださる。淳子は〝あと入院まで一週間、大切にまもりましょう〟という。また〝さっきの診察のとき、血圧のことはちっともおっしゃらず、腫瘍のことを考えていられるようだった〟という。私、とたんに脳ガン！とひらめき、体中がつめたくなる。

十二月二十四日　金

暖かい朝、でも実にくらい。入院ときまって、あれもこれもたべさせたく、幸い、胃は丈夫で食事も普通なので、淳子といろいろ考える。おやつに大好物のおしるこを羊かんからつくる。〝今まで、かつて、こんなものたべたことがない〟という。おいしかった？ときくと、声をたてて笑って、〝呆れた〟という。見たところは似ていても、およそ違った味だったらしい。

十二月二十五日　土

クリスマス。ふだんでも静かなこの辺は、今日は全く死の街のよう。うごくものは雲ばかり。車も、自転車も、子供さえ通らず。

今日は言葉もよく出て応待もまあまあだが、じっと考え込む。時々、右の手をじっと見つめて実に悲しそうな表情をする。午後、宇山公使御夫妻がお嬢様の運転で見え「何でもしてあげる」といって下さる。「お忙しい方がこんな遠方まで」と感謝すると、「クリスマスは一年に一回普段着でいられる日、気軽に来ました」といわれる。飯塚さん(浩二、東京大学)からお手紙がいった由。

夜、ミラー先生往診して下さり、「メッド先生と相談の結果、脳と神経の大家マカードル先生に精密検査をおねがいすることにした、二十九日入院の予定」と告げられ、「世界の頭脳がこのようになっていたましい」といわれる。

今日は、淳子、ケーキなどつくり、ベッドルームにローソクをともして、三人でクリスマスをすごす。きっとクリスマスがくるたびに、今日のことを思い出すことと話合う。

十二月二十六日　日

久しぶり(十一月三日以来)に一日中晴れ。朝、カーテンをあけたら、仁井田、〃ワー、スゴイ〃という。太陽の見えるところに椅子をうつし朝食、窓から眺めていると、今日もきのうのように全く静か。小鳥の声がきこえるだけ。クリスマスには人々は外出しないらしい。

今日もはっきりしていて割によく話す。

十二月二十七日　月

珍しく二日つづいて晴れ。今日も気持いいらしく、室内を歩く。一昨日、昨日につづき、今日も新聞、郵便物一切休み。淳子、街にゆき、丁度、日本のお正月のような感じという。お菓子やさんとクリーニングやさんだけ店を開けている由。

十二月二十八日　火

三日つづきの晴れ。仁井田、朝から眠く、目をあけているときはひたいに八の字をよせて考え込む。朝食後、そのうち入院する話をする。病気がわるくて行くのではなく、検査のために二週間で帰宅できるとくり返していう。しかし、非常に悲しそうに涙ぐむ。どんなに心細いことかと、私も身をきられる思い。

夕方、ミラー先生見えて「明日入院」と告げられる。ロンドンブリッジの傍のガイズホスピタルという大きな病院で、メッド先生とマカードル先生が診てくださる由。

夕食は三人でのりまきなど。仁井田にはまだ明日のことといっていないが、何となくシューンとしてしまう。

夜、ダンさんから電話で「ミラー先生から銀行への証明書はとどいたか、お金は間に合うか」と尋ねてくださる。

十二月二十九日　水

朝、カーテンをあけたら朝やけでバラ色の空。仁井田、おき上っていつまでもいつまでも眺める。朝食後、今日入院のことをいう。深くうなずく。

十一時、予定より早く救急車迎えにくる。揃えてあった一番気に入りのパジャマに自分から手を通す。やがて男の人二人来てブルーの毛布二枚ですっぽりくるみ、二十センチもあるような安全ピンでとめる。大きな赤ちゃんのよう。寝椅子で車まで運び、ベッドにねかせる。となりのワナムさんの奥さんが心配して「一緒に病院へ行ってあげようか」といわれる。車の中はベッドの枕元に制服を着た男の人、横に淳子と私、窓は緑のガラスで中は暗くしてある。サイレンはならさず普通に走る。仁井田、大きな目をあけて皆のこと代る代る見まわし、ちょっとテレたような表情。何かしゃべりたそう。丁度一時間で病院につく。入口で私共離され、やがてベッドに案内される。大きな部屋で沢山ベッドがあり、皆軽症の人らしく、起上って本をよんだり、何か書いたり、ギターひいたり、歌うたったり、明るい雰囲気。看護婦さん達も気軽に応対している。暫く傍についていたら、若い先生がこられ、「私はワレンです、七時の面会時間に再びくるように」といわれる。雨の中を街に出てゆく。六時すぎ、また病院へ。待合室にいるとダンさんが来て下さり、そこへワレン先生も見えて、一、先刻マカードル先生の診察があったこと、二、重態であること、三、ガンかも知れないこと、四、急に悪化するかもしれないこと、五、手術するときは病院を移すこと、六、今週末検査の結果がわかること、をいわれる。ひそかに？　と思ってはいたが、はっきりガンという言葉をきき、胸がつめたくなる。仁井田がかわいそう。誕生日に手術するかも知れないと思うと、何か運命という感じがする。そして、全身麻酔をかけて検査をするので、私のサインが入用といわれる。検査の段階で手術するようになるかもしれない由。お医者様が一番いい方法をしてくださると信じて、サインする。ワレン先生に連れられてダンさんと三人、仁井田のベッドにゆく。半日離れていたためか私共をなつかしそうに代る代るみつめる。すぐ七時半のベルが鳴る。他のベッドの面会人、二人三人ずつ帰りはじめる。面会時間の説明をして「またあした必ずくるから」というが、仁井田、淳子の手をにぎって離さず。

夜、トイチェットさんから電話で、「今、ダンさんから委しく聞いた、明日、大学からマカードル先生に面会にゆく」といわれる。

十二月三十日　木

五日つづきの青空、この空をみせたいと思う。何も手につかず。三時ごろダンさんから電話で、「脳外科のモズリー病院に移すからそこに面会に行くように」と、委しく道順を教えてくださる。ロンドンブリッジの南のデンマークヒルというところで、今の病院から車で十五分ぐらい、ガイズホスピタルの脳外科その他がここにある由。夜だし、はじめてなので、タクシーでゆく。多分、この入口らしい、と入ってゆくと、玄関に白衣の先生が二人立ちばなしをしておられ、一人は年配の方、もう一人は若い先生で背が高く、年配の方が〝日本人？〟と聞かれすぐ案内してくださる。個室へ入ってゆくと、仁井田赤い縞のパジャマを着てベッドにいる。私共をみて両手をさし出して強く強くにぎり、涙をこぼしてしゃくりあげる。私共も泣く。救急車で知らない病院に移され、着なれたパジャマも変えられ、異人さんばかりの中でくり返し検査され、どんなに心細い思いをしたかと、せめて救急車の中だけでもついていてあげたかったと思う。暫くして、ダンさんが見えて力づけてくださったので、やっと少し笑顔をする。今日、ここに移される前、ガイズホスピタルで、トイチェットさんが二時間も傍についていて下さった由。間もなく七時半のベルが鳴る。私、立ち去りかねていると、仁井田が〃じゃあ、さよなら〃という。想いをのこしつつダンさんに連れられて受持の先生の室へ行く。はからずも先刻案内してくださった若い方の先生で、デーヴィス先生といわれる由。ここでいろいろ質問をうける。「頭を打ったことはなかったか」と最初にきかれ、そのほかは本人のこと、家族のことなど。そして、「先程、フォークナー先生の診察があり、多分、腫瘍(ガンかも知れない)と思われる。明日、レントゲン検査をして手術ができるところだったらするが、手術できない場所だったら、なるべく早く日本に帰るように。親類や友人の方がいられるから」といわれる。あんたんとした気持で、どうか手術ができますよう、一すじの光にすがる。尚、そのときのお話で、さっきの背の低い年配の先生は、フォークナー先生といわれ、ここの一番えらい先生で、イギリスでもっとも信頼できる脳外科の先生の由。帰りはダンさんがウォタルー駅まで送ってくださる。百年も前に建ったとしか思えない、古い大きな駅の大きなベンチに腰かけて電車を待つ間、淳子、〃伯父ちゃまが可愛そう〃といって泣く。私も頭の中は走馬灯のよう。明日の検査の結果、何卒、手術が可能なよう、それのみ祈る。

十二月三十一日　金

朝からおちつかず、どうか手術ができるようにとそればかり話合う。もしかしたら、すぐ日本に帰るようになるかも知れないと、家中かたづける。淳子、シーツその他をもってクリーニングへ。淳子がクリーニング機に入れる硬貨が入用というのでお財布をあけたら、すりへった一ペニイ銅貨があったので、思わず年号をみたら、一八七七年。〃ラッキーセブン〃と本棚にあげて加護をたのむ。まことに、わらをもつかむ気持。淳子帰ってきて、ここの大みそかは静かで平日と全然変らないという。

午後三時、東京では昭和四十一年があけたころ、今ごろ、仁井田は、麻酔で何もわからない中に検査かしら、と思っていると電話。トイチェット御夫妻、代る代る電話口に出られ、グッドニュースを告げられる。「今、病院から(病院から大学、大学からケンブリッジのトイチェット家へ)電話で、脳のレントゲン検査の結果、腫瘍ではなく血のかたまりがあったことがわかったので、すぐ手術して無事終った。二ヵ月もすればすっかりよくなる」とのことに、電話口でうれし涙にくれる。夕方、野元さんが車で迎えに来て下さって病院へ。玄関でダンさんが待っておられ笑顔でニュースを伝えてくださる。デーヴィス先生にお会いすると、「脳の圧迫は、二、三ヵ月以内に外からの原因で頭の中に出血し、その血がかたまっていた為で、もう手術はすみ、手術は成功したから二週間で退院、家で五週間静養すれば元のようになる」といわれ、〃私もうれしい〃と笑顔で話される。あの症状は九十何パーセント腫瘍で、ほんのわずかの例外がある由。ダンさんに案内されて病室へ。昨日とは別の棟で、五つベッドのある大きな部屋。皆、頭にほうたいをして寝ている。とっさにはわからず〃ここです〃といわれてのぞき込むと、しっかりした顔でよく眠っている。看護婦さんが、もう麻酔がさめるころだから大声で呼ぶようにというので、代る代る呼ぶが熟睡していてさめず。看護婦さんも、〝プロフェッサー、プロフェッサー〟といって体をゆすぶってみるが、一向さめない。七時半のベルが鳴り、おこすのはあきらめて帰る。

野元さんが「今日はお目出度いから、ロンドンの目ぬき通りを通って帰りましょう」といわれ、リーゼントストリート、オクスフォードストリート、トラファルガースクェアー等、まだクリスマスのかざりを残しているところを見せてくださる。帰宅して久しぶりに晴々と東京に手紙をかいていたら、十時五十分電話。病院のデーヴィス先生からで「多分、もと出血したところからまた出血したらしい。手術が必要になったから今から手術する。多分二時間かそれ以上かかる。すんだら電話する」とのこと。喜びが一ぺんに心配に変り、二人ともシュンとして、ただ手術が無事にすむよう願いつづけて、一九六五年から六六年に移る時をすごす。午前二時半、病院から電話で「手術は無事すんだ。よくなりつつある。明日午前十一時来るように」といわれる。

一九六六年元日　土

仁井田の誕生日。また、三人にとって生れてはじめてのミゼラブルなお正月。雲低く、風うなり、寒さはげしい中を淳子と病院へ。昨日とうって変って呼吸あらく必死でいきをしているよう。鼻から酸素、足から食塩水。先生や看護婦さんたち、絶えず処置しておられる。フォークナー先生が「今の状態は少しずつよくなってきている。二、三ヵ月前に頭のてっぺんを打って内出血し、その血がかたまっていたものを昨日手術でとり出したが、そこの脳ミソが圧迫でへっこんだ空間に出血したので再手術した。よく血止めしておいた。なにぶん六十二歳なので、時間はかかるが元の通りになる」といわれる(ダンさんの通訳)。今日は土曜日なので面会時間は二時半から三時半まで。もっと傍にいたかったが帰る。ダンさんが駅まで送ってくださる。御自分の家とは反対の方向の由。淳子も私もすっかり無口になり、ただ再度の出血がないよう時折り話し合う。

一月二日　日

朝、八時半、病院から電話で、「今朝六時半、また昨日と同じ場所から出血したので、今フォークナー先生を迎えにいっている。間もなく手術する」とのこと。昨日から、もしや血が止まらないのではないかと一晩心配しつづけたが、また出血ときき、目の前がくらくなる。すぐ病院へ。病室にゆくと仁井田のベッドがない。ベッドごとうごかして手術室に行っているとのこと。待合室で「ラッキーセブン」の銅貨をにぎりしめて案じていると、十一時十五分、フォークナー先生が来てくださり、明るい顔で「手術はうまくいった。よくなるべきである。もう十分ぐらいしたら、ベッドがここを通るからみてごらん」といわれる。先生のお顔をみたとたん、暗い気持は消え、大丈夫と思う。暫くして手術室の方からベッドが出てくる。のぞき込むと割にしっかりした顔でねむっている。そんなに悪いとは思えない。ベッドについて室にゆく。看護婦さんたちが血圧を計ったり体温をはかったり、五分とおかずする。ダンさん、面会時間に来てくださり、今朝の手術をご存知なかったので驚かれる。先生方が見えないので婦長さんに聞いてくださったら「ただ祈るのみ」という。あらいいきづかいでねむりつづける仁井田にうしろ髪をひかれる思いで帰る。ダンさん、駅まで送ってくださる。生憎、電車が出たあとで、三十分待つ間大きなベンチに腰かけ、淳子も私も無言で思いにふける。鳩がよってきたのでハンドバックにあったクラッカーをちぎって撒く。二十羽以上も集ってきて、一羽は私の手にとまってついばむ。平和の使に〝どうか仁井田をたすけて〟とたのむ。夜、トイチェットさんから電話で、「明日、フォークナー先生に会い委しく聞いて伝える」といって下さる。また、野元さんも電話で「夜中でも病院までお連れするから遠慮なく電話下さい」といって下さる。皆様のおこころづかいに感謝。

一月三日　月

淳子、早起きして病院へ。私、九時にトイチェットさんが連絡して下さるということで待っていると電話がかかり、「また出血したので今日手術をする。四回目の手術も可能」と伝えて下さる。やっぱり血が止まらなかったのかしら、とロシアの皇室の話など思い出しあんたんとした気持で病院へ。間もなくフォークナー先生が待合室へこられ「また出血した。何で出血したかわからないので、他の病院から血液学のデヴィットソン先生に来ていただいてしらべたが理由はわからない。もしかしたら、仁井田の血にかたまりにくい性質があるのかも知れないので、そういう場合、特別の血(新しい血)を輸血したら出血が止まることがあるから、それを輸血して、その結果をみてから手術する」と説明してくださる。四時すぎから手術がはじまり二時間位でおわる。七時、ベッドが待合室の前を通り自分の場所に運ばれて行くとき顔をのぞき込むと、こんこんとして眠り、四度も手術をした人のようには見えない。フォークナー先生がまた来てくださり、手術は成功したこと。今のところ出血は止まっていること。頭蓋骨と脳髄をつつんでいる膜との間に、ジワリジワリと出てくる血をとったこと。脳の中には手をつけていないからもとのようになること。二回目と三回目の手術は一番はじめ手術した場所から出血したこと。今回は前回とちがい頭蓋骨と膜との間に出血したこと。こういう例は前にもあってくださる。ダンさんが傍で通訳してくださるとはいえ、私どもにもわからせるよう、淳子と私の目を代る代るみつめながらゆっくりと話してくださる。出血が止まって何よりと有りがたく思う。フォークナー先生は人間的にあたたかい感じのする方で、ダンさんのおられないときなど、言葉のわからない私共にゆっくりとやさしい言葉で話しかけてくださり、また今日は婦長さんにいって昼食を出して下さったり、帰り道は大丈夫かと注意してくださったり、不安で一ぱいの私の胸は、その度に、この先生がついていて下さるから大丈夫と、かぎりない信頼を覚える。また、ダンさんもおひると夕方と二回も来てくださり、おかげでとても心強く、感謝する。今日は一日中待合室に坐り、ハラハラしながら手術を待っていたので、もう帰る元気もなく、明日までここに泊めてほしいくらい。「今のところ出血していない」とのことに、気をとりなおして帰る。淳子、帰りの電車の中で、ポツンと「病院には足を向けて寝られない」という。

一月四日　火

昨夜よくねむられず早起きして病院へ。面会時間でないけどちょっとのぞくと無事でよく眠っている。呼吸も静か、リンゲルも見当らない。看護婦さんは昨日と同様という。デーヴィス先生が見え「大体同じだがリツルベスト」といわれ、両手の中指を人指《さし》指にかけて目の辺りまであげ、「クロス・フィンガーズ」といわれる。何かおまじないらしい。おや、科学者の先生が、と、ちょっととまどいする。「リツルベスト」にすがって一日中待合室のソファに坐り、どうか、いのちの灯よ消えないで、しっかりがんばって、と願いつづける。数えてみると、最初の手術から十時間目で二回目の手術、それから三十四時間目で三度目の手術、それから三十時間目で四度目と手術をくり返し、意識がないから苦しいことはないとはいえ、心臓は大丈夫か、血圧は、と無事を願いつづける。七時になるのを待ちかねてベッドに行ってみると、こんこんとして眠り、顔も手もむくんでいる。看護婦さんは「この一時間ばかり少しよくなった」というが心配。ここは手術後すぐ運ばれてくる室で、看護婦さん達が二十四時間ついていて、となりの婦長室からは大きなガラス窓を通して絶えず注意されているので、心の中で皆さんに頼んで、ダンさんに送られて帰る。帰宅後、今朝デーヴィス先生のおっしゃったcross one's fingersを、淳子が英語の辞書でひいたら、災難よけのおまじないとあった。

一月五日　水

昨夜何事もなく明け、ホッとする。水曜日の面会時間は二時半から。その時間に野元さんが車で連れて行って下さるというので、九時すぎ病院に電話で聞くと「リツルベター」という返事、少し落ちつく。ミラー先生見え、銀行の支店長あての手紙を渡してくださり「これをもって行けば多分大丈夫でしょう」といわれる。一時に野元さんが迎えに来てくださって病院へ、車で一時間あまり。病室へ行くと昨日よりはいい顔をして眠っている。やっと、こっちの人になったという感じ。まだ、麻酔から醒めず、ただ眠りつづけている。看護婦さんがなるべくおこすようにいうので大きな声で呼ぶが、まぶたを動かしたり、のびをしたりするだけ。耳はきこえるらしい。どうか早くさめるように祈る。「帰りミラー先生の証明書をもって銀行に行く予定」と野元さんに話したら「銀行はなかなかめんどうだから、二人で行くよりはダンさんについていってもらった方がいい」といわれるので、大学に電話する。ダンさん留守でトイチェットさんが電話口に出られ「今日はもう遅いから明日一緒に行ってあげましょう」といわれる。まっすぐ野元さんの車で家に帰る。うちから病院まで電車だと往復三時間半から四時間かかるので、今日は疲れている折とて、一層有りがたく思う。夜、トイチェットさんから電話で（毎日朝と夜の九時に病院と電話で連絡されている由）「仁井田が時々目をあけるようになった」と伝えてくださる。ダンさんは水曜日の面会時間が昼のことを御存知なく、夜病院へいらした由。

一月六日　木

十一時二十分、淳子とトイチェットさんの研究室へゆく。ハンプトンコートの家からはずい分遠い。十二月二日、仁井田が一人でロンドン大学へ行ったけど、あの時はもうだいぶん弱っていたので、一時間半以上のこの道はさぞつらかったことと思う。トイチェットさんは「二時半にバークレー銀行の支店長さんと会う約束だから、その前に、遅くなったけどお正月をしましょう」といわれ、中華料理に連れて行ってくださる。久しぶりでゆっくり御馳走をいただく。そのとき「昨夜の病院との電話では容体はよくなりかけているし、病院はロンドンの三大病院の一つだし、先生はイギリスの脳外科では屈指の方だし、安心していい」といわれ、何でも心配事はすぐいうようにいってくださる。それから銀行にゆき、支店長室でミラー先生の手紙を渡し、トイチェットさんと私のサインで百ポンドおろす。支店長さんは「ずい分きびしいと思うかも知れないが、イギリスの法律がこのようにきめられているので」と、私だけのサインでおろせない事情を説明され、仁井田の病気のことを案じてくださる。この銀行は窓口に老人の行員さんがいて、かえって支店長さんの方が若い。

トイチェットさんと別れ病院へ。途中、淳子〝今日のようないいお天気に伯父ちゃまがわるくなる筈はない〟という。病院へつき淳子だけちょっとベッドに見に行って〝まるでひるねをしているようヨ〟という。おだやかに眠っているらしい。待合室にいるとフォークナー先生が見え「インプルーヴィング・スローリー」といわれ、デーヴィス先生は「ほとんど変らないがどちらかといえば少しずつ上向きになりつつある」といわれる。七時になるのを待ちかねて病室へ。フト見ると輸血をしている。びっくりしてきくと容体は変らないが輸血が必要なので、といわれ胸をなでおろす。おだやかに眠っていて、ヒゲも手術の翌日から毎日そってあるので、そんなに大病人みたいには見えない。しかし、麻酔はまださめず、淳子が〝おじちゃま！〟と呼ぶと僅かに反応あり、また手を握ると握り返す。ダンさん、例のように来て下さり「よくなった」と喜んでくださる。夜、トイチェットさんから電話で「シーツをつかんだ」と伝えて下さる。

一月七日　金

日本から朝日賞の祝電、数通いただく。仁井田が幽明の境をさまよっていた頃、日本では朝日賞の発表があり、多くの方々が喜んで下さったことを思い、ほんとうに病気にさえならなければ、と昨今の病状を悲しく思う。そして、ほんのちょっとでもこの祝電がわかればと、とにかくハンドバックにいれて病院へもってゆく。昨日までは心配で待合室につめていたが、今日は面会時間につくよう二時間前にうちを出る。昼だと一時間半でつくが、あいにくラッシュアワーにかかるので。病室に入ると驚いたことに、頭のほうたいがとれている。外科は早いものと感心する。しかし、まだ意識は回復せず、ただ、スヤスヤと眠っている。先生がサーフェスといわれるのは、意識が次第にさめかけて来ているということらしい。ダンさんは今日も来てくださり「これで毎日のお見舞は一応打切りにして、明日からは一日おきにしましょう、もう先生とも看護婦さんとも顔なじみになったから、自分で聞けるでしょう」といわれる。十二月二十日、ロンドン大学で手をさしのべてくださって以来、ほとんど毎日お世話になり、入院してからは毎日、手術の日には二回も来てくださったこと、何ともお礼の言葉もなく、きっと、一生、想い出しては感謝することと思う。

仁井田の病状も一応おちついたので、先生方や看護婦さんのお礼をどういうふうにしたらよいか、ダンさんに伺うと、「品物をあげるより日本語でよいから自分で手紙をかくのが一番いい、看護婦さんには時々チョコレートをあげるといい」とのこと。そして先生のお名前と住所を私の手帳に書いて下さる。ミスタ・フォークナー（MR. MURRY A. FALCONER）と書かれ、「イギリスでは外科のお医者さまはミスタ何々と呼び、内科はドクター何々という。そして、ドクターはほんとうのドクターではないと外科の先生方はいう。それは、一種の気どりで、エリート意識の裏がえしでしょう」と話してくださる。

一月八日―十五日

フォークナー先生は、四回とも手術は成功したから時間はかかるが元のようになるとくり返しいわれるし、私共もそれを信じて、今日こそは、今日こそはと期待して病院へ行くが、意識の回復はなかなかゆっくりで、声をかけても目がさめないときも度々あり、また、日によってはうなずいたり、手をさし出したりするときもあり、十五日にダンさんと矢頭さんが見えたときには、ちょっと笑うような表情をして自分から握手をする。

一月十六日　日

珍しく雪がふる。今日は昼間の面会のせいか、いつになくはっきりしていて、ほんとうにさめる一歩手前の感じ。明日、東京で朝日賞の授賞式があることを話すと、私の目をじっとみつめて深くうなずく。四、五日前に届いた朝日新聞をみせると、元気なときと同じ動作で見る。婦長さんから石母田さん（正、法政大学）の名刺を渡される。午前中見舞にきてくださった由。そのとき仁井田は椅子に腰かけていたが、二時間も傍におられた石母田さんを識別できなかったらしい様子に〝茫然としています〟と裏に書いてある。午後こんなにはっきりしたのは、石母田さんを見てそれが刺戟になったからではないかと思う。

一月十七日―二十三日

昨日はっきりしていたから今日はもっと、と期待して行くと、眠くて眠くて眼があかないといったような日もあり、なかなか順調にはいかない。二十一日にはこの寒いのに窓をあけ、上にかけるものもシーツ一枚で、しかも扇風機がまわしてあるので驚いて聞くと、熱が四十度近いという。こんなことをして大丈夫かしら？　と大層心配したが、信じましょう、信じましょうと心を残しつつ帰り、翌日行ってみると熱が下っていて割にはっきりしている。私は、いままで、熱のあるときは、すき間風をふせいで室をあたため、ふとんをたくさんかけてあたたかくしたが、こんな方法もあるのかとおどろく。今は日本でもこうするのかも知れないと思う。二十三日に石母田さんが見えて、〃一週間前と全然ちがいますヨ、ずっといい〃といわれる。

一月二十四日　月

このごろ、ものをいおうとしてしきりに口をうごかすが声にならない、先生も日本語で話しかけて返事をさせるように度々いわれるが……。夕方、家にホームドクターのミラー先生が見えて「生きているだけでもうれしい」といわれる。

一月二十五日　火

看護婦さんから、もう口から飲めるようになったから、日本語で飲むようにいってと、すいのみに入れたミルクを渡される。思いがけないことで、とたんにうれしくなる。淳子と一生懸命のませる。「やっと口から栄養が入った」と、帰り途、二人とも何となくはしゃぐ。

一月二十六日　水

昼間の面会のせいか、今日はベッドの傍のソファにこしかけている。意識が恢復しないうちから椅子にこしかけさせてもらっていると聞いてはいたが、見るのははじめて。ガウン着て、上靴はいて、眼がねかけて、額に八の字をよせて室の中を見まわしている。寝ているときはそんなにも思わなかったが、痩せて目ばかり大きく、手足はガンジーのよう。今日もはっきりしていて、日本からの手紙を自分で見たり私が読んだりする。よくここまで恢復したものとうれしくなる。

一月二十七日　木

今日は特によく、私共が行くとうなずいて笑顔をする。デーヴィス先生が見え「明日午前中レントゲン検査をするから仁井田にその旨伝えて」といわれる。今までしたかったけれど出来なかった由。そのとき場合によっては再手術するかもしれないといわれる。せっかく笑顔をみせるまでになったのに、また、全身麻酔をかけるのかとがっかり。ほんとうに可愛そう。何卒、手術をしないですむよう、それのみ願う。

一月二十八日　金

朝から案じくらして夜七時病院へ。麻酔のためかぐっすり眠っている。頭にほうたいがないのでホッとする。先生は「検査の結果、へこんでいた脳がほとんどもとに戻っていた」といわれる。ほんとうによかったと喜ぶ。夜、トイチェットさんから電話で「フォークナー先生に委しくおききした、再手術の必要がなくてよかった」と喜んで下さる。

一月二十九日 土

暖かくまるで春のよう。入院したのは先月の今日、ほんとうに大へんな一と月だった。仁井田、今日も熟睡していてさめず。帰るころダンさんが見え、例のはっきりした声で〝ダンです〟といわれると眼をあけてうなずく。私共だと声は聞えていてもそれだけの気力がないらしい。

一月三十日—二月五日

例年より十度暖かい由。昨日までの武装を解いて薄いコートにヒールの靴で病院へ。ロンドンは十一月はすごい寒さだったが、十二月から普通になり、それでも厚いオーバーとブーツでなければ外出できなかった。病院への往復も、時には帽子に霜がふるのではないかと思ったり、歩くときも急ぎ足でせっせと歩かないと堪えがたかったが、一月半から急に暖かになり、このごろは東京の三月はじめのよう。

この週は麻酔がさめきらず、日によっては割にはっきりしているときもあるが、ねむくてねむくて目があかないといった日もあり、私共も寝顔だけ見て帰る日もあり、はやく一月二十六、七日の線にもどるよう願う。

去る一月十日、勝田直子さんが見えたとき、ふと「夜の面会のときは同じ時間に帰宅する」と何気なくお話したことから、翌日から私共がハンプトンコートの駅に下車する八時四十五分には、いつも、ただの一回もぬけず車のドアをあけて御主人が待っておられ、家まで送って下さったが、今日で最後。明四日には東京の本社に御栄転の為、親子五人で帰国される。ただ、日本人として家に一番近いというだけで、こんなに親切にしていただき、何とも感謝の言葉もない。寒い最中、こんなに助けていただいたこと、いつ迄もいつ迄も想い出すことと思う。勝田さんは家からは車で十五分ぐらい離れたところに住まわれ、御主人勝田忠秀さんは三菱商事の方でロンドンには五年おられ、奥様は私と同窓、ただし二十近くお若い。

二月六日—十二日

この週は熱を出したりしてはかばかしくない。ダン奥様が婦長さんに聞いて下さったところでは、何ではかばかしくないかはフォークナー先生にもおわかりにならない由で、今は栄養を沢山飲ませているという。それはコンプランという、一見、ミルクに似たもの(味はちがう)を150 ccと水100 ccずつを、一日に十二回二時間おきにチューブから胃にいれる。薬があるときはそれも一緒に。点滴ではないので一回二、三分位ですむ。これがいのちの綱で、口からはまだほとんど飲まない。コンプランは、「コーヒー茶碗に一日三杯で栄養は十分」とテレビで広告している。

デーヴィス先生は、仁井田が日本語で返事をしたから、もっとしゃべらせるようにいわれるが、私共が話しかけ、何か、返事を期待しても、耳は聞えるがものをいうのは大儀でごめんという感じで〝ウン、ウン〟と返事はするがものはいわない。

二月十三日―十九日

だんだん恢復し、十八、九日頃には何かいうとうなずいたり、首をふったり、目をくりくりうごかして意思表示をする。しかし、ものはいわない。時々、口をうごかしていおうとするが声にならない。〝早くよくなって唐令拾遺補をつくりましょうネ〟というと、元気なころと同じ表情で目をパチパチさせてうなずく。このごろは日本からたくさんお見舞の手紙をいただき、それを傍で読んだり自分で見たりする。〝がんばって〟とか〝退治して〟とかいう文句にはいつもうなずく。

十九日には待望の個室へ移ることができた。今までの室は手術後すぐ入る室で、五つのベッドのうち、仁井田をのぞく四つのベッドは、入れ変りたち変り二日から四日ぐらいで人が替るが、仁井田は実に五十日もうごかなかった。こんどの室は個室のうちでも一番重い人の入る室で、今までの大部屋とは婦長室をはさんでこちら側にあり、やはり婦長室からガラス窓ごしにベッドが見えるようになっている。きれいな室でベランダの向うに広い中庭があり、みどりの芝生の真中とぐるりの花壇には水仙、チューリップなどが咲いている。先生と婦長さんから面会時間に関係なくいつ来てもいいといわれる。この病院は個室でも面会時間は厳守だが、仁井田の場合は、もしかしたら習慣や言葉の違いから直りがおそいのかも知れないから、との特別の配慮らしい。

二月二十日―三月二日

いつ来てもいいといわれたので朝食がすむとすぐ病院へ(淳子は家事や買物をすませてから午後に)。私が入ってゆくと大ていソファに腰かけてドアの方を見ている。いつもきれいにヒゲがそってあって、パジャマも糊のついたのを着て、カバーやシーツも毎日替えてある。看護婦さんによってはメガネをかけてくれたり、引出しから敦煌文書の写真や唐律疏議の縮刷版を出して、手もとにおいてくれたりしている。時々、午前中ベッドごと手術室にゆくのは何か治療らしい。この週も上向きにはちがいないが、実にゆっくりで、また、日によってむらがある。

前の室にいたときは次から次と手術がすんだ人がはこばれてくるので、いつも緊張した空気がはりつめていたが、個室へ移ってからは、つとめて家庭的な雰囲気になるよう、花や鉢植をおいたり、日本からの手紙や新聞やカラーの花の本などもってきて、なるべくうちの気分を出したためか、表情もやわらかに、気持もなごやかになったように見うけられ、私が傍であみものをしていると糸を玉からひき出して編み易いようにする。

病院は完全看護なので、私はただ傍にいるだけで用事はない。この棟はベッドは十五、看護婦さんは大てい五、六人で、婦長さんが一人。三交代なので婦長さんも三人いて、その中の一人はいつも胸に勲章を下げている。ダンさんのお話だと、この病院も他の病院と同じように看護婦さんが不足のため、ベッドを空けているという。なお、ここに入るのは順番で六ヵ月程待たなければ入院できない由。

看護婦さんは階級により服の色がちがい、婦長さんは紺、次は空色、次は紫と白の縞、一番若い人は青と白の縞を着ている。これらの縞は金髪にもそれに近い髪の人にもよく似合う。若い人達はどの人も元気で、陽気で、病人に親切で、感じがいい。二十六日にはじめてアイスクリームをすっかり食べた時など婦長さんはじめ四人も集ってきて〝ラブリー・グード〟と口々にほめてくれた。なお、この国ではラブリーという言葉が大はやりで、何にでもラブリーを使う。看護婦さんは大体二時間おきに二人コンビで入ってきて姿勢など直してくれる。一人、背も高くよくふとった人がいて、その人は一人で仁井田をかかえて、ベッドから椅子へ、椅子からベッドへと移す。その力にはただ驚くばかり。看護婦さんは一人だけ黒人がいて、あとは白人ばかりだが、雑用をする人は大てい黒人で、その人達は掃除やガラスや真鍮みがきを実にていねいに時間をかけてしている。一月末から天井や壁をぬり直したので、古めかしい外観を知らなければ、新しい病院と間違えそう。ダンさんのお話では、ガイズホスピタルは、約二百年前にガイさんという本屋さんが寄付して出来た病院の由。しかし、この建物はあとからのものらしい。

食事は婦長さんの仕事で、車のついた大きなアルミの箱にいれた料理が台所にはこばれてくると、それを婦長さんが適当にとりわけて、看護婦さんが病人にとどける。昼はディナーで、スープからはじまり紅茶に至るまで、タイミングよくもってくる。仁井田はこの週はスープとデザートと紅茶だったが、スープはコンソメのときもあるが、大ていは栄養たっぷりという感じのポタージュで、少しずつしか口に入らないので、途中でさめてしまってたべにくくなり、いつも半分ぐらいしか食べない。昼食だけをみても、質といい量といい、これでは恢復も早かろうと思われる。

イギリスでは、お茶は大切なことらしく、三時にはワゴンにのせた紅茶とお菓子を、看護婦さんが一人一人にくばって歩く。いちいち砂糖は？　ミルクは？　と聞いてから入れて、ケーキもどれがいいか聞いてからお皿にとる。仁井田も個室に入ってから紅茶がくばられてくるようになったが、ケーキは食べられない。いつも、淳子が〝伯父ちゃまの大好きなケーキ二つももらえるのに、早く食べられるようにならなければソンよ〟とはげます。私にも当然のことのように砂糖は？　と聞く。病人のものをいただいてはわるいと辞退するが、何となく不自然なので、素直にいただくことにした。お茶をことわることは不思議に思うらしい。

二十七日には例により石母田さんが見舞って下さる。貴重なお時間を日曜日ごとに来て下さって本当にありがたく心強かったが、もう二、三日で帰国の途につかれる。〝一足先に帰っていますからできるだけ早くお帰りなさい。東京で会いましょう〟と一日も早く帰国することをすすめて下さる。

三月三日　木

このころから急に明るくなり、いつもの曇り空からはじめて朝日がさす。ほんとうにはじめて。太陽とはこんなに明るいものだったかと思う。病院へ行く道にも、クロッカス、スノードロップなど咲きはじめ、駅までの二十五分間は花に気をとられて歩く。この街(ロンドンの西南、East Molesey)は法律できめられているかと思うほど100%人道に向って庭があり、必ず花が植えてあり、しかも塀が低い。車道の側はグリーンベルトに大きなマロニエの並木で、まるで公園のよう。

今日は午前中、病院側からフォークナー先生他、ロンドン大学からトイチェットさん、野元さん方見え、立ち合って診察があった。夜、トイチェットさんから電話で「今日フォークナー先生と相談したが、先生がいわれるには、病院としては尽せるだけの手は尽したが、どうしても直っていなければならないのに直らないのは、言葉や習慣の違いからかも知れないから、この上は日本へ帰って治療した方が直りが早いかも知れない」とのこと、私が賛成なら日本に帰るようにしたらどうか、といわれる。これより二、三時間前、野元さんから電話で「今朝の診察の結果帰国した方がいい」との相談があったと伺い、そのときは全く思いがけないことでショックだったが、淳子といろいろ相談の上、日本に帰った方がいいと決心がついていたので、すぐ同意する。しかし、せめて立てるようになってからだったらどんなにうれしいことかと思う。フォークナー先生は日本の病院がきまれば手続をすっかりして、羽田から病院までの救急車もこちらで手配するといわれた由。夜、東京に電話して帰国のことを伝え、仁井田に一番合った病院を、荒木さん(千里、京大の脳外科、親戚に当る)に聞きあわせてとたのむ。

三月四日—十二日

昨日までは漠然と、そのうち立てるようになり、やがて歩く稽古も、などと思っていたのに、昨夜急に帰国の話が出て何となく不安と希望のいりまじった気持で病院へ。仁井田に「日本に帰って治療した方が直りが早いかも知れないから、帰国したらどうかという話があるんですけど、どうしましょう」と相談すると、とたんにはっきりした眼になり、さてどうしたものか、というように元気なときのくせそのまま、淳子と私の目を交るがわる見て目をパチパチさせる。こんなにいきいきとして考え深い目をしたのは病気になってからはじめてで、淳子も私もびっくり。「帰ることにしましょうか」といってもうなずかず。しかし、こんなにステキな反応があるから、帰国することはいいことと思う。

この週はアイスクリーム、スープなどをよく飲むようになり、また女医さんが室に見えて三十分程何かされる。その間、私共は室外に出ているのでよくわからないが、マッサージではないかと思う。

十一日は病室へ入ってゆくとスチームが止っていて、しかも扇風機がまわっている。驚いて仁井田に声をかけると、眼はあけるが様子がヘン、カルテを見ると昨夜四十度三分に上っている。個室に移ってから二十日間、八度以上の熱は出さなかったのに。原因は今しらべているとのこと。翌十二日は熱も下り、ココア、ミルクなどよくのむ。

帰国の話はドンドンすすみ、トイチェットさんは当然東大病院に入院するものと思い込まれ、ロンドン大学から脳外科の佐野先生に連絡された由。荒木さんからはフォークナー先生のデータを見た上で、東大の佐野先生に連絡して病院をきめたいから、フォークナー先生に今の状態と見通しを報告してほしいといってくる。八日、フォークナー先生はデータを荒木さんに送られ、その返事を待って「荒木さんの意見を聞いた上で今後の段どりをきめたい」といわれる。トイチェットさんは「帰国は早くて三月末頃になるでしょう、飛行機のこと、荷物のことはすべてこちらで手続するから心配なく」といわれる。それで、日航のロンドン支配人の佐波さん(真)はよく知っている方なので、佐波さんに連絡してとおねがいする。

このごろ急に春めいて、この間までの暗さがウソのよう。いつの間にか秋からつけっぱなしの昼の電灯もつけていない。イギリスの春は日本より一と月ぐらいおそいと聞いていたが、日本の三月よりずっと暖か。梅、桃、桜が、ところどころに咲いていて、家の近所には一きわ立派な紅梅がある。

三月十三日—十九日

このごろはうちから、おかゆ、味噌汁、オレンジのジュースなど、毎日もってゆく。この国には果物はほんとに少ないが、今、出まわっているオレンジはおいしい。イスラエルの産という。仁井田も喜んでいただく。

暫く前から気にかかっていた右の足、やっぱり麻痺していることがわかり、一層暗い気持になる。前の室にいたときは、たしかに左の足同様よくうごき安心していたのに。フォークナー先生は元のようになるといわれ、私もそれを信じて、いまに歩くお稽古ができるとそれをたのしみにしていたのに。

十六日に東京医科歯科大学の清水文彦先生(夫人の桃子さんと友だち)がお見舞に来て下さる。二時間も傍にいて下さり本当に心強くありがたい。仁井田も今までにない表情でお迎えする。

十八日、東京から電話で「フォークナー先生のデータと荒木さんの手紙をもって佐野先生をお訪ねした。四月十日から二十日ごろ、東大病院の脳外科のベッドをあけて下さることになった。飛行機のことを考えれば、おそければおそい程いいのではないか。一応ここに入院してあとのことを考える。佐野先生はフォークナー先生を御存じ」といってくる。東大病院ときまってホッとする。仁井田には精神的にもいいにちがいないと思う。

十九日、はじめてものをいう。ダンさんが見え、例の調子で〝コンニチワ〟といって握手されたら　仁井田も思わず〝コンニチワ〟という。丁度私は傍にいたのでよく聞え、ハッと思う。手術後七十九日目。ダンさんが見えるといつも調子がいい。今日はお金のこと、荷造りのことなど心配して下さる。今日で定期券が切れたので、もう一と月分買う。一月十九日はじめて買ったときは、これがきれる前に退院できるのではないかと思い、二月十九日二度目に買ったときは、もしかしたら春頃までは退院できないのではないかと思ったが。この国は運賃は高く、淳子と二人で病院への往復は約千円。なお、面白いことに、朝夕のラッシュアワーは高く、九時半すぎに往復の券を買って出かけ、帰りラッシュアワーにかかるとその分の割増料を払わなければならない。定期券は日本のように安くなく、一週五日の割の料金の由。しかし証明書などめんどうなものは不用で、窓口で区間と住所姓名を書いて出すだけ。

三月二十日—二十六日

今日から夏時間になり、一時間くり上がり夕方が長い。こんな春の日に、仁井田が可愛そう。

二十四日にはスコットランドから戻られた清水先生、再び長時間見舞って下さる。仁井田、のどの奥の方で何かいいながら挨拶する。短い滞在中ほんとにありがたいと思う。

夜、佐波さんから電話で「フォークナー先生が荒木先生に送られたデータから飛行機に関するところをいただいた。それに従って準備する。席は一等を四席つぶして寝台をつくる。それは東京からつくってくるので、なるべく早く日をきめてほしい。アンカレッジに二泊するように書いてある」とのこと。大へんなことになったと思う。

三月二十七日—四月二日

今頃になって寒さぶりかえし連日冷える。二十七日は嵐。九時すぎ、思いがけなく永江さん(賢、三井物産、妹の友人)が車で見え「病院まで送ってあげましょう」といわれる。何ともありがたい。夜、うちに帰ってから荷造りをはじめる。四ヵ月前、仁井田としまった大きな木の箱を出してきて本をつめる。あんなに待ちかねて、やっと、きれいに並べたのに、多分一冊も見ないでしまった本を一冊一冊つめる。珍しく漢籍があったので何気なく帙をひらくと、本の題簽に「蕪湖湖南会館事実彙録」、帙のうらに「一九四三年夏北京恒古堂書店より購入」とあり、本の扉をあけたら、「ロンドン大学トイチェット教授　一九六五年　月　仁井田陞」とある。きれいな墨の字にシュンとなる。翌日病院にもって行って、〝この本トイチェットさんにあげるの？〟と聞くと、とたんにいきいきとした表情になり何度もうなずく。この間、私が別の本をトイチェットさんにあげましょうかと相談したとき、はげしく首をふったが、あのときはどんなにじれったかったことかと心中を察する。

夜は佐波さんにうかがい楽しい時をすごした。暫く前から帰国するときは淳子を残してゆきたいと思い、しばしばいうが、淳子は「飛行機の中の伯父が心配だから、一緒に帰る」といってどうしても同意しない。偶然、佐波さんが「もしよかったらここに泊ってここを足場にしてヨーロッパを旅行したらいい」といって下さったので、やっと淳子の気持もうごきかけ、「フォークナー先生にうかがってみて、伯母一人でいいといわれたらお世話になる」ということになった。長期間あずかってあげるというお申出にまことに感謝する。

三十日は午前中の観光バスにのる。バッキンガムの衛兵はエハガキのような赤い服でなく紫がかったグレーの外套をきている。バスの中に日本人が四人いて、秘書のような若い人が「すみませんが、日本人ですか」と私にいう。その「すみませんが」がおかしく、ちょっと陽気になる。

三十一日はこの国の選挙(ウイルソン対ヒース)。そのためか国会はじめ方々の屋上に旗がひるがえっている。夜、トイチェット奥様から電話で、明夜一泊するよう誘ってくださる。

四月一日、淳子にケンブリッジ行きの汽車まで送ってもらいトイチェット家を訪問。お詫びやらお礼やらをいう。小さい坊っちゃん二人すごく元気で賑やか。

翌日は外務省研修官補でケンブリッジに学ばれる松本(紘一)、川島(裕)のお二人に案内していただく。丁度、ケム川の景色のいいところにさしかかったとき太陽が出て大層きれい。お二人のカレッジをはじめ沢山のカレッジを見る。毎日の生活、勉強のしかたなど面白くうかがう。今晩ロンドンに泊り、明日から大陸に自動車旅行をなさるというお二人に、ハンプトンコートの家まで送っていただく。

四月三日—九日

三日、婦長さんが私にコンプランをチューブで飲ませることを教える。フォークナー先生は、飛行機の中はただでさえ疲れるのに栄養が絶えては大へんだから、二時間おきにのませるようにいわれる。

四日、トイチェットさんから電話で「フォークナー先生と相談の結果、四月十八日午後一時半の日航四一二便にきまった」と知らせてくださる。なお「四月二十日以後だとイースターのお休みもすみ事務長さんも旅行から帰ってくるので好都合だと思ったが、フォークナー先生が、佐野先生から十日から二十日と指定してきたから、なるべくその期間中といわれるので、」とつけ加えられる。

五日はロンドン大学にトイチェットさんを訪ね、仁井田が借り出していた本を六冊お返しする。抱負をもってここまで来ながら、それを果すことなく帰国する仁井田にかわり、アジア・アフリカ研究所に別れをつげる。

仁井田、七日ごろまでは何となくしょげて悲しそうで食欲がなく、どうしたのかと心配したが、八日、いつものコップでオレンジのジュースを飲ませようとしたところ、左の手でもってゴクリゴクリと飲む。自分で手にもって飲んだのははじめて。九日にはデザートのカスタードクリームを口をあけて一皿スムースにたべる。今まではなかなか歯が開かなかったのに、こんなに大きく口をあけたのははじめて。手術後九十六日目。

八日はイースターのグッドフライデーで、クリスマス同様万事お休み。

四月十日　日

一昨日、昨日とよかったので、今日も、と思い室にゆくと、顔をみたとたん声を出して何かいう、ハッとして聞きかえすとまた同じことをいう、せっかくものをいったのに聞きとれず残念。午後〝ジュース飲む？〟ときくと、はっきり〝もういい〟という。また、デザートのとき自分でスプーンをもって口にはこぶ。この二、三日とてもいい。

帰り、まだ明るかったのでハンプトンコート・パレスに寄る。丁度水仙の盛りで、見渡すかぎりの水仙、水仙、水仙の一角がある。その美事さはただ驚嘆するばかり。今日は復活祭でハンプトンコートは一年に一回のおまつり。といってもパレスや住民には関係なく、ただ駅前の公園広場にサーカスがかかり、射的やら屋台やらが出てにぎやか。オバケの家や屋台から流れてくるおでんそっくりのにおいは日本に似ているが、何となく大正時代を思わせる。この国には古い様式のものがたくさん残っていて、毎日乗る電車もヴィクトリア女王のころつくられたそのままという感じのコンパートメント式で、綾織のビロード張りのゆったりしたシートは長いふくらんだスカートの婦人がかけるのにふさわしく、天井には古風なかさに小さな電球があり、ドアも手で開閉する。そしてロンドンのターミナル駅からは、なつかしい蒸気機関車がお客をはこぶ。

四月十三日　水

夕方、ダンさん御夫妻が見えているところに、トイチェットさん来てくださる。仁井田、自分から手をさし出して握手をし、

トイチェットさんの顔を穴のあくほどみつめ、何ともいえない表情で、口のなかで何かいいながら、いつまでも、いつまでも見つめている。きっと心と心が通って、胸の思いをうったえているにちがいないと、傍で私もせつなくなる。

トイチェットさん、飛行機の切符をもってきて下さる。一等二枚。ダンさん手にとって眺め〝ホー、一等も同じ紙ですナ〟。三月帰国ときまったときは寝台をつくるようにいわれたフォークナー先生も、このごろのようでは腰かけたまま東京まで直行して大丈夫といわれる。

四月十四日　木

明け方から雪。十一時病室へつくと車椅子にかけている。例の力持の看護婦さんがついてお風呂へゆくところという。びっくりして聞くと毎日入っているという。いつも九時頃入るが今日は遅くなった由。大好きなお風呂に入れてほんとうによかったと喜ぶ。午後、泉さん(靖一、東京大学)、中根さん(千枝、東京大学)が見舞ってくださる。仁井田、お二人を見つめ一生懸命口をうごかす。きっと自分ではいろいろお話しているつもりにちがいない。学会でお忙しいところ、ちょっとの休憩時間に来て下さったという。お二人が帰られてから自分で椅子をうごかして向きを変えたり、しきりに立とうとして手をささえにして腰をうかそうとする。急いで淳子と立たせる。手術後はじめて。ほんの二、三分だが立って雪景色を見る。悲しいことに右の足が床につかない。日本に帰って温泉療養所にでもいったら

のびるのではないかと、新しい治療に希望を託す。今日は中根さん、泉さんが刺戟になり、自分から立ちたいという気がおこったものではないかと、寸暇をさいてはげましに来て下さったお二人に感謝する。

四月十五日　金

朝東京から手紙で、羽田に行って代理通関をたのんだり、寝台車を飛行機の下まで入れることなどの手つづきをすませて来たと知らせてくる。羽田では私だけあとから病院へゆくと思っていたので、何ともありがたい。

午前中、フォークナー先生の秘書さんに、昨夜書いたお礼の手紙に添えて、日本のものなどおとどけしておいたら、夕方、先生が室に入ってこられ、大きな手で握手され〝ありがとう〟といわれる。私もこころからお礼をいう。仁井田にも話かけられながら握手される。仁井田唇をうごかし感情のこもった目で見つめる。先生は左の手で握手されながら右の手も出される。悲しいことに仁井田の右の手は重い。なお、看護婦さんには絹のきんちゃく、京扇、竹製のブローチなど、婦長さんには白檀の扇子をあげる。これは退院のとき、看護婦さんにと、数だけ揃えて東京の友だちが清水先生にことづてて下さったもの。看護婦さんたち無邪気に〝ラブリー、ラブリー〟という。

夕方、ダンさん見え、婦長さんに飛行機の中の心得など聞いてくださる。この婦長さんも、先頃、チューブで栄養をとっている人をラングーンまで送っていったが、とても大へんだったという。

夜、家に帰ったら、留守にトマス・クックの人が来て荷物をはこび出してくれていた。

四月十六日　土

河合奥様（とみ子、東京の家のおとなりの方）見舞ってくださって「一週間のうちに見ちがえるようによくなった」といわれる。そのあと、トイチェット奥様いらしてくださる。二人のお子さんを先生にあずけてこられた由。仁井田を見て泣かれる。帰りピカデリーで送別の宴をしてくださる。

四月十七日　日

イギリスでの最後の日。この国らしくかすんでいて寒い。病院への往き、ちょっとテムズ河畔を歩いてみる。木々はもう芽をふいて、柳のみどりはひとしお。おなじみの白鳥さんにさよならをいう。

仁井田、今日はしきりに右の手首をもんでいる。握手するといつになく強くにぎり返す。右の手に力がかえってきたらしい。〝あしたは日本よ〟というとうなずく。今までは首をふっていたのに。

帰り、佐波さんに伺う。この楽しい家庭にもずいぶんお世話になった。明日からは淳子がここの二人のお子さんの仲間に入れていただく。家まで送ってくださった車に、明日飛行機にのせる手荷物と淳子の荷物をのせてもって帰って下さる。

夜、あるだけのお金を淳子に渡す。昨年秋、はじめて月給をもらったとき、その明細書を見たら1/3強の税金が引いてあり、その上、総合所得税がかかると聞き、その重税に驚いたが、病気をしてみるとこの税金は当然で、まことにこの国の医療制度は劃期的な革命であるとの感を深くした。私共も着いてすぐナショナル・ヘルスの登録をしたため、この度の病気では、日本人のお医者様に払った以外はすべて無料で、救急車をも含めて一ペニーも払わなかった。聞くところでは、お産も無料で、一番はじめの赤ちゃんにはかえって手当が出るそうである。

四月十八日　月

いよいよイギリスにお別れの日。仁井田の心中を思って胸ふさぐ。八時、野元さん御夫妻迎えに来て下さって病院へ。昨年九月、ロンドン空港以来ずいぶんお世話になった。絶えず心にかけて電話で尋ねて下さったり、車で病院へ連れていって下さったり、日本のお野菜をとどけて下さったり、心からお礼をいう。

病院では仁井田、お風呂から出たところ。一二二日ぶりで自分のパジャマに着かえる。いつのまにかガウンの胸に赤いバラがついているのは看護婦さんの心づくしらしい。支度をして椅子に坐っているところを見ると、ずいぶん好くなったと思う。フォークナー先生、その他の先生もお別れにきて下さる。婦長さんが廊下に坐り込んで、フォークナー先生から佐野先生にとづかった手紙とレントゲン写真を荷造りしてくれる。飛行機の中で必要なものも荷物になっている。コンプランは羽田までの必要量の倍の量を用意して下さった由。十一時すぎ、トイチェットさんのお心づくしの毛布をかけて救急車に。病院からは年配の看護婦さんがつき添って、トイチェットさん、淳子、私、乗る。ダンさん、野元さんお二人、看護婦さん達、黒人の雑用婦さん達手をふって送ってくださる。飛行場では佐波さんの秘書さんについて出国手続をすませ、トイチェットさん、淳子と別れ、私、他の乗客より先に誰もいない飛行機に乗り込む。仁井田タンカでつり上げられ一番奥の隅の席に。佐波さんと看護婦さんがクッションや毛布や足台で工夫してらくな姿勢にして下さる。飛び立って暫くしてから仁井田の熱が高いことに気がつく。脈も早い、呼吸も荒い。パーサーも気がついてすぐ座席のひじかけをとって寝かせて下さる。私、前の席に移る。ぬれ手ぬぐいを何度もしぼり直したり、酸素吸入したり、熱を計ったり、よく世話して下さる。機長さんが見えて「高度を下げて飛んでいる」といわれる。同乗者の中からお医者様が見えて暫くついていて下さる。何ともありがたく心丈夫。北海道の渋田さんといわれ外科が御専門だがこのごろは脳外科もなさる由。おかげでアンカレッジにつくころには熱も下り加減に、呼吸もらくになる。アンカレッジでは、日航からの連絡でアメリカのお医者様が看護婦さんと上ってこられ、診察されて、「自分としては熱の原因をたしかめるまで入院して、大丈夫となってから羽田へ行った方がいいと思う。もし、今、この飛行機で帰るなら責任はもたない」といわれ、アラスカ日航所長さん、機長さん、パーサーも大事をとって降りた方がいいという。私、次の便というならまだしも、熱の原因がわかる迄アラスカに滞在とは大へんなことになったと思い、必死で「熱も下りかかっているし、顔色もよくなったし、羽田には寝台車が待っていて直接病院へ行けるから、このまま乗ってゆきたいけれど、ここは飛行機の中だから機長さんのいわれる通りにします」という。別席で皆さん相談しておられたが、そのうち、〃大丈夫ですョ、大丈夫ですョ〃との力強い声がして先刻の渋田さんが見え、そのあとから機長さんが来られ、「奥さんが主張なさるし、ロンドンの病院の先生も東京まで大丈夫といわれた言葉を信用して、このまま行くことにしましょう」といわれる。私、助かったと思い、思わず最敬礼をする。仁井田、よく眠っていたが北海道あたりで目をさます。〃もう日本よ、今、北海道あたりを飛んでいるのよ〃と無事についたことを知らせる。熱もひいていつもの表情で目をくりくりさせてうなずく。私、最後のコンプランを飲ませる。スチュアーデスがきちんと二時間おきに適温にしてもってきて下さったのには感謝。また、満席にもかかわらず実にこまかくお世話下さった日航のお心づかいをありがたいと思う。

羽田では他の乗客が降りてから、仁井田タンカで下に。私、後部から降りると郁子が飛びついて来た。佐伯さん(有一、東京大学)の顔、兄(吉田哲郎)の顔。寝台車には順天堂の若い先生が二人つき添って下さり、郁子、私同乗して東大病院へ。この寝台車は、今日、フォークナー先生が日航を通じて、日本で一番親しい順天堂の田中先生に連絡して下さったものと聞かされ、三月に帰国ときまったとき、「羽田から病院までの救急車も」といわれたことを思い出した。田中先生はびっくりされて、急いでベッドを空けて待っていて下さった由。

たそがれに東大病院につき、脳外科の一番奥の個室に無事おちつく。親しい友人の方々、兄弟たち、病室で待っていて下さり、代る代る顔を寄せてくださる。佐野先生も早速来て下さる。仁井田もなつかしい方々にかこまれ、さぞかし心のやすらぎを得たことと思い、これが転機となって、どうか順調に恢復するよう、明日に希望をかける。

あとがき

福島正夫
佐伯有一

思えばあれからもう一年になる。仁井田陞博士が、昨年六月東京大学附属病院で礼子夫人の看護も効なく瞑目されたとき、私たちは、はせつけた近親の方から病室で次のことをうかがった。渡欧出発の直前、博士はロンドン大学での講義プランとそれをめぐる外国学者との意見交流について、大きな抱負と期待を吐露されたと。夫人の話では、この教材はトイチェット教授がほんやくしてロンドンで刊行される予定であった。さらに博士はロンドン大学にゆかれる前に、ウィーンで開かれた第十二回国際歴史学会議に参加、報告されたのであり、これらはぜひみせていただきたい旨、夫人におねがいしておいたのであった。

博士の学徳のしのばれる清楚で盛大な葬儀も、その後の整理も、一段落した。夫人は、荷物を取り片づけ、右の原稿を探し出されて、われわれに渡された。

教材の原稿は、十回の講義用のものでそれほど大きくはないけれども、たしかに前記の話にあるとおり、学問的な気魄にみち、博士の学問行程の最後にゆきついた構想をはっきり表現したものである。それは簡潔にのべられ、岩波全書の『中国法制史』でとり扱われた分野の全体にもわたっていないが、同書増訂版に示された新たな発展が、ここでは体系的に再編成されている。またウィーン会議報告は、これまた報告時間の制限もあって短いものながら、博士の得意の領域につき、核心をのべたものである。つねづね大労作を物される博士としては、これらのコンサイスな論文は比較的にめずらしいものであり、それだけに、ぎりぎりに圧縮した精髄という感じにうたれた。同時に、岩波全書本でもちかづきがたさを感じる学生の多い今日、博士の学問のよい手引きとしての意義も大きいものと考えた。

そこで、私たちは遺稿の刊行を考え、夫人にそれをご相談した。もちろん、こうした未定稿をそのまま発表することは、果して博士の本意にそいうるのか、若干ちゅうちょされるものはあった。しかし、いまはせんすべもない。ただおよぶかぎり、気づいたケアレスミステイクを正しさえすれば、それでも、学術上の意義は十分あるものと信じたのである。さいわいに夫人のご了解がえられ、また生前、博士と緊密な関係のあった岩波書店も欣然として出版をひきうけて下さったので、われわれは右二論文——博士の最後の作——を主軸として編さんに着手した。

公刊されない博士の他の遺稿も、夫人のご同意をえ、これにふくめることとした。そのうち、太平洋戦争中の北京工商ギルド調査資料は、きわめて厖大でもあり、また専門的な整理を要するので、当時の博士の協力者、広島大学の今堀誠二教授に別の企画の形でおねがいすることとした。その他のものとして、昭和二十八年の御進講録、「家」制度研究会での報告と、研究回顧談の速記、書翰数通および欧州旅行中の日記をえらび、一書に編成したのである。

これらは、学術論文もあれば、講演もあり、思い出話もあれば旅行先からの書信もあるといったふうで、変った構成といわれるかもしれない。しかし、それが博士の学問と人とを結合して示すもっともよい方法とみることもできよう。博士の人柄とその学問の発展とは、決してはなれたものではないからである。

遺稿については、その成り立ち等につき説明すべきものがあり、また、編さんに当って補修を要したばあいも少なくないので、以下、各論文、筆録に関し、読者の参考として若干のべておくこととしたい。

一　中国の法と社会と歴史

仁井田博士は、ロンドン大学東洋アフリカ研究所(Institute of Oriental and African Study, University of London)の委嘱をうけ、一九六五年十月から翌年九月までの間、十回にわたり中国法制史につき学生に講義することとなった。そのときの教材としてかかれたのが本論文である。原稿は、博士のもとの下書と、これを夫人が浄写されたものとの二部があり、その一部はトイチェット教授に英訳のため渡されてあったが、昨年同教授から夫人あて送付してきた。英訳の計画は、教授が学部長として多忙をきわめているため、一時中止されているようである。われわれは、編集にあたり、博士の原稿を基本とした。その原稿の欄外には、講義の際補足すべきことがメモしてあった。この論文で註として掲げたものは、このメモであって、博士が元来註として書いてあったものではない。それを註の形式にするため、編者に於て調査し補足した部分が多いことを断っておきたい。なお、この論文では、用語の前後異同、明らかに、表現上明晰さを欠く部分は修正した。

二　隋唐の法律とその周辺アジア諸国に及ぼした影響

本論文は、すでに、雑誌『思想』第四六三号に掲載された「東アジア諸国の〈固有法〉と〈継受法〉」、および、ロンドン大学での講義教材用第一論文と重複する部分が多いが、その後つけ加えられた点もあり、また、入門者にとって好個の論文になっているので採録した。これは、若干の引用の人名等を除きほとんど修正の要なく、そのまま掲載した。

三　魯迅の作品『藤野先生』と『阿Q正伝』

これは、昭和二十八年二月三日、皇室の御講書始の儀式において、仁井田陞博士が正講師として御進講したものの全文である。原稿は博士自身が浄書して、一言一句このとおり読み上げたのである。行文はきわめて平明で、分りにくい点は全くない。

この題目をえらんだことに、博士の素意をみることができる。それは御進講録として一つの異例である。何となれば博士は中国文学の専門ではないのだから。『唐令拾遺』の著者が、中国の文学、しかも革命文学の親玉の魯迅を講ずるということ(げんに文中に「革命」の語は数十回も出てくる)に、博士の意図をくみとらねばなるまい。その上、全体の調子は荘重に語られているが、なかでは、阿Qが「趙且那の女中に手出しをいたし」たなど、はなはだ世俗的な語もみえ、陪席の侍従らにショックを与えたとは、博士が編者にのべられたところである。戦後、万端が民主化し解放的になったとはいえ、この御進講は、帝王の道を説く儀式とする従来の伝統からしては、おそらく破天荒のものであったといえよう。それだけに博士の挙は思いきったもので、その信念にもとづいたものと評価されるべきであろう。

四　中国の「家」について

「家」制度研究会は、昭和二十七年に発足、私法学者を中心に、政治、経済、歴史等の隣接諸科学の研究者が加わり、定期的に研究会をもち、中間研究をいくつかプリント版で作成、会員に配布している。そのころ博士は積極的にこれに参加し、昭和二十九年十月十八日の研究会で、「中国の〈家〉について」報告を行なった。このとき清水誠氏(東大法学部特別研究生、現在東京都立大学法学部助教授)がノートをとり、それを博士が点検したのが、本稿である。それは、東京都立大学旗田巍教授の同月四日の報告、「朝鮮の〈家〉について――財産相続を中心として」とともに、「家」制度研究資料第八集に収められている。

したがって、本稿は、かなり古いものであり、また文体も博士のものではない。そして、日本の「家」との対比ということを主たる問題意識とし、主として日本の「家」の研究者に講述したものであることを念頭においてほしい。編集にあたっては、博士の考え方をできるだけ明確にするため、文章上の修正をほどこした点がある。

五　研究三十五年の回顧

昭和三十九年三月十日、仁井田博士は定年退官を前にして東京大学東洋文化研究所所員や関係者を前に、二時間余にわたる標題の講演を行なった。それは、学問ひとすじに生きた博士の行程を学んでおきたいとの所員の希望にこたえるものであった。その際、録音テープをとり、これを復元したものが、本文である。しかし、残念ながら、はじめの三〇―四〇分は録音に失敗し、途中からしか再現できなかった。しかし、テープに入らなかった部分は、『中央公論』昭和三十九年七月号に博士自身書かれた回顧文、「中国の法と社会と歴史――研究三十五年の回顧」があるので、これを参照されたい。ここには松本高校時代の生活(漢文が好きで「孟子」のニックネームをもらったこと)、大学生時代の生活、大学院での研究や、とくに東方文化学院助手時代の猛勉強の有様がえがかれている。恩賜賞を授与されたとき、中田薫博士から「有名にならないように」、また「研究の邪魔になる仕事は一切ことわってしまうこと」の二つの訓言をうけ、永くこれを研究生活の指針とした、とものべられている。なお、博士の大学生時代および『唐令拾遺』完成のときのことについて、穂積重遠博士がその著『有閑法学』に印象と所感を書いておられるのが非常に興味ぶかい。青年学者仁井田の面目はまさに躍如として恩師の筆に映し出されている(福島正夫「仁井田陞博士の人と学問」、図書二〇四号、一九六六年八月)。なお、講演のため、文章上不適当と考えられる部分について、文章化するための補修を編者に於いて行なった。

六　書　翰

だれでもそうだが、とりわけ仁井田博士の手紙は、実によくその人柄を反映している。律気ともいうべきほど誠実で、またかざりけのない素朴な表現である。かりそめにも書きながしなどはない。ハガキにも下書があり、手紙に二日かかるのはふつうである(十月二十日の日記参照)。

書翰の選択には、千余通を保有する今堀誠二教授のことをまず考えたが、それらは北京工商ギルドの調査に関係するものが重要なので、ここには割愛し、他日同教授が博士のギルド調査資料を整理刊行する機会にゆずることとした。結局、最近の渡欧旅行時のものを中心に集録した。そのうち若干のものにつき注記を加えたい。

学者的かつ親切な点で西村克彦氏宛の手紙がとくに目立つが、その成り立ちについては西村氏により詳細に解説されている。菊池英夫氏宛の手紙もそうである。菊池英夫氏(山梨大学助教授)と池田温氏(北海道大学助教授)は敦煌文献研究委員会のメンバーで、博士もこれに参加し、その中軸として活動した。この手紙については、菊池英夫氏は編者に対し左の書信をよせられている。

「東洋文庫においては、一九五三年、大英博物館のスタイン収集敦煌文献のマイクロフィルムが将来せられたのを機に、中央大学鈴木俊教授を委員長とする「敦煌文献研究委員会」が設けられましたが、仁井田先生は、当初以来、その委員として積極的に研究計画の企画推進に当られました。一九六二―六四年にかけて、敦煌研究委員会の事業の一環として、鈴木俊教授を代表者とする総合研究「魏晋南北朝隋唐の地方政治」を企画し、特に西域出土古文書を史料として活用することを目標に致しました。大体月二回程度の研究会を主として東洋文庫において開催し、古文書の講読、訳注の作成を主にいたしました。出席者は、大体三十代の人間が殆んどで、大先生で、唯一人、殆んど欠かさず御出席下さったのが仁井田先生でした。何時も夕方から始めて、夜の八時、九時に及んだものでしたが、若い者の出席率の悪い時にも必ずお見えになりました。ある夜など、本当の嵐となり、会の成立も危ぶまれるような天候でしたが、先生は定刻に、きちんとお見えになり、「こんな天気に大変でございましたね」と申上げますと、「いや、天気など関係ありませんよ。部屋の中でやる学問だから。」とおっしゃったので、若い者は恥入った次第でした。

敦煌文献研究委員会の仕事の一つは、国内・国外に散在する西域出土古文献の写真を、できる限り収集することでありますが、その最大の目標の一つは、パリの国民図書館にあるペリオ収集敦煌文献であります。しかしこれはロンドンのように完全公開とはなっておらず、特定個人の研究に必要なものを、その都度、本人の申請に応じて撮影し、発表を許可されるたてまえでした。それで諸先生の当面御入用な文献をリスト・アップしてマイクロフィルムを要求しようということになりましたが、終始積極的に計画を立てられたのも仁井田先生でしたし、到着した写真を囲んで早速問題を提起せられ、我々に、何か意見はないかと絶えず問いかけられたのも先生でありました。そうした問題の一つが、敦煌発見の唐令断簡が、何年度発布のものであるかについての新たな御考察でありました。……そこから、ロンドン、パリの両コレクションの唐律令格式断簡を、全体として、実物に当って見直さねばならぬということを強く感ぜられ、特に捺された官印が何州のものであるかは、実物に就いて見なければ判然としないし、ロンドンとパリに分かれて所蔵せられているものの接合関係が元来どうなっていたかも、実見すれば一目瞭然たるであろうと、大いに期待をかけて旅立たれたのでありました。

こうした関係で、先ずロンドンにおける御調査の結果を、一刻も早く、私達にお知らせ下さり、発見ないし確認の喜びを、お頒ち下さり、また私達を啓発して下さるお心算であったと拝察いたします。本来ならば、続いてパリ、レニングラードを廻られて、未だ精査した人のない部分について必ずや新たな発見をせられたに違いないところでありました。幸い、パリ側の好意によって、マイクロフィルム交換が軌道に乗ろうとしており、その最初の撮影依頼をなすべき文献の選択を、先生にお願いしておりました委員会は、その人を失ってしまいました。」

板垣雄三氏(東京外国語大学助教授)宛の手紙は、当時同氏が東大東洋文化研究所助手としてアラブ連合に留学したときのものである。博士はウィーンにゆく途中カイロに二泊し板垣氏の案内で同市の内外を見学した。それについて同氏はのべている。「ハン・ハリーリーの街……このマムルーク時代の雰囲気をなお幾分かはとどめる雑沓の迷路のような街を歩いて、先生は非常によろこばれた。私が先生をここへご案内したのは、まずなによりも、先生の北京回教徒商人ギルドの研究を思い出したからである。……抵当権の観念がヨーロッパからいかにしてこの社会に、そして東洋の社会にもちこまれたかについて、ホテルの一室で(お話を)うかがった」(「カイロの仁井田先生」、仁井田記念講座Ⅱ東洋の法と社会、月報1)。

そして、このカイロ訪問につづいて、欧州での生活となるのである。

幼方直吉氏宛の手紙は、第十二回国際会議のことにふれる。シェノー教授によるベトナム戦争反対決議云々とあるのは、会議に出席された増淵竜夫氏(一橋大学教授)および磯野富士子さんのお話によれば、左の事情であった。極東部会において、仁井田博士の報告直後、シェノー氏(ソルボンヌ大学の中国近代史教授で進歩的な学者)から、ベトナムの歴史学者たちに対し、平和の実現を熱烈に望み戦争は科学の発展を阻害する旨のあいさつを国際会議の名をもって送ることについての、提案がなされた。仁井田博士(まだ壇上にあった)は、右の提案は自分の報告と関連するものであり、ぜひとり上げられるように要望し、議長チフビンスキー博士(ソ連のもと中国研究所所長)はこれを部会にはかった。ラチモア教授は、その文言が弱すぎるとさえ感ずると熱烈に支持し、部会では圧倒的な拍手によって採択された。しかし、国際会議理事会では、政治的としてこれを拒否したらしい。後日モスクワを訪問した磯野さんは、チフビンスキー氏から、シェノー氏ら数名は連名で北ベトナムにあいさつを送ったとの談話をきいた由である。

七　在欧日記

博士は平素は日記をつけず、外国旅行のときなど見聞を「そのときどきに手近の紙」に書きつけておくならわしである。在欧日記もこうした性質のものであるが、最後の時期の博士の学問的精進がよくあらわれているので、夫人の同意をえてここに掲げ、また博士が病に倒れたのちは、夫人の看病日記によって、身体の自由のきかなくなった博士の闘病をしのぶこととした。

ロンドン到着後一週間で博士のブリティッシュ・ミュージアム通いがはじまる。「これがこの文書かと、三十年来の研究を想起しつつ心のおどるものがある」(十月四日)。多年の宿願の成就と、敦煌文書の実物に接した学者のよろこびが人の胸をうつ。したがって、脳出血で入院後、手術は成功せず、夫人の日記に、「帰ることにしましょうかといってもうなずかず」(三月四—十二日)とあるのは、物をいえなくなった博士の断腸の思いを示して、切々たるものがある。

守屋美都雄氏(大阪大学教授)と博物館でいっしょに敦煌文書調査の仕事をしたことが出ているが、同氏もその後博士の葬儀に参列してのち、まもなく急逝されたのは悲しいことであった。

前掲の菊池氏の文にあるように、博物館で比較的短期間とはいえ、博士は数々の発見をされた。博士はそれを『中国法制史研究』に書きこんだ。その本は、日本からの荷物が到着しないので、ロンドン大学から借用し、あとで博士の本に礼子夫人が写しかえた。博士所蔵の『唐令拾遺』にも三十年来多数の書きこみがある。かねて、東大出版会から『唐令拾遺補』を出すことを博士は意図していたが(唐令拾遺復刻版序および夫人の日記二月十三—十九日の項参照)その準備の一端をなしている。これらを綜合し、博士の遺志を実現することを、博士の教えを受けた学者たちが計画している。

* * * *

編集は多くの方々の熱心かつ積極的なご援助によって成り立った。

われわれは、終始礼子夫人と協同してこの仕事に当った。もちろん諸資料の収集、整理、すべて夫人のお力をかりずしてはできない事柄であるが、なかには博士の手稿を原稿化することも、生前同様、このたび夫人の手によってなされたものがある。第一・第二論文や最後の日記などはそれである。

書翰の資料は、博士をしのぶ方々から、葬送後まもなくのころすでに、積極的な提供があった。岡山大学西村教授はその例である。また幼方直吉氏のこれについての配慮も少なくない。

そのほか、いろいろの点で多くの人々――すべて博士の人格と学問に影響をうけた――からのご協力とはげましがあったのであって、ここにいちいちあげないが、それらの方々に編者として深謝の気持をのべたい。

刊行について、岩波書店には特別のお世話になった。葬儀のとき以来万端ご援助をたまわった古荘信臣氏は、本書を博士逝去一周年にまにあわせるため全力を注がれた。あまり楽でもなかった本書の校正は、山口逵也さんが誠実に協力された。

*　　*　　*　　*

編集を終ってわれわれはつくづくと思う。本書は、結局、博士の学問と人格の作用として世にあらわれたものであると。

■岩波オンデマンドブックス■

中国の法と社会と歴史

1967 年 6 月21日　第 1 刷発行
2006 年11月 8 日　第 4 刷発行
2025 年 4 月10日　オンデマンド版発行

著　者　仁井田《にいだ》 陞《のぼる》

発行者　坂本政謙

発行所　株式会社 岩波書店
〒 101-8002 東京都千代田区一ツ橋 2-5-5
電話案内 03-5210-4000
https://www.iwanami.co.jp/

印刷／製本・法令印刷

ISBN 978-4-00-731550-3　　Printed in Japan